BANKER VERSTEHEN

200 Finanzprodukte verständlich erklärt und bewertet

Markus Neumann

Stiftung Warentest

INHALT

7 VORSICHT BANKBERATUNG
7 Warum bei Finanzfragen guter Rat teuer ist
18 Das Beratungsgespräch
29 Wie die Finanzindustrie an jeder Anlage mitverdient
34 Falschberatung – wann der Weg zum Anwalt lohnt

39 BANKPRODUKTE AUF DEM PRÜFSTAND
39 Vertrauen ist gut, Nachlesen ist besser

42 **ABS-Papiere**
42 Airbag-Zertifikate
42 Aktien
44 Aktienanleihen
46 Aktien-ETF
47 Aktienfonds
49 Aktienfonds Europa
50 Aktienfonds Welt
50 Aktiv gemanagte Fonds
52 Alpha-Express-Zertifikate
52 Alpha-Garant-Anleihen
52 Alpha-Zertifikate
53 Anlage-Zertifikate
53 Anleihen
55 AS-Fonds
55 Ausschüttende Fonds
55 Auszahlpläne

56 Bankauszahlpläne
57 Bankschuldverschreibungen
57 Banksparpläne
58 Bausparverträge
60 Besicherte Anleihen
60 Blue-Chips
61 Bonussparen
61 Bonuszertifikate
62 Branchenfonds
63 Bundeswertpapiere

65 **Callable Bonds**
65 Calls

66 **Dachfonds**
66 Deep-Discountzertifikate
66 Derivate
67 Devisenfonds
67 Discountzertifikate
68 Dividendenfonds

70 **Easy-Express-Zertifikate**
70 ETC
71 ETF
71 ETN
72 ETP
72 Express-Garant-Anleihen
72 Express-Zertifikate

73	Faktor-Zertifikate	91	Geschlossene Ökofonds
74	Festgelder	92	Gleitzinsanleihen
75	Festverzinsliche Wertpapiere	92	Gold
76	Festzinsanlagen mit vorzeitiger Verfügbarkeit	94	Goldfonds
		95	Growth-Aktien
76	Festzinsanlagen ohne vorzeitige Verfügbarkeit	96	Hebelprodukte
76	Festzins-Anleihen	96	Hedgefonds
76	Festzinssparen	97	High-Yield-Fonds
76	Floater	97	Hochzinsanleihen
77	Fonds		
79	Fondsentnahmepläne	98	Immobilien
80	Fondsgebundene Kapitallebensversicherungen	100	Immobilienaktien
		100	Immobilienfonds
80	Fondsgebundene Rentenversicherungen	100	Indexanleihen
		100	Indexfonds
82	Fondspolicen	101	Indexzertifikate
82	Fondssparpläne	102	Inflationsindexierte Anleihen
83	Forwards		
83	Fremdwährungs- anleihen	103	Inhaberpapiere
84	Fremdwährungskonten	103	Jumbo-Pfandbriefe
84	Futures		
		104	Kapitallebensversicherungen
85	Garantiefonds	105	Knockout-Zertifikate
86	Garantiezertifikate	105	Kommunalobligationen
87	Gehebelte ETF	105	Kurzläuferfonds
88	Geldmarktfonds		
88	Genussscheine	105	Länderfonds
90	Geschlossene Fonds	106	Langläuferfonds
90	Geschlossene Immobilienfonds	106	Laufzeitfonds

107	Mid-Caps	127	Reverse Floater
107	Mini-Futures	127	Reverse-Bonuszertifikate
107	Mischfonds	127	Reverse-Express-Zertifikate
108	Mittelstandsanleihen	128	Riester-Banksparpläne
109	Mündelsichere Anleihen	130	Riester-Bausparverträge
109	Municipal Bonds	131	Riester-Fondspolicen
		132	Riester-Fondssparpläne
110	Namenspapiere	134	Riester-Rentenversicherungen
110	Nebenwerte	135	Riester-Verträge
110	Neue-Energien-Fonds	137	Rohstoffe
111	Null-Kupon-Anleihen	139	Rohstofffonds
		140	Rolling-Discount-Zertifikate
111	Offene Fonds	140	Rürup-Renten
111	Offene Immobilienfonds		
113	Ökofonds	142	Sachwerte
114	Open-End-Zertifikate	143	Schiffsfonds
114	Optionen	144	Schuldverschreibungen
114	Optionsanleihen	145	Schwellenländerfonds
115	Optionsscheine	146	Short-ETF
		146	Small-Caps
116	Penny Stocks	146	Sofortrenten
116	Pfandbriefe	148	Sparbriefe
117	Physische ETF	149	Sparkonten
118	Private Equity	150	Sparpläne
119	Private Rentenversicherungen	150	Sprint-Zertifikate
		150	Staatsanleihen
120	Quanto-Zertifikate	151	Staatsanleihenfonds
		151	Stammaktien
121	Regionenfonds	152	Strategie-Zertifikate
121	Reits	152	Stripped Bonds
122	Relax-Express-Zertifikate	152	Strukturierte Anleihen
122	Rendite-Bausparen	153	Stückaktien
123	Renten-ETF	153	Stufenzinsanleihen
124	Rentenfonds	153	Synthetische ETF
126	Rentenfonds Euro		

155	Tagesgelder	169	Zertifikate
156	T-Bills	173	Zinsanlagen
156	Themenfonds	173	Zins-Zertifikate
157	Thesaurierende Fonds		
157	TIPS		
157	Top-Zertifikate	**174**	**SERVICE**
157	Total-Return-Fonds	174	Fachbegriffe erklärt
157	Treasury Bonds	188	Register
157	Treasury Notes	192	Impressum
158	Turbo-Zertifikate		
158	Twin-Win-Zertifikate		
158	Unlimited Turbo-Zertifikate		
158	Unternehmensanleihen		
159	Value-Aktien		
159	Vario-Zins-Zertifikate		
160	Vermögensmanagement		
161	VL-Banksparpläne		
161	VL-Fondssparpläne		
162	VL-Sparen		
162	Vorzugsaktien		
162	Wachstumssparen		
162	Waldinvestments		
163	Wandelanleihen		
165	Wasserfonds		
166	Waves		
166	Wertpapiere		
166	Wertpapiersparpläne		
166	Win-Win-Zertifikate		
167	Wohn-Riester		

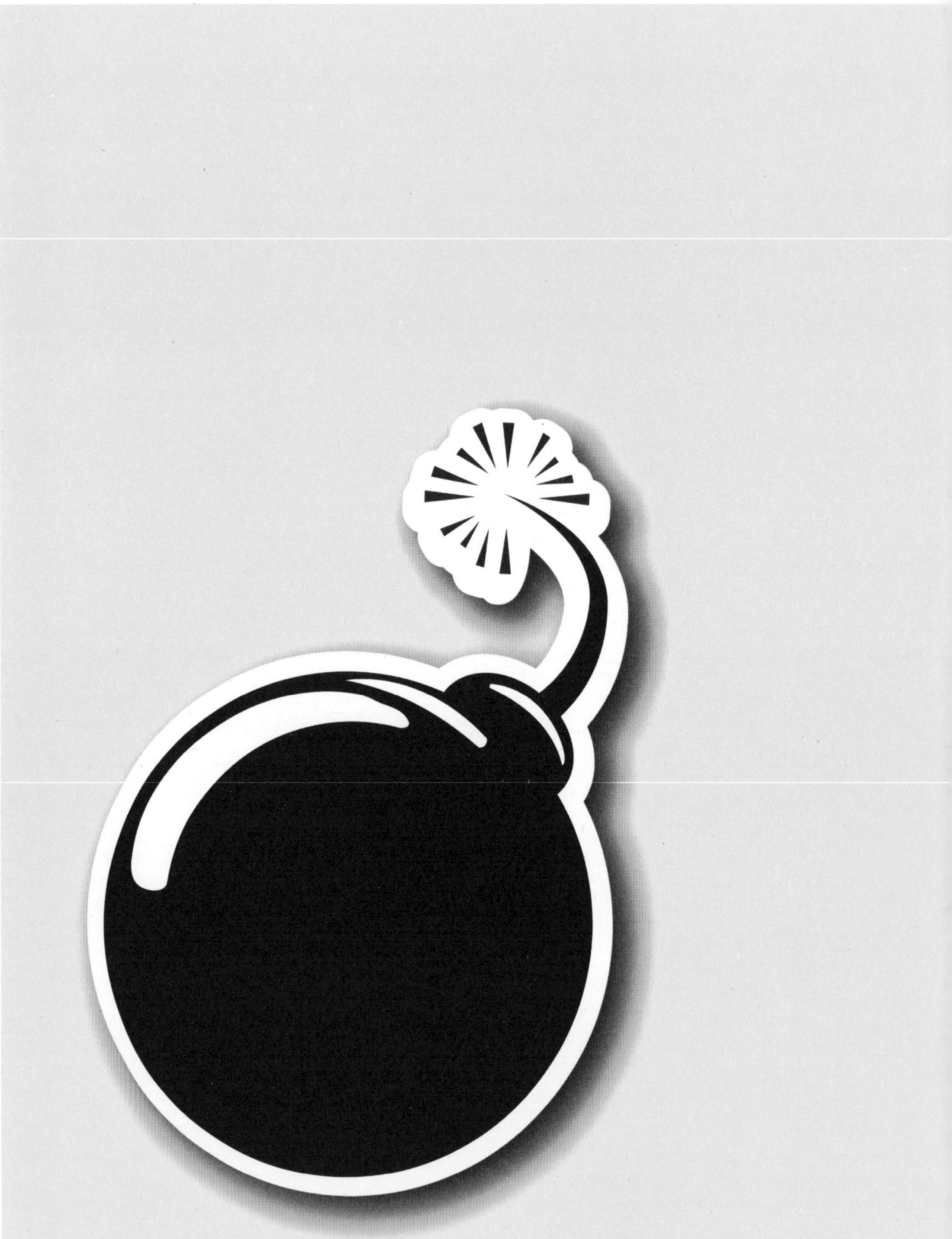

VORSICHT BANKBERATUNG

Altersvorsorge und Geldanlage – zwei Themen, mit denen sich die wenigsten intensiv befassen wollen. Zu groß erscheint der Aufwand, sich auf der Suche nach passenden Finanzprodukten durch schwer verständliche Unterlagen zu wühlen. Die meisten vertrauen deshalb darauf, dass ihnen ein Bank- oder ein Finanzberater das Richtige empfiehlt. Doch Bankangestellte sind letztlich Verkäufer, von denen Kunden kaum eine objektive Beratung erwarten können.

WARUM BEI FINANZFRAGEN GUTER RAT TEUER IST

Es gab Zeiten, da galten Banken als Hort der Seriosität und Stabilität. Sie wurden als Institutionen angesehen, denen man scheinbar bedenkenlos das Ersparte anvertrauen konnte. Doch nicht erst seit Ausbruch der Finanzkrise erscheint die Geldbranche in einem ganz anderen Licht. Folgt man der Medienberichterstattung, sind Skrupellosigkeit und Gier die wichtigsten Voraussetzungen, um im Geldgewerbe Karriere zu machen. Viele Menschen trauen Banken inzwischen nicht mehr über den Weg. Denn sie verkauften hochriskante Finanzprodukte, verschleierten die Risiken und lösten dadurch die Finanz- und Staatsschuldenkrise aus. Sie manipulierten einen der wichtigsten Referenzzinssätze, halfen Griechenland, sich mit geschönten Zahlen in die Europäische Währungsunion zu mogeln, und stehen im Verdacht, organisierte Beihilfe zur Steuerhinterziehung geleistet zu haben – die Liste der Vorwürfe, die in den vergangenen Jahren gegen Geldinstitute erhoben wurden, ist lang. Der Vertrauensverlust, den die Branche erlitt, sei niemals zuvor so groß gewesen, klagen manche Vorstände.

Fragwürdige Vertriebsmethoden

Der Argwohn trifft aber erstaunlicherweise nur die Branche als anonymes Ganzes. Ihrer eigenen Bank vertrauen die meisten Kunden dagegen nach wie vor, zeigen Umfragen. Dabei sind fragwürdige Geschäftspraktiken nicht nur in den gehobenen Abteilungen von Großbanken, in denen es um Millionen und Milliarden geht, bekannt geworden. Auch das Filialkundengeschäft geriet wegen aggressiver Vertriebsmethoden in die Schlagzeilen. Untersuchungen belegen, dass Bankberater privaten Sparern und Kleinanlegern systematisch Finanzprodukte andrehen, die den Banken hohe Erträge verschafften, aber nicht unbedingt zum Risikoprofil der Käufer passten.

Untersuchungen zeigen schlechte Beratungsqualität

Auch zwei Untersuchungen von Finanztest stellten der Beratung in deutschen Banken ein Armutszeugnis aus. Einen Testsieger gab es nicht, weil keines der Institute die Note „sehr gut" oder „gut" schaffte. Nur sehr wenige Geldhäuser lieferten eine befriedigende Leistung ab. Den meisten bescheinigten die Tester eine nur „ausreichende" oder „mangelhafte" Leistung, obwohl die Aufgaben, die die Berater lösen mussten, nicht anspruchsvoll waren. Nur wenige von ihnen stellten die passenden Produkte zusammen, um das Anlageziel mit einem möglichst minimalen Risiko zu erreichen. In vielen Fällen waren die Empfehlungen zu riskant.

Das größte Problem der Banken – und ein Riesenskandal – ist aber, dass sie das Gesetz missachten. Sie müssen, und zwar bevor sie eine Anlage empfehlen, die Kunden nach ihren finanziellen und persönlichen Verhältnissen fragen. Sie sind verpflichtet zu ermitteln, welches Ziel die Kunden mit ihrer Geldanlage erreichen wollen und welche Kenntnisse und Erfahrungen sie haben (siehe Seite 18). Doch das klappt nicht, wie die Finanztest-Untersuchungen zeigen. Obwohl die Banken nach den schlechten Ergebnissen des ersten Tests vollmundig Besserung gelobt hatten, schnitten sie einige Monate später in der zweiten Untersuchung kaum besser ab.

Um das gesetzlich vorgeschriebene Beratungsprotokoll scheren sich Banken ebenfalls herzlich wenig. In nur 50 Prozent der Fälle fertigten sie eines an. Und die Protokolle, die den Testkunden ausgehändigt wurden, waren nicht immer einwandfrei. Das Beratungsprotokoll muss unter anderem festhalten, welche Produkte der Berater vorgestellt hat, welche Eigenschaften sie haben und warum er sie empfohlen hat. Es soll als Beweis dienen, wenn sich Kunden im Nachhinein falsch beraten fühlen, etwa weil ein Produkt riskanter war als geglaubt.

Sparer und Anleger halten Banken die Treue

Dass die Mehrheit der Anleger und Sparer trotz solch abschreckender Befunde weiterhin auf den Rat von Privatbanken, Sparkassen und Genossenschaftsbanken setzt, dürfte dem Mangel an Alternativen und der Komplexität von Finanzfragen geschuldet sein. Finanzprodukte sind oft kompliziert und für Laien nicht leicht zu durchschauen. Man kann sie nicht berühren wie ein Kleidungsstück und sich so einen Eindruck von ihrer Qualität verschaffen. Auch Probefahrten wie bei einem Autokauf sind nicht möglich. Es gibt meistens keine Garantien, und Reklamationen sind nur schwer durchsetzbar (siehe Seite 34).

Wegen dieser Vielzahl von Unwägbarkeiten, ist die Mehrheit der Sparer und Anleger auf Finanzberatung angewiesen. Zwar gibt es neben den Banken und Sparkassen auch freie Vermittler, die Beratung anbieten. Doch deren Expertise ist für den

Einzelnen schwer einzuschätzen. Die meisten gehen dann doch lieber zu einer Bank – vielleicht auch aus Gewohnheit.

Zudem gibt es natürlich auch Bankberater, die gute Arbeit leisten. Nicht jeder von ihnen ist ein potenzieller Gauner, der nur darauf wartet, seine Kunden über den Tisch zu ziehen. Die Mehrheit der Berater dürfte bestrebt sein, ihre Arbeit so gut wie möglich zu machen. Dazu gehören auch zufriedene Kunden, denen sie auch noch Jahre nach einem Abschluss mit gutem Gewissen in die Augen schauen können.

Manche Anlageempfehlung geht in die Hose, weil es dem Berater schlicht und ergreifend an Kompetenz mangelt oder ihm ein Fehler unterläuft, nicht aber, weil er unlautere Absichten hegte. Das wird betroffene Anleger vermutlich zwar nur wenig trösten, ist allerdings ein wichtiger Unterschied. Gefährlich wird es für Bankkunden, wenn ihre Berater nicht mehr beraten, sondern nur noch verkaufen. Weil ihre Vorgesetzten höhere Gewinne sehen wollen und Druck auf sie ausüben.

SCHÄRFEN SIE IHREN BLICK

Dieser Ratgeber hilft Ihnen zu erkennen, wie Ihr Bankberater tickt. Wer sich auf eine Beratung einlässt, sollte sich bewusst machen, wie dieses System funktioniert. Was die Berater motiviert, unter welchen Zwängen sie stehen und wozu sie gesetzlich verpflichtet sind. Das schärft Ihren kritischen Blick und kann Sie davor bewahren, am Ende mit Produkten nach Hause zu gehen, die sich für Ihre Vorsorge- und Anlageziele nur schlecht eignen.

Täglicher Spagat zwischen Kunden und Arbeitgeber

Banken stehen untereinander im Wettbewerb. Nach der ökonomischen Markttheorie müsste diese Konkurrenz eigentlich zu einer hohen Beratungsqualität führen. Schließlich kann jeder Kunde die Bank wechseln, wenn er sich schlecht beraten fühlt. In der Praxis geraten Bankkunden bei einem Wechsel aber nicht selten vom Regen in die Traufe. Eine Ursache dafür dürfte ein strukturelles Problem sein, das bei fast allen Geldinstituten besteht: Die Bankberater werden nicht von Ihnen, sondern von der Bank bezahlt. Sie sind ihren Arbeitgebern verpflichtet – und nicht den Kunden. Über Arbeitsvertragsverlängerungen, Gehaltserhöhungen und Beförderungen von Bankberatern entscheiden nicht die Kunden. An diesen Hebeln sitzt das Führungspersonal der Bank. ==Für einen Berater ist es erst einmal wichtiger, bei seinen Vorgesetzten gut dazustehen als bei Ihnen.==

Das wäre unproblematisch, wenn Banken und Kunden immer das gleiche Ziel hätten. Das ist aber nicht der Fall. Die Bank will möglichst viel verdienen. Und der Kunde möchte eine für seine Ziele passende Zusammenstellung von Finanzprodukten, die von hoher Qualität und preisgünstig sein sollen. Dass hier ein Interessenkonflikt vorliegt, ist offensichtlich. Natürlich könnte man unterstellen, dass Banken ein wirtschaftliches Interesse an zufriedenen Kunden haben und sie schon deswegen gut beraten sollten. Andernfalls laufen sie Gefahr, Kunden zu verlieren. Das erscheint plausibel, ist aber offensichtlich nicht die Regel.

Kurzfristiges Gewinnstreben prägt die Beratungspraxis

In der Beratungspraxis ist die Kundenzufriedenheit kein echter Anreiz. Die Mitarbeiter von profitmaximierenden Unternehmen, und dazu gehören auch Banken, sind oft kurzfristig orientiert. Es geht um die Gewinne der laufenden Woche, des nächsten Monats, des nächsten Quartals und vielleicht noch des nächsten Jahres.

An diesen Zahlen werden Bankberater und ihre Vorgesetzten in vielen Fällen gemessen. Das belegen verschiedene Insiderberichte, die in den vergangenen Jahren von Medien und Gewerkschaften veröffentlicht wurden. Die Berater sind demnach vor allem an schnellen Abschlüssen und hohen Provisionen interessiert, auch wenn sie nicht selbst direkt von den Provisionen profitieren. Nach Angaben der Gewerkschaft Verdi erhalten sie meistens nur dann eine zusätzliche Vergütung, häufig ein 14. bis 15. Monatsgehalt, wenn die Bank als Ganzes ihre Ertragsziele erreicht.

Für Bankberater hat es selten unmittelbare Konsequenzen, wenn Sie mit einem Produkt unzufrieden sind. Denn es kann Jahre dauern, bis Sie feststellen, dass Ihnen Schrott verkauft wurde. Ihr Berater, der Ihnen das Produkt empfohlen hat, arbeitet dann vielleicht schon ganz woanders. „Im Finanzgeschäft lohnt es sich zumindest kurzfristig oft, den Vertriebsgedanken über höhere Ziele zu stellen und gesetzliche Bestimmungen auszutricksen oder großzügig auszulegen", stellt Wirtschaftsnobelpreisträger Robert J. Shiller, derzeit einer der einflussreichsten Ökonomen, in seinem Buch „Märkte für Menschen – So schaffen wir ein besseres Finanzsystem" fest.

Das Provisionssystem – gut für Anbieter, schlecht für Bankkunden

Banken werben gern mit ihrer kostenlosen Beratung. Doch in Wahrheit muss diese Dienstleistung natürlich irgendwie bezahlt werden. Die Bank setzt darauf, dass Sie

---

INFO — Neue Datenbank

Eine neue Datenbank, in der alle im Wertpapiergeschäft tätigen Bankberater registriert sind, soll dafür sorgen, dass die Absatzinteressen der Banken nicht deren Beratung dominieren. Das nicht öffentliche Register, das von der Finanzaufsichtsbehörde BaFin geführt wird, enthält Angaben zum Tätigkeitsfeld und der Qualifikation jedes Beraters. Die Geldinstitute sind nun gesetzlich verpflichtet, jede Beschwerde über Berater der BaFin zu melden. Kommt es zu Häufungen, schreitet die Behörde ein. Im Extremfall kann sie einzelnen Beratern für maximal zwei Jahre untersagen, in der Anlageberatung zu arbeiten. Ob das Register tatsächlich zur Verbesserung der Beratungsqualität beiträgt, wird sich nicht mit Bestimmtheit feststellen lassen. Denn objektive Kriterien, an denen sich der Erfolg messen ließe, gibt es nicht.

nach einer Beratung Finanzprodukte kaufen. Für jeden Abschluss erhält sie eine Provision vom jeweiligen Produktanbieter, die Sie bezahlen müssen. Je mehr Ihnen die Bank verkauft, desto höher ist ihr Ertrag (siehe Seite 29).

Zusätzlich erhält Ihre Bank „Bestandsprovisionen". Die kriegt sie jedes Jahr, solange Sie das Produkt in Ihrem Depot behalten.

Aus Sicht der Produktanbieter ist dieses System wunderbar. Die Provisionen schaffen einen Anreiz für die Bank, die Produkte zu verkaufen. Möchte ein Anbieter gerade viel Geld für sein Produkt bei Anlegern einsammeln, kann er die Provision erhöhen, um Bank und Berater zu motivieren, dieses Produkt besonders häufig zu verkaufen.

Für Sie als Bankkunden ist dieses Provisionssystem dagegen fatal. Sie müssen immer damit rechnen, dass der Berater vor allem die Produkte anpreist, die der Bank das meiste Geld bringen. Das sind aber nicht unbedingt die Vorsorge- und Geldanlageinstrumente, die für Sie am geeignetsten sind. Im schlimmsten Fall werden Ihnen teure und zugleich auch noch schlechte Produkte angedreht.

Andererseits ist nicht jedes Produkt, das teuer ist, schlecht. Wie auf dem Wochenmarkt geht es auch bei Finanzprodukten letztlich um das Preis-Leistungs-Verhältnis. Manche Produkte haben ihren Preis, sind aber ihr Geld wert. Andere wiederum sind möglicherweise günstig, aber nicht gut. Die Schwierigkeit besteht darin, gute Qualität zu erkennen. Auch dabei unterstützt Sie dieses Buch.

Bankberater sind auch Verkäufer
Bankberater sind keine objektiven Berater. Diese Bezeichnung, die Neutralität im Dienste des Kunden suggeriert, ist irreführend. Denn Bankberater sind immer auch Verkäufer. Das sollten sich Bankkunden bewusst machen.

Was die Geldinstitute von ihren Beratern erwarten, formuliert der auf die Geldbranche spezialisierte Verkaufstrainer Günther Geyer in einem Fachbuch für Bankmitarbeiter so: „Eine Ihrer wesentlichen Aufgaben ist das Verkaufen. Sie wollen Ihre Kunden überzeugen und zum Abschluss motivieren. (...) Sie sind davon überzeugt, dass Sie (...) ein guter Verkäufer sind." Bankberater, die im Gespräch behaupten, sie wollten ja gar nichts verkaufen, lügen ihren Kunden dreist ins Gesicht. Bankfilialen, auch das sollte jedem klar sein, sind Vertriebskanäle für Finanzprodukte.

Die Transparenz-Illusion
Banken sind inzwischen gesetzlich verpflichtet, ihre Kunden bei einer Beratung über die Provisionen zu informieren, die sie erhalten. Das schafft ein wenig mehr Transparenz. Die Kunden sollen nun auf einen Blick erkennen können, wie viel die Bank an einem Abschluss verdient. Zuvor war es Usus, die Höhe der Provisionen zu verheimlichen. Die gesetzlich erzwungene Offenheit nützt Bankkunden aber nur wenig, wenn ihnen lediglich ähnlich teure Produkte angeboten werden und sie nicht wissen, dass es günstigere Alternativen gibt – und auch nicht darüber informiert werden. Ein typisches Beispiel sind Aktienfonds (siehe Seite 47). Ihr Berater wird Ihnen mit hoher Wahrscheinlichkeit nur

Fonds vorstellen, die von einem Manager verwaltet werden. Für diese Produkte fließen hohe Provisionen. Eine häufig mindestens ebenbürtige Alternative sind Aktienindexfonds (Aktien-ETF, siehe Seite 46). Sie kommen ohne Manager aus. Deswegen sind die jährlichen Verwaltungskosten und damit auch die Bestandsprovisionen sehr gering. Noch schlimmer für die Bank: Die Kaufkosten sind ebenfalls deutlich geringer, weil der sogenannte Ausgabeaufschlag, häufig 5 Prozent der Anlagesumme, entfällt (siehe Seite 29). Aktien-ETF werden an Börsen erworben. Natürlich verdienen Banken an solchen Transaktionen. Aber eben nur wenig. Deswegen empfehlen Berater sie meist nicht.

Wie gesagt: Fonds, die den Banken höhere Provision bringen, müssen nicht schlecht sein. Manche erzielen über Jahre ausgezeichnete Ergebnisse, wie die Dauertests von Finanztest zeigen. Doch es wäre zweifellos im Sinne der Kunden, wenn sie vollständig informiert werden würden und die Berater manche Produktgruppen nicht einfach unter den Tisch kehren.

So umgehen Banken die Transparenzpflicht
Dass Banken die Provisionen, die sie von Produktanbietern erhalten, offenlegen müssen, ergibt sich gleich aus drei Gesetzen: dem Bürgerlichen Gesetzbuch, dem Handelsgesetzbuch und dem Wertpapierhandelsgesetz. Doch das gilt nur für sogenannte Kommissionsgeschäfte: Bei solchen Transaktionen kauft eine Bank auf Rechnung des Kunden Geldanlagen bei einem Produktanbieter. Für ihre Vermittlung erhält die Bank eine Provision vom Produktanbieter, die der wiederum vom Bankkunden beispielsweise in Form eines Ausgabeaufschlages kassiert. Die Bank handelt auf Rechnung des Kunden. Die Provision bekommt sie aber von einem Dritten, nämlich dem Produktanbieter. Weil daraus ein Interessenkonflikt resultiert (Profitstreben der Bank, Beratungsdienstleistung für den Kunden), ist die Bank gesetzlich verpflichtet, Vertriebsvergütungen offenzulegen. „Erst durch die Aufklärung wird der Kunde in die Lage versetzt, das Umsatzinteresse der Bank selbst einzuschätzen (...) und zu beurteilen, ob die Bank ihm einen bestimmten Titel nur deswegen empfiehlt, weil sie selbst daran verdient", heißt es in einem Urteil des Bundesgerichtshofes von 2006.

Doch die Aufklärungspflicht können Banken ganz leicht mit einem Trick umgehen. Statt eines Kommissionsgeschäftes schließen sie mit ihren Kunden ein sogenanntes Festpreisgeschäft ab. Bei solchen Transaktionen ist die Bank nicht verpflichtet darüber zu informieren, was sie verdient. Denn bei einem Festpreisgeschäft kauft der Bankkunde die Geldanlage direkt bei der Bank zu einem festen Preis. Die Bank wiederum hat die Geldanlage zuvor bei einem Anbieter eingekauft. Provisionen fließen bei einem solchen Geschäft nicht. Die Bank verdient daran, dass sie das Produkt günstiger einkauft, als sie es Ihnen weiterverkauft. Diese Gewinnspanne muss sie nach der aktuellen Rechtsprechung nicht offenlegen. Es besteht nicht einmal eine Verpflichtung, den Kunden darüber zu informieren, dass er beim Kauf einer Geldanlage ein Festpreis- statt eines Kommissionsgeschäfts abschließt.

> **INFO** **Neuer Transparenz-Kodex**
>
> Zumindest beim Kauf neuer Zertifikate wollen die Anbieter nun für mehr Transparenz sorgen. Die Mitglieder des Deutschen Derivate Verbandes (DDV), in dem die größten Herausgeber organisiert sind, haben einen „Transparenz-Kodex" verabschiedet. Darin verpflichten sie sich, künftig den von ihnen ermittelten fairen Wert anzugeben. Dieser Wert soll ab Mai 2014 in den gesetzlich vorgeschriebenen Produktblättern angegeben werden. Käufern nützt diese Offenheit aber nur am Tag der Herausgabe eines Zertifikates etwas. Inwieweit der Preis eines Zertifikates beispielsweise nach einem halben Jahr Laufzeit von diesem Wert abweicht, bleibt weiterhin im Dunkeln. Und diese Abweichungen sind Untersuchungen zufolge zum Teil erheblich. Mehr dazu siehe Zertifikate, Seite 169.

Unter dem Strich muss ein Festpreisgeschäft für den Bankkunden nicht teurer sein. Doch sein Anspruch auf eine Offenlegung der Profitinteressen der Bank entfällt. Die „Initiative Finanzmarktwächter" der Verbraucherzentralen, die sich unter anderem für eine bessere Bankberatung einsetzt, sieht in dieser Lücke „eine Einladung an die Vertriebe, die ungeliebten Offenlegungspflichten zu umgehen". Manche Banken haben diese Offerte bereits angenommen. Nach Angaben der Initiative Finanzmarktwächter gibt es Institute, die Fonds (siehe Seite 77) oder Zertifikate nur noch auf Basis von Festpreisgeschäften verkaufen. „Bei Zertifikaten ist diese Praxis besonders problematisch, weil es a) bei neu herausgegebenen Produkten keine Börsenpreise gibt und b) bei Zertifikaten der normale Privatanleger keine Chance besitzt, den fairen Wert dieser mehr oder weniger komplex strukturierten Derivate zu bestimmen (siehe auch Zertifikate, Seite 169). Er hat deshalb keine Möglichkeit, sich indirekt das Eigeninteresse der Banken und Sparkassen bei der Empfehlung solcher Instrumente zu erschließen, selbst wenn er es versuchen würde", kritisieren die Verbraucherschützer in einer Studie zur Transparenz in der Finanzberatung.

FAZIT: IM ZWEIFEL DIE BANK WECHSELN

Es gibt Banken, die ihre Kunden auch bei Festpreisgeschäften darüber informieren, was sie an solchen Abschlüssen verdienen. Andere Banken hüllen sich dagegen in Schweigen – und verhalten sich damit rechtlich korrekt. Sie haben als Kunde keinen gesetzlichen Anspruch auf diese Auskunft. Letztlich hilft nur ein Verzicht auf das Geschäft oder ein Wechsel, wenn sich Ihre Bank stur stellt.

Hauseigene Produkte
Welche Produkte die Berater in den Filialen ihren Kunden verkaufen sollen, wird von übergeordneten Bankabteilungen festgelegt. Sie bestimmen, aus welchem Fundus der einzelne Berater letztlich schöpfen

kann. Auch wählten in der Vergangenheit manche Banken regelmäßig einzelne Produkte aus, die verstärkt an den Mann oder die Frau gebracht werden sollten. Dass solche Vertriebsvorgaben an den Bedürfnissen der Kundschaft vorbeigehen, liegt auf der Hand.

Grundsätzlich gibt es zwei Sorten von Produkten: hauseigene und externe. Fast alle Banken (auch Sparkassen und Genossenschaftsbanken) unterhalten eigene Fondsgesellschaften. Viele haben Tochterfirmen, die Zertifikate und sogenannte Derivate (siehe Seite 66) konstruieren. Die Bankfilialen verkaufen dann vor allem die Produkte der eigenen Gesellschaften. Damit schlägt man gleich zwei Fliegen mit einer Klappe: Zusätzlich zur Provision bleibt auch noch der Anlagebetrag in der Unternehmensgruppe. Doch diese Praxis geriet mehr und mehr in die Kritik. Denn hauseigene Produkte sind nicht immer die besten. Häufig ist die Wertentwicklung von Konkurrenzprodukten besser, die aber nicht empfohlen und vertrieben werden – ein Nachteil für die Kunden.

Um wegen solcher Beschränkungen dem Vorwurf der offensichtlichen Schlechtberatung zu entgehen, verkaufen manche Banken heute zusätzlich zu ihren eigenen auch Fremdprodukte. Dabei konzentrieren sie sich gerne auf diejenigen, die gerade mit einer überdurchschnittlichen Wertentwicklung glänzen und in den Ranglisten, die in Zeitungen und Zeitschriften veröffentlicht werden, ganz oben stehen. Das macht Eindruck beim Kunden. Die Sparkassen ebenso wie die Volks- und Raiffeisenbanken machen sich allerdings nicht einmal die Mühe, solche Feigenblatt-Strategien einzusetzen. Sie setzen weiterhin vor allem auf Fonds aus dem eigenen Haus. Sparkassenverbands-Präsident Georg Fahrenschon kann daran nichts Anstößiges entdecken. Er meint, wer eine Sparkasse aufsuche, wisse, dass er Produkte der Sparkassen-Finanzgruppe empfohlen bekomme.

Geldmachen mit Zusatzverkäufen

Die wenigsten Bankkunden werden wissen, was sich hinter dem Begriff „cross selling" (Querverkauf) verbirgt: Bankberater werden angehalten, Ihnen auch Produkte zu verkaufen, die Sie eigentlich nicht nachgefragt haben. Beispiel: Sie haben einen Termin mit einem Berater vereinbart, um über die Anlage von 20 000 Euro zu sprechen, die Sie geerbt haben. Im Gespräch erkundigt sich der Banker auch nach Ihrem Versicherungsschutz und legt Ihnen auch noch den Abschluss einer Hausratsversicherung nahe. Das ist nicht anders als im Supermarkt, den Sie ursprünglich betreten hatten, um ein Stück Käse zu kaufen. Im Bereich der Kasse, wo Sie leider ein wenig warten müssen, werden Ihnen noch verführerische Kekse, Kaugummis und andere Leckereien offeriert. Die wollten Sie eigentlich nicht kaufen, aber weil sie gerade so praktisch daliegen, greifen Sie zu.

Produkte müssen zum Anlageziel passen

Die wenigsten werden gerne Provisionen bezahlen, wenn sie Finanzprodukte kaufen. Dennoch sollte die Höhe der Erwerbs- und Verwaltungskosten nicht das ausschlaggebende Kriterium bei der Entscheidung für oder gegen ein Produkt sein. Billige sind nicht automatisch gut und teure nicht zwangsläufig schlecht. Viel entscheidender als die Kosten ist, ob die von Ihnen gewählten Finanzprodukte zu Ihren Anlagezielen und zu Ihrem Risikoprofil passen. Auch die Produktqualität ist ein wichtiges Kriterium. Sie hängt aber meistens nicht von der Höhe der Provision ab. Es gibt beispielsweise viele Fonds, die ihre Erwerbs- und Verwaltungskosten durchaus wert sind und von Finanztest empfohlen werden. Die Manager solcher Fonds schafften es, über lange Zeiträume eine bessere Rendite als der Markt bei einem geringeren Risiko zu erzielen. Die besten Fonds im Dauertest finden Sie in den monatlichen Ausgaben von Finanztest oder im Internet unter www.test.de/fonds.

Honorarberatung – eine vernachlässigte Alternative

Eine relativ neue und bei Verbrauchern noch wenig bekannte Alternative zur Provisionsberatung ist die Honorarberatung. Die Kunden bezahlen den Honorarberater nach Aufwand, meistens auf Stundenbasis. Dafür bekommen sie eine Anlage- und Vorsorgeberatung, die unabhängig von Provisionen und Produkten ist. Vermittelt ein Honorarberater Produkte, die vom Anbieter nicht ohne eingerechnete Provisionen erhältlich sind, muss dieses Geld vollständig an den Kunden fließen. So schreibt es das neue „Gesetz zur Förderung und Regulierung einer Honorarberatung über Finanzinstrumente" vor.

Seit April 2013 ist darin das Berufsbild des Honorarberaters gesetzlich verankert. Wer sich Honorarberater nennt, ist an dieses Gesetz gebunden. Danach werden Honorarberater künftig in ein öffentliches Register eingetragen. Auf Provisionsbasis dürfen sie dann nicht mehr tätig werden. Bisher gab es Finanzberater, die sowohl Honorar- als auch Provisionsberatung anboten, abhängig davon, was für sie lukrativer war. Manche kassierten sogar doppelt. Sie ließen sich vom Kunden und von Produktanbietern bezahlen.

Versicherungen und Kredite ausgeklammert
Die neuen Regeln gelten nicht nur für selbstständige Berater, sondern auch für die Geldinstitute. Bieten sie sowohl Honorar- als auch Provisionsberatung an, müssen diese beiden Geschäftsbereiche „organisatorisch, funktional und personell" strikt voneinander getrennt sein, heißt es in einer Pressemitteilung des für den Verbraucherschutz zuständigen Bundesministeriums. Dies solle sicherstellen, dass Honorarberatern in Banken keine Verkaufsvorgaben von ihren Vorgesetzten gemacht werden.

Doch die Trennung von Provisionsberatung und Honorarberatung, die dem Gesetzgeber laut Verbraucherschutzministerium so wichtig war, gilt nur für Geldanlageprodukte wie Fonds und Zertifikate. Das Versicherungs- und Kreditgeschäft wird von dem neuen Gesetz hingegen nicht erfasst. In der Praxis heißt das, dass ein ins Register eingetragener Honorarberater nur bei der Vermittlung von Geldanlageprodukten keine Provisionen kassieren darf. Vermittelt er aber Versicherungen, etwa eine Riester-Rentenversicherung, oder Kredite, darf er dafür weiterhin Abschlussprovisionen annehmen, bestätigt das Verbraucherschutzministerium.

Manchmal bleibt einem Honorarberater allerdings auch gar nichts anderes übrig: Viele Versicherungen bieten ausschließlich Tarife an, in die Vermittlungsprovisionen bereits eingerechnet sind. Wichtig für den Kunden ist, dass ein Honorarberater solche Zahlungen nicht verdeckt kassiert (siehe Kasten).

Inzwischen haben einige wenige Versicherungsgesellschaften aber auch sogenannte Honorartarife im Angebot, die keine Provisionen enthalten. Der Verbund Deutscher Honorarberater (VDH) handelte nach eigenen Angaben mit 32 Versicherungsgesellschaften Honorartarife aus, mit denen alle Versicherungssparten abgedeckt werden könnten. Von seinen 1 400 Mitgliedern verlangt der VDH deshalb, sich ausschließlich vom Kunden bezahlen zu lassen.

Kunden, die sich auf solche Selbstverpflichtungen aber nicht verlassen wollen, können in Versicherungsfragen statt eines Honorarberaters einen Versicherungsberater konsultieren. Ihnen ist es gesetzlich untersagt, Provisionen anzunehmen oder von einem Versicherungsunternehmen „in anderer Weise abhängig zu sein". So steht es in der Gewerbeverordnung.

Keine geregelte Ausbildung der Berater

Das neue Honorarberatungsgesetz hat aber noch andere Schwächen. Kritiker bemängeln, dass es nur regelt, wie Finanzberater bezahlt werden. Qualitätsstandards in der Beratung setze es dagegen nicht. Nach wie vor ist die Ausbildung für Finanzberater in Deutschland nicht einheitlich. „Das eigentliche Problem, dass die Qualität der Finanzberatung in vielen Fällen mangelhaft ist, weil die Berater keine Ausbildung haben, bleibt weiterhin ungelöst", kritisiert beispielsweise der Finanzanalytiker Volker Looman. Auch mit der Honorarberatung sei „keine fachliche Qualifikation erkennbar".

Der VDH versucht, sich diesem Mangel mit eigenen Qualitätsstandards entgegenzustemmen. Von den ihm angeschlossenen Beratern verlangt das Unternehmen mindestens eine Finanzausbildung, etwa zum Finanzfachwirt oder Bankbetriebswirt. Darüber hinaus propagiert der VDH Zusatzqualifikationen wie den „Geprüften Honorarberater".

TIPP So finden Sie einen Honarar- oder Versicherungsberater

- Einen **Honorarberater** in Ihrer Nähe finden Sie unter www.deutsche-honorarberater.de (unter „Kontakt"). Die Beratungsstellen der Verbraucherzentrale sind unter www.verbraucherzentrale.de aufgelistet. Ein weiteres Register für Honorarberater finden Sie unter www.berater-lotse.de. Berater, die dort gelistet sind, haben sich verpflichtet, ausschließlich auf Honorarbasis zu arbeiten.
- Einen **Versicherungsberater** in Ihrer Nähe können Sie im Internet unter www.bvvb.de (unter „Beratersuche") heraussuchen.

TIPP: FRAGEN SIE NACH DER QUALIFIKATION

Anleger sollten immer auf die Qualifikation ihres Beraters achten. Denn ob eine Beratung gut oder schlecht ist, hängt in erster Linie von dessen Kompetenz und nicht unbedingt von der Art der Bezahlung ab.

Anleger tun sich mit Honorarberatung noch schwer

Obwohl eine objektive Finanzberatung, wenn überhaupt, nur auf Honorarbasis möglich ist, halten sich Anleger zurück. Sie sind es nicht gewöhnt, für Finanzberatung direkt Geld zu bezahlen. Die Stundensätze sind auch erst einmal gewöhnungsbedürftig: Sie liegen zwischen 150 und 300 Euro. Dennoch ist eine Honorarberatung, wenn es beispielsweise um die Altersvorsorge geht, unter dem Strich in vielen Fällen günstiger als eine Beratung auf Provisionsbasis. Denn hier besteht immer die Gefahr, dass vor allem Produkte empfohlen werden, die hohe Provisionen abwerfen. Und das kostet letztlich viel mehr. Honorarberatung wird von Verbraucherzentralen, von selbstständigen Beratern und auch von wenigen Banken angeboten. Zu Letzteren zählen die Quirin Bank, die ausschließlich auf Honorarberatung setzt, sowie die Direktbanken comdirect und Cortal Consors. Derzeit gibt es rund 2 100 Honorarberater in Deutschland. Hinzu kommen etwa 200 Versicherungsberater. Ihnen steht ein Heer von etwa 300 000 Bankberatern, 250 000 Versicherungsvermittlern und zahllosen selbstständigen Finanzmaklern gegenüber, die auf Provisionsbasis arbeiten.

HONORARBERATUNG: DAS SOLLTEN SIE BEACHTEN

✓ **Auftrag.** Klären Sie mit dem Berater Ihren Beratungsbedarf. Fordern Sie einen Kostenvoranschlag oder vereinbaren Sie einen Pauschalpreis.

✓ **Transparenz.** Lassen Sie den Berater unterschreiben, dass er keine Vergütungen von Dritten nimmt und alle Provisionen offenlegt, die sich nicht vermeiden lassen. Viele Versicherer bieten zum Beispiel ausschließlich Provisionstarife an. Wenn Sie dort über Ihren Berater abschließen, erhält er eine Provision. Er darf das Geld aber nicht an Sie weiterreichen, weil das verboten ist.

✓ **Sicherheit.** Fragen Sie Ihren Berater, ob er eine Vermögensschaden-Haftpflichtversicherung hat. Die zahlt, wenn er falsch beraten hat.

DAS BERATUNGSGESPRÄCH

Sie wissen nun, dass ein Bankberater auch ein Verkäufer und ein Beratungsgespräch letztlich auch ein Verkaufsgespräch ist – und sind auf der Hut. Doch diese Erkenntnis ist nur die halbe Miete. Auf dem Weg zur passenden Geldanlage oder Altersvorsorge liegen noch eine Reihe weiterer Stolpersteine, die es zu umgehen gilt. Das Grundproblem sind die ungleich verteilten Informationen. In der Regel kennen sich Bankberater mit Finanzprodukten (und mit deren Provisionen) ganz gut aus und verstehen auch etwas von den Unwägbarkeiten der Kapitalmärkte. Sie dagegen haben schlimmstenfalls überhaupt keine Ahnung. Wie beim Gebrauchtwagenkauf können Sie während des Gesprächs kaum beurteilen, ob die Angaben, die der Verkäufer macht, richtig und vollständig sind oder ob er versteckte Mängel verschweigt.

Um dieses Problem zu lösen, versuchen Kunden in einem Bankberatungsgespräch herauszufinden, ob sie dem Berater vertrauen können. Dabei achten sie (meist) jedoch nur auf Äußerlichkeiten, hat der Psychologieprofessor Gerd Gigerenzer beobachtet. Etwa darauf, ob die Person lächelt, den Augenkontakt hält oder nickt. Stuften die Kunden einen Bankberater als vertrauenswürdig ein, machten sie alles, was er sagt, so Gigerenzer in einem Interview mit dem Handelsblatt. Doch das kann fatale Folgen haben, wie die zahlreichen Beratungsskandale zeigen.

Wer Enttäuschungen aus dem Weg gehen will, kommt nicht darum herum, eine Finanzberatung vor- und nachzubereiten. Nur so können Sie dem Berater mit gezielten inhaltlichen Fragen auf den Zahn fühlen. Nach dem Gespräch sollten Sie die wichtigsten Kernaussagen des Beraters noch einmal auf ihre Richtigkeit durchleuchten. Auch dabei hilft Ihnen dieser Ratgeber. Preist der Berater beispielsweise eine Geldanlage als „absolut sicher" an, können Sie im Produktlexikon dieses Buches nachlesen, wie Finanztest diese Geldanlage beurteilt.

Der Gesprächsablauf

Der Ablauf des Gesprächs liefert Ihnen erste Hinweise darauf, ob Sie fundiert beraten werden oder nicht. So sollten im Gespräch die Bedürfnisse des Anlegers berücksichtigt und die empfohlenen Produkte ausführlich beschrieben werden. Sie muss „anlegergerecht" und „anlagegerecht" sein, sagen die Richter des Bundesgerichtshofs (BGH). Die Vorgaben stehen im Wertpapierhandelsgesetz (WpHG) und in der deutschen Umsetzung der EU-Finanzmarktrichtlinie Mifid.

Fragen zur Person

Um einschätzen zu können, welche Produkte am besten passen, sollte der Berater erst einmal wissen, mit wem er es zu tun hat. Deshalb verpflichtet ihn das Gesetz dazu, seinen Kunden nach dessen Kenntnissen über Finanzgeschäfte und seinen Erfahrungen mit früheren Geldanlagen zu fragen. Dazu gehören auch Fragen nach Ausbildung und Beruf. Der Berater muss sich darüber hinaus einen Überblick über die finanziellen Verhältnisse des

Kunden verschaffen und sich nach dem Einkommen, weiterem Vermögen und möglichen Schulden erkundigen. Ohne diese Daten kann ein Berater kaum beurteilen, ob beispielsweise ein Vorsorgeprodukt wie eine Riester-Rente für Sie geeignet ist und in welcher Höhe eine monatliche Sparrate für Sie tragbar ist.

Das Wichtigste ist aber, dass der Berater Ihr Anlageziel kennt. Er muss wissen, wofür Sie das Geld anlegen möchten, wie lange und welches Risiko Sie dabei eingehen wollen. Niemand ist verpflichtet, diese Auskünfte zu geben, doch verweigern Sie sie, darf der Berater keine Empfehlung mehr aussprechen.

Ihr Risikoprofil

Wenn Sie in Wertpapiere, also etwa in Aktien, Anleihen oder Fonds investieren wollen, stuft Sie Ihr Berater auf Basis Ihrer Angaben in eine Risikoklasse ein. Das ist eine heikle Angelegenheit. Denn von Ihrer Risikoklasse hängt ab, welche Produkte Ihnen eine Bank verkaufen darf. Meistens gibt es fünf Klassen, deren Risiko von Stufe zu Stufe ansteigt. Die Klasse 1 hat das niedrigste, die Klasse 5 das höchste Risiko (siehe Kasten Seite 20). Den Risikoklassen sind einzelne Wertpapier-Gruppen und Fondskategorien zugeordnet. Die Bank darf Ihnen ausschließlich Geldanlagen empfehlen, die in Ihrer Risikoklasse oder darunter liegen.

Um einzugrenzen, in welche Kategorie ein Kunde gehört, gehen Banken unterschiedlich vor. Es kann passieren, dass ein Berater einer Bank den Kunden regelrecht überfährt und ihn fragt, welche Anlagestrategie er denn verfolge („Stabilität, Einkommen, Wachstum oder Chance?"), obwohl der Kunde zuvor deutlich gemacht hat, keinerlei Erfahrungen mit Wertpapieren zu haben – und sich bisher kaum eine Strategie zurechtgelegt haben dürfte. Doch selbst erfahrene Anleger können sich unter solchen Bezeichnungen nur schwer etwas vorstellen. Wer nachfragt, dem wird eine Grafik mit vier Musterdepots vorgelegt. Sie zeigt, wie die Vermögensaufteilung für die einzelnen Strategien aussehen könnte, also wie viele Aktien, Anleihen, Rohstoffe, Immobilien und Bankeinlagen im Depot sein sollten, wenn man sich für eine Variante entscheidet. Aber auch daraus lässt sich für ein Wertpapier-Green-

INFO **Achtung: Aufklärung ist Pflicht!**

Falls Sie keine oder wenig Erfahrung mit Wertpapieren haben, muss Ihr Berater Sie ausführlich über Verlustgefahren der einzelnen Produktgruppen aufklären, bevor er Sie in die entsprechende Risikoklasse einordnen darf. Es reicht selbstverständlich nicht, wenn er Ihnen nur einmal kurz herunterbetet, welche Produkte zu welcher Risikoklasse gehören. Ein guter Berater nimmt sich ausreichend Zeit, um Ihnen die Eigenschaften der wichtigsten Produkte zu erklären. Zudem sollte er Sie mit Informationsmaterial versorgen, mit dem Sie einzelne Punkte vertiefen können, bevor Sie eine Anlage abschließen.

horn kaum ableiten, welche konkreten Risiken damit verbunden sind.

Aber es gibt auch Geldinstitute, die es etwas besser machen: Eine Bank legt Kunden beispielsweise nach einem standardisierten Erfassungsbogen fünf Aussagen zur Risikoeinstellung vor. Auf einer vierstufigen Skala können sie zustimmen oder ablehnen. Zwar sind die Aussagen leicht verständlich, aber auch sie enthalten unbestimmte Begriffe wie „höhere Renditen" und „höhere Risiken", unter denen sich vermutlich jeder etwas anderes vorstellt.

Konkreter wird ein Anlagebeispiel: Die Kunden müssen zwischen drei verschiedenen Anlagen wählen, für die eine mögliche Verlust- und Gewinnspanne (minus 1 bis plus 3 Prozent, minus 6 bis plus 12 Prozent, minus 20 bis plus 30 Prozent) vorgegeben wird.

Nach der Bestandsaufnahme ordnen Banken ihre Kunden auf Basis von deren Antworten in Risikoklassen ein und legen eine Standard-Anlagestrategie fest.

INFO Die Risikoklassen im Überblick

Bei den Risikoklassen verwenden Banken und Sparkassen kein einheitliches System. Die Geldinstitute orientieren sich aber an der nachfolgenden Einteilung. Bei den aufgeführten Produkten handelt es sich um Beispiele. Zu den einzelnen Risikogruppen können noch weitere Geldanlagen gehören. Informationen zu den einzelnen Produkten finden Sie alphabetisch geordnet im nächsten Kapitel ab Seite 42.

■ **Klasse 1 ist sicherheitsorientiert.** Infrage kommen Zinsanlagen der Banken wie Tagesgeld oder Festgeld, Euro-Geldmarktfonds, kurzlaufende Euro-Rentenfonds, Euro-Anleihen mit sehr guter Bonität sowie offene Immobilienfonds.

■ **Klasse 2 ist konservativ.** Dazu passen Euro-Anleihen bester Qualität, deutsche Rentenfonds, kurzlaufende Fonds in Hartwährungen wie Euro, US-Dollar, Schweizer Franken und dem Britischen Pfund, Anleihen sehr guter Bonität in Hartwährungen, international gestreute Rentenfonds, überwiegend in Hartwährungen.

■ **Klasse 3 ist ertragsorientiert.** Gemeint sind etwa Wandel- und Optionsanleihen, deutsche Aktienfonds, deutsche Standardaktien, international gestreute Aktienfonds sowie Länderfonds in europäischen Hartwährungen.

■ **Klasse 4 ist spekulativ.** Das Geld fließt zum Beispiel in deutsche Aktien-Nebenwerte, spekulative Anleihen, Optionsscheine, Optionen und Futures.

■ **Klasse 5 ist sehr spekulativ.** Dazu zählen Investitionen in ausländische Aktien-Nebenwerte, sehr spekulative Anleihen, Optionsscheine aller Art sowie Optionen und Futures.

Viel Spielraum bei der Anlagestrategie

Die Risikoklassen legen nur fest, welche Produkte Ihnen verkauft werden dürfen. Sie können deshalb lediglich bei einzelnen Käufen davor schützen, zu riskante Anlagen aufgedrängt zu bekommen. Die Risikoklassen sagen aber nichts darüber aus, in welche Anlagen Sie in welchem Verhältnis investieren sollten. Doch erst aus der Gesamtzusammensetzung Ihrer Geldanlagen ergibt sich Ihr Gesamtrisiko.

Nehmen wir an, Sie sind in die Risikoklasse 3 eingestuft. Das bedeutet, für Sie kommen internationale Aktienfonds in Frage. Wenn Sie 50 000 Euro anlegen und nur geringe Risiken eingehen wollen, wäre es aber vollkommen falsch, das ganze Geld in Aktienfonds zu investieren. Der richtige Weg ist eine Mischung aus sicheren Anlagen und Aktienfonds – abhängig von Ihren Renditevorstellungen.

In welchem Verhältnis verschiedene Geldanlagen kombiniert werden können, legt die Anlagestrategie fest. Entsprechend Ihrer Risikoeinstellung und Ihres Anlageziels ordnen Ihnen die Banken meistens eine ihrer Standardstrategien zu. Dabei gilt: Je sicherheitsorientierter Sie anlegen wollen, desto geringer muss der Anteil riskanter Anlagen wie Aktien sein.

Die Auswahl der Anlagestrategie

Häufig bieten Banken drei oder vier Standardstrategien an – von sicherheitsorientiert bis spekulativ. Die Namen, die sich die Vertriebsabteilungen dafür ausdenken, unterscheiden sich von Bank zu Bank erheblich, obwohl sich die Risiken ähneln. Wenn Sie bis zu 50 Prozent der Anlagesumme in riskante Anlagen stecken, heißt das beispielsweise bei der einen Bank „ausgewogen", bei einer anderen heißt das „Wachstum".

▎ TIPP: AUF DEN INHALT KOMMT ES AN

Orientieren Sie sich nie an solchen Bezeichnungen (und daran, was Sie sich darunter vorstellen). Achten Sie immer auf den konkreten Anteil riskanter Anlagen bei einer Strategie.

Die Standardstrategien geben allerdings nur ein grobes Raster vor, das die Berater abhängig von den Kundenwünschen anpassen. Theoretisch könnten Banken eine optimale Zusammensetzung Ihrer Geldanlagen für Sie berechnen, wenn Sie ein konkretes Renditeziel, zum Beispiel 6 Prozent pro Jahr vorgeben oder eine durchschnittliche Schwankungsbreite (siehe Volatilität Seite 186), zum Beispiel 15 Prozent pro Jahr. Optimal heißt, nur das geringste Risiko einzugehen, um einen bestimmten Ertrag erwarten zu können. Doch solche Kalkulationen sind aufwendig. Deswegen bieten Geldinstitute diesen Service in der Regel nur reichen Kunden an, die große Summen anlegen wollen. Bei Durchschnittskunden geschieht das lediglich Pi mal Daumen.

▎ VORSICHT RISIKOFALLE

Prinzipiell haben Berater ein Interesse daran, Ihnen eine möglichst hohe Risikoklasse mit einer entsprechend riskanten Strategie zu verpassen. Denn erstens können sie Ihnen dann mehr Produkte verkaufen, die hohe Provisionen abwerfen, und zweitens sichern sie sich gleichzeitig gegen mögliche Klagen ab. Falls Sie sich später wegen unerwarteter Verluste schlecht beraten fühlen, kann der Berater immer auf Ihre Risikoeinstufung verweisen. Achten Sie also genau darauf, dass hier nichts schiefgeht. Im Zweifel können Sie einen unabhängigen Experten bei einer Verbraucherzentrale hinzuziehen.

Keine Garantien
Selbst wenn Ihr Berater nach bestem Wissen und Gewissen handelt und Ihnen keine unpassenden Produkte verkauft, gibt es keine Garantie, dass eine Anlagestrategie auch aufgeht. Ob die Produkte richtig zusammengestellt waren, zeigt sich oft erst im Nachhinein. Nichtsdestotrotz gibt es mathematische Verfahren und Computerprogramme, mit deren Hilfe man Chancen und Risiken eines Depots auf Basis historischer Marktdaten quantifizieren und für verschiedene Wertentwicklungen Eintrittswahrscheinlichkeiten berechnen kann. Bitten Sie Ihren Berater um solche Analysen. Aber seien Sie nicht enttäuscht, wenn er Ihnen zu verstehen gibt, dass das seine Möglichkeiten übersteigt.

Angaben zur Sache
Die konkreten Produkte, die der Berater empfiehlt, muss er genau vorstellen. Zunächst muss er beschreiben, wie die Geldanlagen im Einzelnen funktionieren und welche Rendite sie versprechen. Er muss seinen Kunden über die Risiken aufklären, die er mit dem Kauf eingeht, und ihm erläutern, inwieweit während der Laufzeit der Wert der Anlage schwanken kann.

Ein weiterer wichtiger Punkt sind die Kosten. Der Berater muss sämtliche mit der Anlage verbundenen Kosten und Nebenkosten nennen, dazu gehören Anschaffungskosten, jährlich anfallende Verwaltungskosten und Kosten für die Depotführung. Die in Rechnung gestellten Provisionen sind in jedem Fall separat aufzuführen, heißt es im Gesetz. Sind Interessenkonflikte im Spiel, beispielsweise wenn die Bank von einer Fondsgesellschaft Provisionen für die Vermittlung von Investmentfonds bekommt (und das ist so gut wie immer der Fall), muss sie das offenlegen.

Der Berater ist zudem verpflichtet, den Kunden auf die Abgeltungsteuer anzusprechen und zu erörtern, ob er einen Freistellungsauftrag unterschreiben sollte.

> **INFO** **Anlageziel versus Risikobereitschaft**
>
> Jeder Anleger wünscht sich hohe Renditen, will aber möglichst kein Risiko eingehen. Beides gleichzeitig ist an den Finanzmärkten leider nicht zu haben. Hohen Renditen stehen auch immer entsprechend hohe Risiken gegenüber. Nicht selten haben Anleger Renditeziele, die mit ihrer Risikobereitschaft kaum in Einklang zu bringen sind. Auf solche Konflikte muss Sie der Bankberater hinweisen. Sie stehen dann vor der Wahl: Entweder Sie machen Abstriche bei der Rendite oder Sie erklären sich bereit, höhere Risiken auf sich zu nehmen. Einen anderen Ausweg aus diesem Dilemma gibt es nicht.

INFO **Das Beratungsprotokoll – mehr schlecht als recht**

Das gesetzlich vorgeschriebene Beratungsprotokoll muss Anlegern nach jeder Beratung, in der es um Wertpapiere ging, ausgehändigt werden. Im Protokoll muss unter anderem stehen, ob die Bank oder der Anleger um das Gespräch gebeten hat und wie lange es dauerte. Ins Protokoll gehören die finanziellen Verhältnisse des Anlegers, seine Anlageziele sowie seine Kenntnisse und Erfahrungen mit Geldanlagen wie beispielsweise Fonds. Der Berater muss ausführlich erläutern, warum er fand, dass ein bestimmtes Produkt für den Kunden geeignet sei, und warum er es ihm empfohlen hat. Er muss das Protokoll unterschreiben und es dem Anleger nach dem Gespräch aushändigen. Nach einer telefonischen Beratung schickt der Berater dem Kunden das Protokoll zu.

Untersuchungen zeigen allerdings, dass Banken bisweilen auf die Vorschriften pfeifen. Die Verbraucherzentrale Baden-Württemberg schickte beispielsweise zwischen September 2011 und Februar 2012 Testpersonen in 50 Kreditinstitute zu jeweils einem Beratungsgespräch. Ergebnis der Fallstudie: Kein Protokoll enthielt alle nötigen Informationen. Kein einziges Institut hat die Risikoneigung nach den Angaben des Testkunden im Protokoll dokumentiert. Die Formulierungen waren willkürlich und schwammig. Das Vermögen und die vorhandenen Verbindlichkeiten haben die Berater nur in einem Fall vollständig dokumentiert. Informationen über die Höhe der anfallenden Kosten für die empfohlenen Anlageprodukte waren in 71 Prozent der Fälle weder in Euro noch in Prozent im Protokoll ausgewiesen. In 55 Prozent der Fälle wurden entweder Einnahmen oder Ausgaben der Testkunden falsch dokumentiert oder fehlten gänzlich.
20 Prozent der Kunden wurde trotz klarer gesetzlicher Verpflichtung kein Beratungsprotokoll ausgehändigt.

Die Finanzaufsicht BaFin leitet immer wieder Verfahren gegen Kreditinstitute wegen fehlerhafter Beratungsprotokolle ein. Sie kann Bußgelder bis zu 50 000 Euro verhängen. Die Banken scheint das aber nicht zu jucken.

Wenn Sie nach einer Beratung, in der es um Wertpapiere wie Anleihen, Aktien, Fonds und Zertifikate ging, kein Protokoll erhalten haben oder wenn Zweifel daran bestehen, dass das Protokoll richtig oder vollständig ist, sollten Sie zunächst Ihre Bank darauf ansprechen. Will die nicht nachbessern, können Sie sich an die BaFin wenden. Beschwerden richten Sie an folgende Adresse:

**Bundesanstalt für
Finanzdienstleistungsaufsicht**
Postfach 1253
53002 Bonn
poststelle@bafin.de
Tel. 02 28 / 29 97 02 99

Die Gesprächsinhalte und alle Informationen müssen Bankberater seit 2010 in einem Beratungsprotokoll (siehe Kasten Seite 23) dokumentieren, wenn es bei der Beratung um Wertpapiere wie Fonds, Anleihen und Zertifikate ging. Waren dagegen nur risikolose Bankeinlagen wie Tages- und Festgeld oder Sparbücher und Sparbriefe Thema, ist ein Protokoll nicht vorgeschrieben. Das Beratungsprotokoll muss dem Kunden nach dem Beratungsgespräch zur Verfügung gestellt werden. Der Berater muss das Protokoll unterschrieben haben. Sie als Kunde sind nicht verpflichtet, das Beratungsprotokoll zu unterschreiben, und sollten es auch nicht unterschreiben.

Dauer der Beratung

Wie lange ein Beratungsgespräch dauert, hängt von der Komplexität der Kundenwünsche und von deren Erfahrung mit Geldanlagen ab. Geht es nur darum, ein oder zwei Produkte im Depot eines routinierten Wertpapieranlegers auszutauschen, ist vermutlich in 30 bis 45 Minuten alles geklärt. Möchte aber ein Kunde erstmals in Wertpapiere investieren, ist es mit einer kurzen Beratung nicht getan. Dafür ist die Materie zu komplex. Mindestens zwei Gespräche sind nötig, um den Kunden wenigstens das Allernötigste über die Funktionsweise und vor allem die Risiken von Wertpapieren zu erklären. „Je weniger Erfahrung ein Anleger hat, desto mehr Aufklärungsarbeit muss die Bank leisten", erklärt der Freiburger Anlegeranwalt Andreas Mayer.

Lesen, lesen, lesen – und an die Fakten denken

Doch auch der Kunde muss Einsatz zeigen. Nach dem ersten Gespräch geht ein Wertpapier-Einsteiger mit einem Stapel Prospekte nach Hause. Gewissenhafte Privatbanken, Sparkassen und Volksbanken händigen ihm außerdem die „Basisinformationen über Wertpapiere" aus. Dabei handelt es sich um eine Grundsatzpublikation der Finanzbranche, die einen Überblick über die wichtigsten Wertpapiere und Anlageinstrumente bietet. Ein weiterer Haufen Papier kommt im abschließenden Gespräch auf Sie zu, wenn der Berater Ihnen seinen konkreten Anlagevorschlag unterbreitet. Wenn sich der Berater korrekt verhält, händigt er Ihnen das Beratungsprotokoll aus, das mit Anlagen ganz schnell auf 50 DINA4-Seiten anwächst. Zu den Anlagen gehören die sogenannten Produktinformationsblätter. Sie sollen Anleger auf ein bis drei Seiten über die wichtigsten Fakten zu einem Finanzprodukt informieren.

Produktinformationsblatt – Fachchinesisch inklusive

Neben dem Beratungsprotokoll müssen Banken und andere Finanzdienstleister Kunden nach Anlageberatungen zu Wertpapieren die entsprechenden Produktinformationsblätter (PIBs) aushändigen. Diese auch als „Beipackzettel" bezeichnete Information ist seit dem 1. Juli 2011 gesetzlich vorgeschrieben. Jedes Blatt enthält eine Produktbeschreibung, den Ausgabepreis, die Verzinsung sowie Hinweise auf Risiken der Papiere wie zum Beispiel Kursschwankungen. Zudem werden die

Kosten eines Finanzprodukts aufgeführt, um es besser als bisher mit anderen Produkten vergleichen zu können. Produktinformationsblätter gibt es zu Aktien, Anleihen und Zertifikaten, zu Pfandbriefen sowie zu Bundeswertpapieren.

Für Investmentfonds gibt es ein eigenes Produktinformationsblatt, die „wesentlichen Anlegerinformationen". Anders als Letztere enthalten PIBs kein Risikoprofil mit Risikoklassen, in die die jeweiligen Produkte eingeteilt werden müssen. Für bankeigene Zinsanlagen ist die Erstellung eines PIBs freiwillig.

Die Qualität der PIBs ist in verschiedenen Untersuchungen analysiert worden. Alle deckten erhebliche Mängel auf. In einer Studie des Verbraucherschutzministeriums heißt es etwa: „Fachbegriffe und komplizierte, lange Sätze behindern die Verständlichkeit." Besonders gravierend war dieses Problem bei sogenannten komplexen Produkten wie Zertifikaten. 60 Prozent der untersuchten PIBs in diesem Bereich stuften die Wissenschaftler als nicht verständlich ein. Insgesamt war „wegen fehlender, überflüssiger und unzulässiger Angaben" mehr als ein Drittel aller analysierten PIBs „formal unvollständig beziehungsweise unrichtig".

Abhilfe soll ein im September 2013 veröffentlichtes Glossar schaffen, das die Deutsche Kreditwirtschaft, eine Interessenvertretung der kreditwirtschaftlichen Spitzenverbände, in Zusammenarbeit mit Verbraucherschützern und dem Verbraucherministerium erarbeitet hat. Es empfiehlt, welche Begriffe in den PIBs verwendet werden sollen und welche nicht. Das soll zu einer besseren Verständlichkeit beitragen. Ob die einzelnen Banken diese Vorschläge so umsetzen, dass sie auch den gewünschten Erfolg bringen, muss sich allerdings erst noch zeigen.

Wesentliche Anlegerinformationen – uneinheitliche Risikoklassen bei Fonds

Für Investmentfonds heißt das Produktinformationsblatt Key Investor Information Document (KIID), in Deutschland „Wesentliche Anlegerinformationen". Das KIID geht auf eine Initiative der Europäischen Union zurück und ist seit 1. Juli 2012 für ganz Europa verpflichtend. In Deutschland wurde das KIID bereits am 1. Juli 2011 eingeführt. Es wird von den Fondsgesellschaften für jeden Fonds erstellt und muss auf zwei DIN-A4-Seiten über die wichtigsten Details wie Ziele und Anlagepolitik, Risiko- und Ertragsprofil, Kosten und die frühere Wertentwicklung des Fonds aufklären. Die Anlegerinformationen sollen den bislang verwendeten vereinfachten Verkaufsprospekt ersetzen. Sie müssen vor dem Kauf eines Fonds ausgehändigt werden, damit der Anleger sie in Ruhe lesen kann.

Banken setzen ihre eigenen Standards

Die Fondsgesellschaften müssen jeden Fonds einer Risikoklasse zuordnen. Davon ausgenommen sind offene Immobilienfonds. Sie müssen die Risiken nur verbal beschreiben. Die Europäische Union gibt Risikoklassen von 1 (geringstes Risiko) bis 7 (höchstes Risiko) vor. Doch dem folgen nicht alle Banken. Die Targobank etwa stuft Finanzprodukte in sechs Kategorien von 0 bis 5 ein. Auch die Commerzbank kocht ihr eigenes Süppchen. Sie teilt Wertpapiere und Fonds in sechs Klassen von A bis F ein. Diesem Schema folgen auch die sogenannten Wertpapiervoten, die sie den Beratungsprotokollen beifügt. Dabei handelt es sich um mehrseitige Begründungen, warum die Commerzbank die entsprechenden Produkte auf ihre Empfehlungsliste genommen hat. Solche Informationen einer Bank sind freiwillig.

Die gesetzlich vorgeschriebenen Produktinformationen über Fonds müssen die Fondsgesellschaften anfertigen. Sie wiederum folgen in der Regel der EU-Vorgabe. Das bedeutet: Bei der Commerzbank erhält der Kunde Informationen aus zwei verschiedenen Quellen, die Produkte in unterschiedliche Risikoschemata einteilen. Das dürfte den einen oder anderen Anleger verwirren.

Grundsätzlich wird die Vergleichbarkeit einzelner Anlageprodukte erschwert, wenn Banken die EU-Vorgabe nach eigenen Vorstellungen modifizieren.

Einstufungen spiegeln nicht immer das tatsächliche Risiko

In welche Risikoklasse ein Fonds gehört, wird von einem Risikoindikator, dem „Synthetic Risk and Reward Indicator" (SRRI), abgeleitet. Dabei handelt es sich um eine Größe, die die Wertschwankungen des Fonds betrachtet, in der Regel die der letzten fünf Jahre. Je höher die Risikoklasse ist, desto höher ist auch die Schwankungsbreite eines Fonds und damit sein Risiko. Beim DWS-Deutschland-Fonds etwa, der schwerpunktmäßig in deutsche Aktien investiert, betragen die Schwankungen über 25 Prozent. Mit diesem Wert kommt der Fonds in die höchste Risikoklasse.

Bei Fonds, die neu auf dem Markt sind, kann das Risiko anhand simulierter Wertschwankungen ermittelt werden. Dafür werden Vergleichsindizes (siehe Seite 186) oder Vergleichsportfolios herangezogen, mit denen sich ein Fonds misst. Der jeweilige Vergleichsindex muss im Fondsprospekt ausgewiesen werden. Wie aussagekräftig solche Simulationen sind, ist allerdings fraglich.

Auch bei Fonds, die schon lange am Markt sind, spiegeln die Einstufungen nicht immer die tatsächlichen Risiken der Fonds wider. Das konnte nach Recherchen von Finanztest in der Vergangenheit dann passieren, wenn Fonds nicht in Euro, sondern in einer Fremdwährung rechnen. Das Wechselkursrisiko, das ein Anleger aus dem Euroraum in solchen Fällen trägt, wurde bisweilen nicht berücksichtigt – die Risikoeinstufung fiel dadurch zu niedrig aus.

So stufte beispielsweise die Fondsgesellschaft Union Investment den Geldmarktfonds UniMoneyMarket: USD, der in US-Dollar anlegt, in die niedrigste von sieben vorgegebenen Risikoklassen ein. Aus Sicht der Fondsgesellschaft, die in Dollar anlegt und rechnet, ist die Einstufung korrekt. Nicht aber aus der Perspektive des Anlegers. Der investiert nämlich in Euro und trägt das volle Wechselkursrisiko. Das ist für ihn so hoch, dass der Fonds in die Risikoklasse 5 aufsteigen müsste.

▶ **TIPP: ACHTEN SIE AUF DIE WÄHRUNG**
Seien Sie besonders wachsam, wenn Ihnen Fonds empfohlen werden, die in fremde Währungen investieren.

FIT FÜR DAS BERATUNGSGESPRÄCH

Mit einer guten Vorbereitung können Sie sich davor schützen, etwas angedreht zu bekommen, was nicht zu Ihnen passt.

GESPRÄCHSVORBEREITUNG
Vor dem Gespräch sollten Sie für sich selbst folgende Fragen klären:

✓ **Bedarf.** Brauchen Sie überhaupt eine Finanzberatung? Nur weil Sie ein Berater anruft und Sie zu einem Beratungsgespräch bittet, heißt das nicht, dass Ihre Anlagen dringend umgekrempelt werden müssen.

✓ **Ziel.** Welches Ziel verfolgen Sie mit Ihrer Geldanlage? Dient sie der Altersvorsorge oder wollen Sie sich ein neues Auto oder eine Immobilie anschaffen?

✓ **Dauer.** Wann brauchen Sie Ihr Geld? Wie lange können Sie Ihr Geld entbehren?

✓ **Art.** Wollen Sie einen Betrag auf einmal anlegen oder jeden Monat etwas sparen?

✓ **Risiko.** Welches Risiko wollen Sie eingehen? Nur wer das klar für sich definiert hat, kann sich dem Berater gegenüber deutlich ausdrücken. Am besten ist, Sie schreiben in Ihren eigenen Worten auf, wie viel Risiko Sie tragen können.

WÄHREND DES GESPRÄCHS
✓ **Zeuge.** Gehen Sie möglichst nicht allein zu einem Beratungsgespräch. Ein Zeuge kann bares Geld wert sein, falls Sie später wegen Falschberatung gegen Ihre Bank vorgehen wollen.

✓ **Risikoprofil.** Die Begriffe der Banken für die Anlagestrategien, die sie Kunden zuordnen, führen leicht in die Irre. Hinter Wörtern wie „ertrags- oder renditeorientiert" oder „Wachstum" und „Ausgewogen" verbergen sich Anlagestrategien, die mit hohen Verlustrisiken verbunden sein können. Wenn Sie kein Risiko wollen, wählen Sie besser Tagesgeld und Festgeld.

✓ **Kosten.** Lassen Sie sich die Kosten eines Produkts immer auch in Euro und Cent nennen.

✓ **Empfehlung.** Einen neutralen Marktüberblick dürfen Sie von Bankberatern nicht erwarten. Sie empfehlen häufig lieber Produkte ihrer eigenen Häuser als die der Konkurrenz. Fragen Sie nach Interessenkonflikten des Beraters. Er muss Ihnen gute Produkte anbieten, nicht zwangsläufig die, mit denen er am meisten verdient.

✓ **Falle.** Unterschreiben Sie kein Papier, in dem steht, Sie wollten etwas „auf eigenen Wunsch" erstehen. Damit entlassen Sie den Berater aus der Pflicht, Sie anleger- und anlagegerecht zu beraten.

DARAN ERKENNEN SIE SCHLECHTE BERATUNG

✓ Der Berater drängt zum Abschluss, suggeriert, dass eine schnelle Entscheidung für das optimale Ergebnis nötig ist.

✓ Das Thema Risiken nimmt nur geringen Raum im Gespräch ein. Der Berater stellt vor allem die Chancen einzelner Produkte in den Vordergrund.

✓ Er empfiehlt, einen größeren Betrag in nur ein einziges Produkt zu investieren.

✓ Der Berater verspricht hohe Renditen garantiert ohne Risiko. Bei Geldanlagen gilt grundsätzlich: Je höher die Renditechance, desto höher ist auch das Risiko.

✓ Der Berater macht bereits vorhandene Geldanlagen schlecht und fordert Sie auf, diese zu kündigen (um Ihnen dann mehr neue Produkte verkaufen zu können). Zwar ist es möglich, dass Sie schlechte Produkte im Depot haben. Doch das sollten Sie vor einer Kündigung erst einmal genau prüfen, zum Beispiel über die Fondsdatenbank von Finanztest. Diese finden Sie im Internet unter www.test.de/fonds.

✓ Das Beratungsprotokoll enthält Angaben, die nicht richtig sind oder im Gespräch gar nicht thematisiert wurden.

✓ Das Beratungsgespräch war nur kurz, obwohl Sie noch keine Erfahrung mit Wertpapieren hatten.

DAS SIND IHRE RECHTE NACH DEM GESPRÄCH

✓ **Kaufentscheidung.** Seit dem 1. Januar 2010 haben Sie Anspruch darauf, ein Beratungsprotokoll mit nach Hause zu nehmen. Unterschreiben Sie keine Verträge, bevor Sie nicht das Protokoll gelesen haben. Finden sich darin Aussagen, die Sie nicht gemacht haben oder die nicht Ihren Wünschen entsprechen, lassen Sie diese Stellen ändern (oder gehen Sie zu einer anderen Bank). Dann prüfen Sie erneut.

✓ **Telefon.** Nach einer Beratung am Telefon warten Sie besser, bis Sie das Protokoll in Händen halten und lesen können. Kaufen Sie noch während des Telefonats eine Geldanlage, haben Sie zwar ein Rücktrittsrecht, Sie müssen der Bank aber Fehler im Protokoll nachweisen können.

✓ **Falschberatung.** Wenn Sie glauben, falsch beraten worden zu sein, beschweren Sie sich zunächst bei Ihrer Bank. Hilft das nicht, wenden Sie sich an die Schlichtungsstelle oder den Ombudsmann Ihrer Bank. Die Adressen finden Sie zum Download unter www.test.de, Suchwort „Bankschlichtungsstellen". Haben Sie bei der Schlichtungsstelle keinen Erfolg, wenden Sie sich an eine Verbraucherzentrale und einen Anwalt (siehe auch Seite 34).

WIE DIE FINANZINDUSTRIE AN JEDER ANLAGE MITVERDIENT

Wenn Sie eine Geldanlage abschließen, machen Sie nicht selten erst einmal Miese. Der Grund sind die Kosten, die mit dem Kauf von Finanzprodukten verbunden sind. Sie werden beim Erwerb als Abschlussprovision abgezogen. Bis Ihre Anlage diese Kosten wieder reingeholt hat und Sie etwas verdienen, kann einige Zeit verstreichen – abhängig von dem jeweiligen Produkt und der Marktentwicklung. Zunächst einmal kassiert also die Bank, bevor Ihnen Ihre Anlage etwas einbringt.

Abschlussgebühren ...

Die Abschlussprovisionen knöpfen Ihnen die Produktanbieter ab und zahlen sie an die Banken (oder andere Vermittler) als Belohnung für den Vertrieb des Produkts aus. Bei Fonds und Zertifikaten wird die Abschlussprovision „Ausgabeaufschlag" oder auch „Agio" genannt. Sie wird immer prozentual berechnet. Das heißt, die absolute Höhe Ihrer Kosten hängt auch vom Anlagebetrag ab. Wenn Sie 100 000 Euro in einen Fonds investieren und die Provision 5 Prozent beträgt, gehen rund 5 000 Euro an die Bank oder den Vermittler.

Wie viel Prozent der Anlagesumme als Abschlussprovision draufgehen, variiert von Produkt zu Produkt (siehe Tabelle auf der folgenden Seite). Die fettesten Gewinne machen Banken mit sogenannten geschlossenen Fonds, von denen Finanztest Kleinanlegern ohnehin abrät (siehe Seite 90). Dort werden zum Teil Provisionen von bis zu 10 Prozent fällig. Bei Beteiligungen an Schiffen sind es oft bis zu 15 Prozent des Anlagebetrags. Aber nicht nur für Fonds und andere Wertpapiere, auch für den Abschluss von Versicherungen oder Bausparverträgen kassieren Banken Abschlussgebühren.

... und Bestandsprovisionen

Mit den Abschlussprovisionen geben sich Banken allerdings nicht zufrieden. Für die meisten Produkte streichen sie auch sogenannte Bestandsprovisionen ein. Sie werden auch „Vertriebsfolgeprovisionen" genannt. Die Bestandsprovision zahlen die Produktanbieter jedes Jahr an die Bank, solange sich ein Produkt im Depot eines Kunden befindet. Für einen Mischfonds beispielsweise können das jährlich 0,95 Prozent der Anlagesumme sein. Wenn Sie einen solchen Fonds entsprechend lange behalten, summieren sich die Bestandsprovisionen mit der Zeit auf einen stattlichen Betrag, der selbst die hohen Abschlussprovisionen für geschlossene Fonds deutlich übersteigen kann. Vor allem bei Versicherungen werden zum Teil sehr hohe Bestandsprovisionen kassiert (siehe Tabelle auf der folgenden Seite).

Was die Produktanbieter kassieren

Auch für die Bestandsprovisionen bezahlt der Anleger. Sie werden von der Vergütung abgezweigt, die der Produktanbieter für die Verwaltung eines Produktes verlangt – unabhängig davon, ob es gerade Gewinne oder Verluste erwirtschaftet. Diese „Verwaltungsvergütung", „Verwaltungsgebühr" oder auch „Managementgebühr" wird jährlich in Höhe eines festgelegten Prozentsatzes berechnet und dem Anleger

ÜBLICHE PROVISIONEN IM FINANZVERTRIEB

Produkte	Abschlussprovision[1]	Jährliche Bestandsprovision[1]	Kosten in Euro
Wertpapieranlagen			Bei einer Anlage von 10 000 Euro[2] Abschlusskosten / jährliche Bestandsprovision
Aktienfonds	4 – 6,5 %	0,25 – 0,5 %	400 – 650 / 25 – 50
Rentenfonds	3 – 5 %	0,1 – 0,25 %	300 – 500 / 10 – 25
Mischfonds	4 – 5 %	0,1 – 0,4 %	400 – 500 / 10 – 40
Offene Immobilienfonds	4 – 5 %	0,25 – 0,5 %	400 – 500 / 25 – 50
Zertifikate	0,5 – 5 %	–	50 – 500
Versicherungen			Bei einer Beitragssumme von 36 000 Euro (= 100 Euro Monatsbeitrag über 30 Jahre)[2] Abschlusskosten / jährliche Bestandsprovision
Kapitallebensversicherung	1 – 5,5 %	0,1 – 2,5 %	360 – 1 980 / 1,20 – 30
Rentenversicherung	1 – 5,5 %	0,1 – 2,5 %	360 – 1 980 / 1,20 – 30
Fondspolice	1 – 5,5 %	0,1 – 2,5 %	360 – 1 980 / 1,20 – 30
Geschlossene Fonds/ Beteiligungen			Abschlusskosten bei einer Anlage von 50 000 Euro[2]
Geschlossene Immobilienfonds	6 – 10 %	–	3 000 – 5 000
Umweltfonds	6 – 11 %	–	3 000 – 5 500
Schiffsfonds	8 – 15 %	–	4 000 – 7 500
Containerfonds	3 – 8 %	–	1 500 – 4 000
Infrastrukturfonds	6 – 8 %	–	3 000 – 4 000
Flugzeugfonds	7 – 9 %	–	3 500 – 4 500
Bausparverträge	1 – 1,6 %	–	Abschlusskosten bei einem Bausparvertrag über 10 000 Euro[2] 100 – 160 Euro

1 In Prozent der Anlage-/Beitragssumme.
2 Bei höheren Anlage- bzw. Beitragssummen erhöhen sich die an den Verkäufer/Vermittler fließenden Beträge unabhängig vom Beratungsaufwand entsprechend.

von seinem Kapital abgezogen. Ein Teil davon fließt an die Bank, die Ihnen das Produkt verkauft hat.

Zusätzliche Kostenfaktoren bei Fonds
Zusätzlich zur Verwaltungsvergütung verlangen Anbieter von Fonds oft noch eine Erfolgsprovision, die die Finanzindustrie auch „Performance Fee" nennt. Sie wird fällig, wenn der Fonds eine vorher festgelegte Mindestwertentwicklung überschritten oder besser als ein Vergleichsindex (siehe Seite 186) abgeschnitten hat. Dann kassiert die Fondsgesellschaft zwischen 10 und 25 Prozent des Gewinns, der über den Mindest- oder Indexertrag hinausgeht, mitunter auch mehr.

Beispiel: Ein in Deutschland anlegender Aktienfonds hat sich als Vergleichsindex den Deutschen Aktienindex Dax (siehe Seite 176) gewählt. Nehmen wir an, der Dax steigt innerhalb eines Jahres um 10 Prozent. Der Fonds schafft eine Wertentwicklung von 15 Prozent. Von den 5 Prozent, die der Fonds über dem Index liegt, behält die Fondsgesellschaft zum Beispiel ein Viertel (25 Prozent) als Erfolgshonorar. Entsprechend niedriger fällt die Rendite der Anleger aus. In unserem Beispiel beträgt sie dann 13,75 statt 15 Prozent.

Gegen erfolgsabhängige Vergütungen ist grundsätzlich nichts einzuwenden: Sie sollen Fondsmanager anspornen – was auch im Sinne der Anleger ist. Tatsächlich

INFO Versicherer verschleiern Kosten und Provisionen

Provisionen fließen auch beim Abschluss von Versicherungsverträgen. 4 Prozent der Summe aller fälligen Beiträge sind etwa bei einer privaten Rentenversicherung oder einer Riester-Rentenversicherung für den Abschluss üblich. Will ein Kunde beispielsweise bis zum Rentenbeginn insgesamt 40 000 Euro Beiträge einzahlen, zwackt der Versicherer davon 1 600 Euro für den Abschluss ab; einige Anbieter sogar noch einiges mehr. Die Verwaltungskosten kommen noch oben drauf. Und hohe Abschluss- und Verwaltungskosten mindern die spätere Rente erheblich.

Kunden können das kaum durchschauen. Denn Versicherungen und Vermittler streuen ihnen gerne Sand in die Augen. Zwar sind die Versicherer schon seit 2008 verpflichtet, Abschluss- und Verwaltungskosten in Euro anzugeben. Dennoch stellen sie die Kosten immer noch so dar, dass selbst die Experten von Finanztest Mühe haben, sie nachzuvollziehen. Für den Kunden ist das Ganze dann völlig intransparent. Auch sperren sich sowohl Vermittler als auch Versicherer vehement dagegen, die Vermittlerprovision offenzulegen.

Tipp: Bevor Sie eine Versicherung abschließen, sollten Sie immer mehrere Angebote vergleichen. Dazu gehört auch ein genauer Blick auf die Kosten. Bekommen Sie dazu keine eindeutigen Informationen, streichen Sie das Angebot am besten von der Liste.

jedoch werden Anleger bei der Berechnung oft benachteiligt. Die Aufsichtsbehörde BaFin hat inzwischen viele unfaire Tricks untersagt. Beispielsweise war es oft üblich, den Erfolg in jedem Jahr von Neuem zu berechnen – auch wenn der Fonds im Jahr zuvor seine Messlatte nicht erreicht hatte. Künftig müssen die Anbieter schlechte Ergebnisse über fünf Jahre fortschreiben. Das bedeutet, sie dürfen eine Erfolgspro-

TIPP Günstig einkaufen – so drücken Sie die Kosten beim Fondskauf

Banker empfehlen gern den Fondskauf über die Fondsgesellschaften, damit sie die dann fälligen Ausgabeaufschläge von bis zu 6,5 Prozent kassieren können. Es gibt keinen Grund, diese Kosten anstandslos zu akzeptieren.

Verhandeln Sie! Gewährt ein Berater nicht mindestens 50 Prozent Rabatt auf den Ausgabeaufschlag, können Sie viele Fonds und Zertifikate auch günstiger über die Börse kaufen. Wenn Sie Ihren Berater anweisen, das Geschäft direkt an die Börse zu geben, ist er nach der Anlegerschutzrichtlinie Mifid dazu verpflichtet. Der Berater muss auch den Börsenplatz wählen, bei dem das Wertpapier am billigsten zu haben ist.

Filialbanken berechnen für die Ausführung einer Börsenorder häufig rund 1 Prozent der Anlagesumme als Provision, mindestens aber 25 oder 30 Euro.

Hinzu kommt noch die Handelsspanne: Wer Fonds oder Wertpapiere an der Börse kauft, muss die Differenz zwischen An- und Verkaufspreis, den sogenannten Spread, beachten. Der Verkaufspreis ist immer ein wenig höher als der Ankaufspreis. Wie groß diese Differenz ausfällt, ist von Produkt zu Produkt sehr unterschiedlich und hängt zudem vom Handelstag, der Handels-

zeit und vom Börsenplatz ab. In der Regel beträgt der Spread zwischen 0,2 und 1,5 Prozent des Ordervolumens.

Inwieweit sich der Kauf über die Börse lohnt, ist auch eine Frage der Anlagesumme: Viele Banken verlangen eine Mindestpauschale für eine Börsenorder. Je größer die Anlagesumme ist, desto geringer fallen prozentual die Bankkosten für die Order aus. Deshalb lohnt sich der Kauf über die Börse erst, wenn die Anlagesumme wenigstens zwischen 3 000 und 5 000 Euro beträgt.

Lassen Sie sich von Ihrem Berater ausrechnen, was für Sie günstiger ist: der Kauf bei der Fondsgesellschaft oder über die Börse. Wenn Sie einen Fonds über die Börse gekauft haben, können Sie ihn trotzdem direkt an die Fondsgesellschaft zurückgeben. Sie müssen ihn nicht wieder über die Börse verkaufen. Dadurch sparen Sie Kosten.

Sparen können Sie auch, wenn Sie Ihre Bank außen vor lassen und den gewünschten Fonds über einen freien Fondsvermittler, auch Fondsshop genannt, kaufen. Sie geben oftmals bis zu 100 Prozent Rabatt auf den Ausgabeaufschlag. Fondskäufe über Fondsvermittler werden meistens im Internet abgewickelt.

vision erst dann kassieren, wenn sie den Rückstand aus den Vorjahren aufgeholt haben.

Einige Gesellschaften berechneten Erfolgsprovisionen auf vierteljährlicher oder monatlicher Basis. Anleger mussten zahlen, obwohl der Fonds auf Jahressicht gar keinen Erfolg erzielt hatte. Die BaFin verlangt nun einen Berechnungszeitraum von mindestens zwölf Monaten.

Manche Anbieter kalkulierten den Erfolg, ohne hiervon zuvor die Kosten abzuziehen. Unterm Strich hatten Anleger dann oft gar keinen Mehrertrag mehr erzielt, zahlen mussten sie trotzdem. Jetzt müssen die Gesellschaften vor der Erfolgsrechnung andere Kosten abziehen. Die Gesellschaften können aber weiterhin ein Erfolgshonorar kassieren, wenn der Fonds zwar besser als der Vergleichsindex, aber im Minus war.

Die neuen Regeln gelten vorerst nur für in Deutschland aufgelegte Fonds. Luxemburger Fonds können die unfairen Methoden weiter anwenden. Auf europäischer Ebene wird derzeit jedoch an neuen Fondsregeln gearbeitet.

TIPP: ERFOLGSBETEILIGUNGEN GENAU HINTERFRAGEN

Bevor Sie einen Fonds kaufen, erkundigen Sie sich, ob die Anbietergesellschaft eine Erfolgsbeteiligung kassiert. Ist das der Fall, lassen Sie sich genau die Bedingungen erklären, unter denen diese Vergütung fällig wird. Wenn die Fondsgesellschaft auch Erfolgsbeteiligungen kassieren kann, obwohl der Fonds alte Höchststände noch nicht wieder erreicht hat, ist vom Kauf eher abzuraten.

Die Kostenquote von Fonds

Die gesamten laufenden Kosten, die ein Fondsanleger jährlich tragen muss, sollen in der sogenannten Gesamtkostenquote zusammengefasst werden. Sie wird TER abgekürzt. Das steht für die englische Bezeichnung Total Expense Ratio. Doch in der TER sind nur die Managementkosten und Kosten für Wirtschaftsprüfer, Geschäftsberichte und Ähnliches enthalten. Erfolgshonorare werden darin ebenso wenig ausgewiesen wie Transaktionskosten des Fonds für den An- und Verkauf von Wertpapieren. Die tatsächlichen Kosten eines Finanzproduktes sind also meistens höher, als die TER angibt.

Auch das Depot ist häufig nicht umsonst

Wenn Sie Wertpapiere oder Fonds kaufen, müssen diese Geldanlagen irgendwo sicher verwahrt werden. Dazu dienen Wertpapierdepots. Die meisten Banken bieten sie an, und viele lassen sich diesen Service bezahlen. Die Kosten differieren von Anbieter zu Anbieter. Wenn Sie noch kein Depot unterhalten und Geldanlagen abschließen wollen, fragen Sie Ihren Berater auch nach den Depotkosten. Bei manchen Banken sind die Depots gratis. Dazu gehören die Direktbanken, die nur über Telefon und im Internet agieren und keine Filialen unterhalten.

FALSCHBERATUNG – WANN DER WEG ZUM ANWALT LOHNT

Jede Bank muss für handfeste Beratungsfehler haften. Wenn ein Berater einen Geldanleger falsch oder irreführend informiert, kann dieser Schadenersatz geltend machen. Allerdings ist der oft schwer durchzusetzen.

Grundsätzlich ist ein Bankberater verpflichtet, seine Kunden über alle wesentlichen Aspekte einer Anlage korrekt zu informieren. Unabhängig von einem konkreten Produkt muss er zunächst erfragen, was sein Klient über Wertpapiere weiß, wofür er das Geld anlegen möchte, welche Anlagen er schon hat und wie viel Risiko er bereit ist einzugehen (siehe Seite 19).

Werden Bankkunden Produkte aufgedrängt, die nicht zu ihrem Risikoprofil und ihrer Lebenssituation passen, handelt es sich um eine Falschberatung. Dann haben Anleger Anspruch auf Schadenersatz. Typische Fälle:

- Der Berater empfiehlt einem Senioren Anteile an einem riskanten Immobilienfonds oder Anleihen eines Anleiheherausgebers mit zweifelhafter Kreditwürdigkeit, obwohl der Kunde nur seine Rente aufbessern will.
- Der Bankberater verschweigt die Risiken eines Produktes. Das wird selbst dann von manchen Gerichten als Falschberatung angesehen, wenn der Kunde bereit war, für höhere Renditen auch höhere Risiken einzugehen.

Die Beweislast liegt bei den Anlegern
Was der Berater im Kundengespräch gesagt hat, lässt sich im Nachhinein oft nicht genau rekonstruieren. Hier sollte eigentlich das inzwischen vorgeschriebene Beratungsprotokoll (siehe Seite 23) Abhilfe schaffen. Doch Verbraucherschützer kritisieren, dass es in der Praxis eher den Banken hilft, sich vor Klagen zu schützen, als den Kunden bei der Durchsetzung ihrer Ansprüche. Schadenersatz bekommen Anleger aber nur, wenn sie eine Falschberatung nachweisen können. Meistens vernehmen die Gerichte den Geldanleger, etwaige Begleiter und den Berater. Bewiesen ist eine Falschberatung, wenn sie nach Überzeugung des Gerichts nach der Beweisaufnahme feststeht. Wenn Zweifel bleiben, geht das zu Lasten der Anleger.

Schadenersatz wegen verdeckter Provisionen
Gute Chancen auf Schadenersatz haben Anleger dagegen, wenn Banken hinter ihrem Rücken Provisionen von Produktanbietern kassierten. Die Rechtsprechung ist inzwischen eindeutig: Wenn die Bank für eine bestimmte Anlageempfehlung Geld erhält, muss sie dies bei der Beratung offenlegen. Zentrales Argument in den Urteilsbegründungen der Gerichte: Anleger können sich nicht vernünftig für oder gegen eine Geldanlage entscheiden, ohne das Eigeninteresse der Bank zu kennen. Die Banken müssen deshalb für Verluste aufkommen, wenn sie Geheimprovisionen bekamen. Nach Auffassung des Oberlandesgerichts Celle können Anleger wegen verdeckter Provisionen sogar im zweiten Anlauf Schadenersatz fordern, wenn sie bereits mit einer auf andere Beratungsfehler gestützten Schadenersatzklage gescheitert sind.

Grundsätzlich haben Klagen wegen Undercover-Provisionen gute Erfolgsaussichten. Denn Banken und Sparkassen können kaum bestreiten, dass Zahlungen von Produktanbietern an sie geflossen sind. Die Rückvergütungen waren branchenweit üblich und Hauptgrund dafür, dass Banken ihren Kunden oft und gern Fonds empfahlen. Die Geheimprovisionen sind längst in zahllosen Verfahren gerichtsfest dokumentiert. Die Gerichte gehen zu Gunsten der Anleger davon aus, dass sie auf die Geldanlage verzichtet hätten, wenn die Bank sie korrekt über die Provisionen informiert hätte. Sie verurteilen die Geldinstitute daher zur kompletten Rückzahlung des Anlagebetrags – natürlich abzüglich des Betrags, den die Fondsanteile am Ende noch wert sind.

Wie immer bleibt ein Schlupfloch
Die Haftung gilt unabhängig davon, um welche Art der Geldanlage es sich handelt, wie Gerichte immer wieder betonen. Es ist also egal, ob Sie beispielsweise Fonds oder Zertifikate gekauft haben. Allerdings bleibt den Banken in vielen Fällen eine Hintertür: Sie können behaupten, dass ein Finanzprodukt über ein Festpreisgeschäft (siehe Seite 12) direkt von der Bank erworben wurde. In solchen Fällen muss das Geldinstitut nicht offenlegen, was es an diesem Geschäft verdiente. Dementsprechend besteht auch kein Schadenersatzanspruch.

Immer häufiger behaupten Banken und Sparkassen, sie hätten die fraglichen Wertpapiere nicht auf Kommissionsbasis vermittelt, sondern erst selbst gekauft und sie dann an den Anleger weiterverkauft – und setzen sich damit vor Gericht oft genug durch. Verbraucherschützer kritisieren dieses Schlupfloch und fordern dessen Schließung per Gesetz. Schließlich könnten Anleger bei einem Festpreisgeschäft die Profitinteressen einer Bank genauso wenig erkennen wie bei einem Kommissionsgeschäft, bei dem das Geldinstitut die Provisionen stillschweigend unter den Teppich kehrt, so das Argument.

Ob ein Anleger eine Geldanlage direkt von einer Bank erworben oder diese das Geschäft vermittelt hat, erfahren Kunden oft nicht. Selbst eine genaue Prüfung der Unterlagen muss keine Klarheit schaffen. Im Zweifel bleibt nur, einen Experten zu Rate zu ziehen.

TIPP: SCHADENERSATZ ERST BEI DER BANK EINFORDERN
Ohne Anwalt lässt sich Schadenersatz gegen Banken, Sparkassen und Volksbanken kaum durchsetzen. Trotzdem sollten Sie zunächst selbst an die Bank schreiben. Denn dann müssen die Geldinstitute alle Rechtsanwaltskosten übernehmen, falls sie zu Schadenersatz verurteilt werden. Hintergrund: Anwaltshonorare, die schon vor einer gerichtlichen Auseinandersetzung anfielen, müssen verurteilte Geldinstitute nicht ersetzen – es sei denn, Sie fordern den Schadenersatz zunächst selbst ein, bevor Sie einen Rechtsanwalt einschalten. Dann können Sie auch Ersatz für außergerichtliche Rechtsanwaltshonorare verlangen. Diese Honorare können je nach Höhe der Schadenersatzforderung weit über 1 000 Euro betragen.

DAS SCHREIBEN AN DIE BANK FORMULIEREN

So sollten Sie bei Ihrer Schadenersatzforderung an die Bank vorgehen:

✓ Schreiben Sie an die Bank, Sparkasse oder Volksbank, die Sie bei der Geldanlage beraten hat.

✓ Nennen Sie die Geldanlage, das Datum des Vertragsschlusses und möglichst auch die Beratungstermine.

✓ Stellen Sie dar, wie viel Geld Sie mit der Anlage verloren haben.

✓ Fordern Sie bei Fonds, die Sie nicht verkaufen können, den Ersatz der gesamten Investition Zug um Zug gegen Rückübertragung der Fondsanteile.

✓ Behaupten Sie: Für diese Geldanlage hat das Geldinstitut Provisionen kassiert, ohne Sie darüber zu informieren.

✓ Verlangen Sie den Ausgleich der Verluste innerhalb einer angemessenen Frist. Was angemessen ist, hängt davon ab, wie lange der Kauf der Anlage zurückliegt und wie komplex der Fall ist. Meist sind drei bis vier Wochen ausreichend Zeit für die Bank, mögliche Ansprüche zu prüfen und zu reagieren.

✓ Kündigen Sie an, einen Rechtsanwalt zu beauftragen, sobald die Frist verstrichen ist.

✓ Schicken Sie das Schreiben als Einschreiben mit Rückschein oder lassen Sie es durch einen zuverlässigen Boten, der bei Bedarf als Zeuge zur Verfügung steht, persönlich in den Briefkasten des Geldinstituts stecken.

✓ Wenn Sie irrtümlich zu Unrecht Schadenersatz fordern oder Ihnen im Forderungsschreiben Fehler unterlaufen und es unwirksam ist, schadet das nicht. Im schlimmsten Fall müssen Sie lediglich die Kosten für die außergerichtliche Vertretung durch Ihren Anwalt selbst bezahlen. Wenn Sie von vornherein auf ein Forderungsschreiben verzichten, steht hingegen fest, dass Sie diesen Teil der Rechtsanwaltsrechnung auf jeden Fall selbst übernehmen müssen.

DEN PASSENDEN ANWALT FINDEN

✓ Wer sich von seiner Bank verladen fühlt, sollte nach einer auf Bankrecht spezialisierten Kanzlei suchen, die ausschließlich Geldanleger vertritt – und nicht auch Vermittler, Fondsgesellschaften oder gar Banken und Sparkassen. Günstig ist, wenn Sie eine Kanzlei finden, die bereits erfolgreich Schadenersatzansprüche gegen Ihre Bank durchgesetzt hat. Sie kann die Erfolgsaussichten Ihrer Forderung meist schneller und zuverlässiger beurteilen. Suchen Sie per Internet und Branchenbuch. Fragen Sie nach, wenn Ihnen Informationen fehlen.

✓ Ob Sie besser einen einzelnen Anwalt, eine kleine oder eine große Kanzlei einschalten, lässt sich pauschal nicht beantworten. Bei Einzelanwälten und kleinen Kanzleien ist zuweilen die Betreuung der Mandanten besser und persönlicher. Gute große Kanzleien können mitunter auf mehr einschlägige Erfahrungen und spezielles Know-how zurückgreifen.

✓ Seien Sie skeptisch, wenn Sie auf Interessengemeinschaften oder ähnliche Vereine stoßen. Von Betroffenen gestartete Selbsthilfe und Vernetzung sind eine gute Idee und können nützlich sein. Interessengemeinschaften geschädigter Geldanleger sind allerdings häufig von Rechtsanwälten initiiert und gesteuert. Sie wollen auf diese Weise Mandanten akquirieren. Besser sind Sie oft beraten, wenn Sie direkt eine Rechtsanwaltskanzlei beauftragen.

✓ Die Erstberatung inklusive einer Prüfung der Erfolgsaussichten bieten viele Rechtsanwaltskanzleien für pauschal 100 bis 200 Euro an. Mehr als 250 Euro darf eine Erstberatung ohnehin nicht kosten. Erst wenn der Anwalt tatsächlich tätig werden soll, wird meist ein Vorschuss aufs Honorar fällig.

✓ Anwalts- und Gerichtskosten bemessen sich nach der Höhe des Streitwertes. Je höher Ihre Schadenersatzforderungen, desto teurer wird auch das Verfahren. Allerdings: Niedrige Forderungen stehen in einem ungünstigeren Verhältnis zu den gesamten Verfahrenskosten. Sie können bei einem Streitwert von beispielsweise 5 000 Euro mehr als 3 000 Euro betragen. Das sind rund 60 Prozent der Forderung. Bei einem Streitwert von 100 000 Euro summieren sich Anwalts- und Gerichtskosten auf fast 15 000 Euro. Doch sie machen lediglich 15 Prozent der Forderung aus. Mit anderen Worten: Geringe Streitwerte werden im Verhältnis teurer, wenn das Verfahren keinen Erfolg hat.

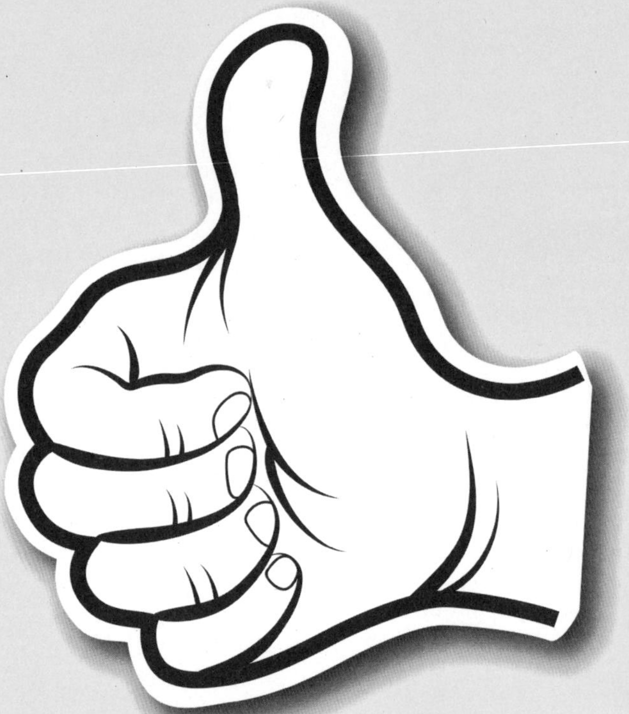
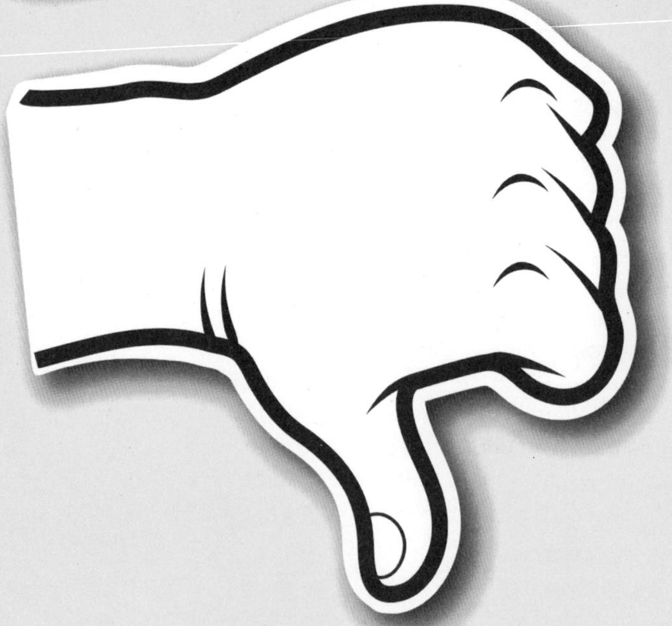

BANKPRODUKTE
AUF DEM PRÜFSTAND

Ob beim Beratungsgespräch oder im Internet – Banken und andere Finanzvermittler preisen ihre Produkte oft in den höchsten Tönen an. Doch sind sie wirklich so gut wie versprochen? Und ist das, was der Berater Ihnen empfohlen hat, für Sie und Ihre Anlageziele geeignet? Um solche Unsicherheiten auszuräumen, bewerten und erklären wir auf den folgenden Seiten rund 200 Finanzprodukte – von A wie Aktienanleihe bis Z wie Zins-Zertifikat.

VERTRAUEN IST GUT, NACHLESEN IST BESSER

Auf den folgenden Seiten haben wir rund 200 Finanzprodukte danach bewertet, für wen sie sich eignen, und für jedermann verständlich Chancen und Risiken erklärt. Wenn Ihnen Ihr Berater etwas vorschlägt oder Sie wissen möchten, was sich hinter einem Produkt verbirgt, das Sie im Internet gefunden haben, können Sie hier nachschlagen, wie die Experten von Finanztest es einordnen. Natürlich können wir nicht auf konkrete Finanzprodukte eingehen. Dafür gibt es viel zu viele davon. Allein rund 1 148 000 Zertifikate sind nach Angaben des Deutschen Derivate Verbandes an deutschen Börsen notiert. In der Datenbank von Finanztest sind über 14 000 Fonds gelistet. Schon die könnten wir in einem Ratgeber wie diesem nicht im Einzelnen besprechen.

Wir beschränken uns deswegen auf die einzelnen Produktkategorien, die wir dafür zum Teil sehr ausführlich erläutern. Ihre charakteristischen Eigenschaften gelten für alle konkreten Produkte, die in diese Kategorie gehören.

Wenn Ihnen Ihr Berater beispielsweise ein Bonuszertifikat anpreist, werden Sie hier keine Analyse dieses speziellen Zertifikates finden. Unter dem Stichwort „Bonuszertifikat" liefert Ihnen dieser Ratgeber aber eine Beschreibung, wie diese Papiere grundsätzlich funktionieren, welche Risiken mit ihnen verbunden sind und für welche Anleger sie sich eignen. In nur wenigen Minuten können Sie so überprüfen, ob Ihr Berater tatsächlich ein für Sie passendes Produkt ausgewählt hat.

Bewertung und Farbschema

Mit Hilfe unseres Farbschemas finden Sie sich leicht zurecht:

Blaue Produkte sind Oberbegriffe.

Sie beschreiben neutral Funktionsweisen verschiedener Anlageklassen und Produkttypen.

Grüne Produkte ⊕ sind nach Meinung der Experten von Finanztest grundsätzlich für Kleinanleger geeignet.

Dazu zählen Produkte, die nahezu risikolos sind wie beispielsweise Riester-Verträge. Hier geht es vor allem darum, Vor- und Nachteile verschiedener Vertragsarten abzuwägen und auszuloten, ob ein solcher Vertrag überhaupt zu Ihrer Lebenssituation passt.

Viele geeignete Finanzprodukte bergen aber auch Kursrisiken. Ihr Wert ist Schwankungen ausgesetzt. Unter den Produkten mit Kursrisiken gibt es vergleichsweise sichere Produkte mit geringen Schwankungen wie etwa → Bundeswertpapiere und solche, die zu erheblichen Verlusten führen können, wie beispielsweise → Aktienfonds. Deshalb erläutern wir für jedes grundsätzlich geeignete Produkt, an wen es sich richtet, wie hoch die Sicherheit ist und gegebenenfalls wie lang die Anlagedauer sein sollte.

Orange Produkte ⊖ sind in der Regel für Kleinanleger ungeeignet.

Manche sind zu riskant, andere zu intransparent oder kompliziert. Ungeeignet für private Anleger heißt aber nicht, dass alle diese Produkte schlecht sind. Darunter befinden sich auch welche, die für Anleger, die sich extrem gut mit den jeweiligen Risiken auskennen, infrage kommen können wie → Quanto-Zertifikate. Andere können für professionelle Investoren und Unternehmen nützlich sein wie etwa → Futures. Aber für alle, die keine Geldanlagecracks sind, sind sie nicht das Richtige.

Verweise und Glossar

Viele der Produkttexte enthalten Verweise auf → andere Produkte. Diese Verweise sind ebenfalls nach unserem Farbschema markiert. Ein grüner Verweis (→) führt also zu einem geeigneten Produkt, ein orangener Verweis (→) zu einem ungeeigneten Produkt.

Andere Verweise sind in farbiger Schrift gedruckt. Dabei handelt es sich um Fachbegriffe, die Banker gerne verwenden oder die in Produkt- und anderen Informationsunterlagen der Finanzindustrie auftauchen können. Sie werden im dritten Teil dieses Ratgebers, im Glossar ab Seite 174, erklärt.

■ PRODUKT NICHT GEFUNDEN? FRAGEN SIE NACH!

Wenn Sie ein Produkt, das Ihnen Ihr Berater vorgeschlagen hat, in diesem Ratgeber nicht finden, liegt es vermutlich daran, dass die Bank ihm einen speziellen Namen gegeben hat. Ein Tagesgeldkonto kann beispielsweise bei der einen Bank „Tagesgeld" heißen, bei der nächsten aber „ZinsCash" oder „PlusKonto". In diesem Fall sollten Sie nachfragen, um welche Art von Produkt es sich handelt. Kann Ihnen der Berater das nicht erklären und verstehen Sie die Funktionsweise nicht, ist es besser, sich nach einer anderen Anlagemöglichkeit umzuschauen.

Tipps für Ihre Geldanlage

Das Wissen, wofür und für wen sich einzelne Finanzprodukte eignen, ist aber nicht die ganze Miete. Ebenso wichtig ist, die für Sie passende Mischung aus sicheren und riskanteren Anlagen zu finden. Wer risikobereit ist und zehn Jahre und länger anlegen möchte, für den kann zum Beispiel eine Mischung aus 50 Prozent Aktienfonds und 50 Prozent Rentenfonds geeignet sein. Selbst vorsichtige Anleger können bis zu 20 Prozent ihres Vermögens in Aktienfonds stecken, wenn sie langfristig investieren und ihr restliches Geld sicher anlegen, beispielsweise in Rentenfonds oder Festgeld. Das ist sogar sicherer, als nur Rentenfonds zu kaufen, und hebt gleichzeitig die Renditechancen an.

Finanztest untersucht regelmäßig die Chancen und Risiken von verschiedenen Depot-Mischungen und beschreibt, für wen sie sich eignen. Diese Tests und Berichte finden Sie gegen eine Gebühr im Internet unter www.test.de. Auch eine Reihe von Ratgebern der Stiftung Warentest zum Thema Geldanlage beschreibt ausführlich, wie Wertpapierdepots für verschiedene Anlegertypen strukturiert sein können. Entscheidend ist, dass Sie sich klare Anlageziele gesetzt haben, bevor Sie loslegen. Sonst ist es nicht möglich, ein passendes Portfolio zusammenzustellen.

Den Hauptteil sollten Sie immer in Anlagen stecken, die als „Basisanlage" gekennzeichnet sind. Wenn bei einem Produkt steht, dass es nur zur „Beimischung" geeignet ist, heißt das, dass es lediglich einen kleinen Teil Ihrer riskanten Anlagen ausmachen sollte. Faustregel: nicht mehr als 10 Prozent.

Verlassen Sie sich nicht auf Prognosen

Lassen Sie sich bei Ihren Anlageentscheidungen nicht von Prognosen leiten. Die Kursentwicklung von Wertpapieren ist ebenso wenig vorhersagbar wie das Auf und Ab der Zinsen. Eben deswegen lautet die wichtigste Grundregel der Geldanlage, nie alles auf eine Karte zu setzen, sondern das Geld immer über verschiedene Anlagen zu verteilen.

Auch sollten Sie nicht der Illusion erliegen, an den Finanzmärkten gebe es irgendetwas umsonst. Wenn beispielsweise ein hoher Zins geboten wird, steht dem auch ein entsprechend hohes Risiko gegenüber. Berater, die etwas anderes behaupten, sind nicht seriös.

Regelmäßiger Check

Haben Sie sich für einen Anlagemix entschieden, können Sie das Thema Geldanlage leider nicht ganz zu den Akten legen. Von Zeit zu Zeit, wenigstens einmal im Jahr, sollten Sie nachschauen, wie sich Ihr Depot entwickelt. Sie sollten nicht zögern Produkte abzustoßen, die sich als Verlustbringer entpuppen oder über längere Zeiträume hinter ihrer Vergleichsgruppe zurückbleiben.

Zudem ist es nötig, von Zeit zu Zeit die Gewichtung Ihres Ursprungsdepots wiederherzustellen. Denn Anlageklassen, die besonders gut laufen, gewinnen mit der Zeit an Gewicht in Ihrem Depot, solche, die schlecht laufen, verlieren hingegen an Gewicht. Dieses Problem lässt sich leicht beheben, indem Sie Anteile der übergewichteten Anlagen verkaufen und dafür Anteile der untergewichteten Anlagen dazukaufen.

A

Abgezinste Anleihen → Null-Kupon-Anleihen

ABS-Papiere ⊖ ABS steht für Asset Backed Securities. Das sind → Anleihen, die zwar mit Kreditforderungen gesichert sind. Doch die Werthaltigkeit dieser Kreditforderungen können nur wenige Spezialisten mit Hilfe aufwendiger Analysen beurteilen. ABS-Papiere laufen nur so lange gut, wie die Kreditnehmer ihre Raten zahlen. Mit dem Ausbruch der Immobilienkrise in den USA 2007 stürzten die Kurse einiger ABS-Papiere ab. Internationale Investoren fürchteten, dass viele Amerikaner mit geringen Einkommen ihre Schulden nicht zurückzahlen würden. Auch einige in Deutschland vertriebene → Rentenfonds, die als sicher galten, hatten in riskante ABS-Papiere investiert. Sie mussten zum Teil hohe Verluste verkraften. Anders als bei → Pfandbriefen, müssen bei ABS-Papieren die jeweiligen Investoren unmittelbar für den Ausfall von Krediten geradestehen – und sich selbst darum bemühen, die Schulden einzutreiben.

Airbag-Zertifikate ⊖ Der Name klingt nach Sicherheit. Nach Knautschzone, auf die man weich fällt, falls es zu einem Crash kommt. Das stimmt auch insoweit, als das Verlustrisiko der Anleger mit dieser Art von → Zertifikat eingeschränkt ist. Aber das hat natürlich seinen Preis: Auch die Renditechancen sind begrenzt. Häufig ist die Partizipationsrate eingeschränkt. Das heißt, das Zertifikat steigt nicht in gleichem Maß wie der **Basiswert**, also die → **Aktien** oder **Indizes**, auf die es sich bezieht. Außerdem behält der Herausgeber in der Regel die Dividenden (mehr dazu → Aktien). Für viele Anleger verwirrend: Während der Laufzeit kann sich das Zertifikat anders entwickeln als der Basiswert. Der Kursverlauf dieser Zertifikate ist daher nur schwer nachzuvollziehen.

Aktien sind Anteilsscheine an Unternehmen. Mit dem Kauf einer Aktie werden Sie Miteigentümer einer Aktiengesellschaft (AG). Die Aktionäre haften in Höhe ihrer Einlagen für die Verbindlichkeiten der Gesellschaft. Das bedeutet: Im Fall einer Insolvenz können die Aktien der Gesellschaft wertlos werden. Umgekehrt sind die Aktionäre an den Gewinnen des Unternehmens beteiligt. Ein Teil der Gewinne wird an sie ausgeschüttet. Diese Zahlung, über deren Höhe die Aktionäre auf der jährlichen Hauptversammlung abstimmen, heißt Dividende.

Aus solchen Ausschüttungen und Kursgewinnen oder -verlusten setzt sich die Rendite von Aktien zusammen. Allerdings gibt es auch viele Unternehmen, die ihre

> Ein Lehrer hat in zwei Tagen sein Jahresgehalt rausgeholt. Das ist und bleibt DIE Volksaktie. Wer immer noch nicht dabei ist, ist selbst schuld.*
>
> *) Empfehlung eines Beraters, Anfang 2000 in die Telekom-Aktie einzusteigen, die kurz darauf abstürzte.

Gewinne vollständig einbehalten, um damit ihre Expansion zu finanzieren. Das ist besonders bei jungen Firmen häufig der Fall. Hier setzen Anleger allein auf Kursgewinne. Die Aktien von solchen wachstumsstarken Unternehmen werden auch als Growth-Aktien oder Wachstumswerte bezeichnet. Reife Unternehmen, die über etablierte Geschäftsmodelle und Produkte verfügen und an den Börsen unterbewertet erscheinen, nennen Finanzprofis Value-Aktien.

Aktiengesellschaften sind in Deutschland und in den meisten anderen Ländern gesetzlich verpflichtet, ihre Aktionäre regelmäßig über die Entwicklung der Geschäftsaktivitäten zu informieren. Für börsennotierte Unternehmen sind die Berichtspflichten besonders umfangreich. Beispielsweise müssen die Konzerne, die im Deutschen Aktienindex Dax notiert sind, jedes Quartal über Umsatz und Gewinn Rechenschaft ablegen.

An den Börsen gelistete Unternehmen werden abhängig von ihrer Größe, den im freien Handel befindlichen Aktien und ihrem Geschäftsfeld in verschiedene Kategorien eingeteilt. Die Unternehmensgröße wird am Börsenwert der jeweiligen Gesellschaft, der sogenannten Marktkapitalisierung, gemessen. Sie errechnet sich aus der Anzahl der ausgegebenen Aktien multipliziert mit dem jeweiligen Kurs. Die nach ihrer Marktkapitalisierung größten Unternehmen heißen Blue Chips, Large-Caps oder Standardwerte. Ein Beispiel für einen typischen Blue Chip ist Siemens. Kleinere Gesellschaften gelten als Nebenwerte. Sie werden an den Finanzmärkten in mittelgroße Konzerne, sogenannte Mid-Caps, und kleine Firmen, sogenannte Small-Caps, unterteilt.

Der Preis für eine Aktie richtet sich nach Angebot und Nachfrage wie auf jedem anderen Markt. Der Kurs hängt davon ab, wie viele Aktionäre sich gerade von ihren Papieren trennen wollen und wie viele Käufer dafür bereitstehen. Gibt es mehr Käufer als Verkäufer, steigen die Kurse – und umgekehrt. Grundsätzlich werden an den Aktienbörsen Erwartungen gehandelt. Anleger kaufen die Aktien eines Unternehmens, wenn sie glauben, dass es künftig höhere Gewinne erwirtschaften wird. Nicht die bereits bekannten Unternehmensdaten treiben den Preis, sondern die Hoffnung darauf, dass sich diese Zahlen verbessern. Diese Erwartungen werden auch von Faktoren beeinflusst, die nicht unmittelbar mit dem Unternehmen zusammenhängen. Dazu gehören vor allem die Geldpolitik der Zentralbanken und die Entwicklung der Konjunktur.

Die Kurse von Aktien können sehr stark schwanken. Nebenwerte gelten im Vergleich zu Blue Chips als schwankungsanfälliger. Aber auch große Namen schützen nicht immer vor herben Verlusten: Die Aktie der Commerzbank, die in den Strudel der Finanzkrise geriet, fiel innerhalb von gut sechs Jahren von 220 auf 6 Euro. Das entspricht einem Verlust von 97,2 Prozent. Wegen solcher Risiken sollten Anleger ihr Vermögen immer auf eine Vielzahl von Unternehmen verteilen. Schreibt ein Unternehmen, dessen Aktien Sie besitzen, Verluste, weil sein Management Fehler gemacht hat, oder wird es sogar insolvent, trifft es Sie weit weniger hart, wenn Sie nur einen kleinen Teil Ihres Geldes dort investiert haben. Kursschwankungen einzelner Aktien können sich so ausgleichen. Manchen Experten zufolge ist mit einem Portfolio aus 15 bis 20 Aktien bereits eine gute Risikostreuung erreicht.

Beim Kauf von Aktien fallen folgende Kosten an:

▷ Bankprovision: Beim Kauf verlangt das Geldinstitut eine Provision. Am Filialschalter ist das im Schnitt 1 Prozent des Kurswertes. Direktbanken sind nach Erhebungen von Finanztest im Schnitt gut ein Drittel günstiger. Viele Banken verlangen allerdings eine Mindestprovision. Das bedeutet: Je niedriger das Auftragsvolumen, desto höher sind prozentual die Kosten.

▷ Börsenpauschale: Für die Nutzung der Börse wird eine Pauschale berechnet. Sie ist unabhängig vom Transaktionsvolumen.

▷ Spread: Hinzu kommt die Differenz zwischen An- und Verkaufspreis, der Spread. Der Verkaufspreis liegt immer ein wenig über dem Ankaufspreis. Je höher die Umsätze mit einer Aktie sind, desto niedriger ist meist der Spread. Bei sehr häufig gehandelten Aktien aus dem Dax beträgt er ein oder einige Zehntausendstel der Kaufsumme. Bei einer Order über 5 000 Euro sind das etwa 0,50 bis 4,50 Euro.

Theoretisch kann sich jeder Anleger sein persönliches Aktienportfolio zusammenstellen. Doch das ist mit einem vergleichsweise hohen Zeitaufwand verbunden. Die Mehrheit der Anleger kauft keine einzelnen Aktien, sondern bevorzugt eine bequemere Lösung. Sie entscheidet sich für → Aktienfonds. Der Vorteil: Sie müssen sich nicht selbst um die Auswahl der einzelnen Aktien und deren Überwachung kümmern. Das übernimmt dann ein professioneller Manager für Sie. Zwar kostet das Geld, aber das macht sich bei guten → Fonds bezahlt. Eine preisgünstige Alternative sind → Aktien-ETF. Fonds, die rund um den Globus investieren, → Aktienfonds Welt, sind eine Basisanlage, die sich für fast alle Anleger eignet.

Aktienanleihen ⊕ Geeignet für erfahrene Anleger, die einen geringen Anstieg der Aktienkurse erwarten.

Wenn die Zinsen für klassische → Anleihen niedrig sind, erscheinen Aktienanleihen besonders reizvoll. Sie bieten zum Teil sehr hohe Verzinsungen. 15 Prozent pro Jahr sind keine Seltenheit. Wo so üppige Renditen locken, lauern natürlich auch hohe Risiken: Aktienanleihen sind keineswegs so sicher wie normale Anleihen, sondern fast so riskant wie Aktien.

Aktienanleihen sind festverzinsliche → Schuldverschreibungen. Insofern unterscheiden sie sich nicht von klassischen

AKTIENANLEIHEN

> Diese Anlagen sind von der Bundesanstalt für Finanzdienstleistungsaufsicht geprüft, die uns Bestnoten bescheinigt.*
>
> *) Die BaFin bestätigt mit ihren Siegeln nur die formale Vollständigkeit der Angaben, nicht ihre Richtigkeit. Sie vergibt gar keine Noten.

→ Staatsanleihen und → Unternehmensanleihen. Doch ob der Käufer am Ende der Laufzeit sein Geld vollständig zurückbekommt, hängt nicht nur davon ab, ob der Herausgeber der Anleihe zahlungsfähig ist, sondern auch von der Kursentwicklung einer bestimmten Aktie oder eines Aktienindex, dem sogenannten Basiswert. Bei der Ausgabe (Emission) einer Aktienanleihe legt der Herausgeber, zum Beispiel eine Bank, den sogenannten Basispreis fest. Er ist die entscheidende Größe: Notiert der Basiswert am Ende der Laufzeit über dem Basispreis, zahlt der Herausgeber den Nennwert an den Anleger zurück. Fällt der Kurs des Basiswertes dagegen unter den Basispreis, erhält der Anleger Aktien in einem bei der Emission festgelegten Bezugsverhältnis. Letzteres ergibt sich, wenn man den Nennwert der Aktienanleihe durch den Basispreis teilt. Beispiel: Beträgt der Nennwert 900 Euro und der Basispreis 100 Euro, errechnet sich ein Bezugsverhältnis von 9. Liegt der Kurs der Aktie am Ende der Laufzeit unter 100 Euro, erhält der Anleger 9 Aktien des Unternehmens. Liegt er darüber, bekommt er 900 Euro. In jedem Fall bekommt der Anleger die Zinsen.

Renditechance: Aktienanleihen bieten meistens hohe Zinsen. Ihre Gewinnchancen sind aber im Gegensatz zu den zugrunde liegenden Aktien begrenzt. Kauft ein Anleger eine Aktienanleihe, deren Basiswert über dem Basispreis notiert, ist die Rendite auf die feste Verzinsung beschränkt. Wenn die Aktie stark ansteigt, hat er nichts davon.

Sicherheit: Umgekehrt ist er aber im hohen Maß an den Verlusten beteiligt, wenn die Aktie stark fällt. Zu dem (gedämpften) Aktienkursrisiko kommt noch das Emittentenrisiko: Geht der Herausgeber der Aktienanleihe pleite, droht ein Totalverlust.

Aktienanleihen unterliegen während der Laufzeit Kursschwankungen. Wichtige Faktoren, die Einfluss auf die Kursentwicklung haben, sind der Aktienkurs des Basiswertes, das allgemeine Zinsniveau am Kapitalmarkt und die erwarteten Schwankungen an den Aktienbörsen. Beispielsweise wirkt ein fallender Aktienkurs in der Regel negativ, weil die Wahrscheinlichkeit sinkt, dass die Aktienanleihe zum Nennwert zurückbezahlt wird.

Flexibilität: Aktienanleihen können werktäglich an Börsen ge- und verkauft oder bei ihrer Emission über Banken erworben werden.

UNSER RAT Aktienanleihen sind interessant, wenn sich die Aktienmärkte seitwärts bewegen, also nur leicht steigen oder fallen. Wer starke Kursgewinne erwartet, kauft besser gleich Aktien. Und wer Rückschläge fürchtet, sollte klassische festverzinsliche Anlagen bevorzugen. Das Risiko von Aktienanleihen ist umso geringer, je weiter der Kurs des Basiswertes über dem Basispreis notiert. Umso niedriger ist dann aber auch die Rendite.

Aktien-ETF ⊕ Geeignet für fast alle Anleger, die ihre Renditechancen steigern möchten. Je mehr Risiko sie eingehen wollen und können, desto höher kann der Anteil an Aktien-ETF sein.

Aktien-ETF sind eine bequeme Form der Aktienanlage. Bei diesen Produkten handelt es sich um → Aktienfonds. Diese gibt es in zwei unterschiedlichen Varianten: → Aktiv gemanagte Fonds und börsengehandelte → Indexfonds, die als ETF bezeichnet werden. Anders als aktiv gemanagte Fonds haben sie keinen Manager, der die Aktien auswählt, die er für aussichtsreich hält. Stattdessen kopieren sie einen Aktienindex, etwa den deutschen Aktienindex Dax. Das Spektrum an Aktien-ETF ist nicht ganz so groß wie bei aktiv gemanagten Aktienfonds. Aber es gibt sie für die wichtigsten Anlageideen.

Renditechance: Aktien-ETF bieten ähnlich wie aktiv gemanagte Aktienfonds sehr gute Renditechancen. Der Unterschied: Ihr Wert entwickelt sich fast genauso wie der des Index, den sie kopieren. Es sind keine höheren, aber auch keine niedrigeren Gewinne oder Verluste zu erwarten. Nur die Verwaltungskosten gehen ab. Bei aktiv gemanagten Fonds ist dies anders. Sie können um einiges besser oder schlechter als ihr Vergleichsindex abschneiden. Nur etwa ein Drittel der Fondsmanager schafft es jedoch, den Index zu schlagen.

Sicherheit: Aktien-ETF sind deutlich weniger riskant als der Kauf einiger Einzelaktien, weil die Risiken sehr viel besser gestreut sind. Je breiter ein Aktien-ETF aufgestellt ist, desto geringer sind die Risiken. So ist ein Index, der nur deutsche Aktien abbildet, riskanter als einer, der sich auf viele unterschiedliche Länder weltweit bezieht. Als Basisanlage eignen sich daher besonders Aktien-ETF auf Indizes, die den Weltaktienmarkt abbilden (→ Aktienfonds Welt). Einer der bekanntesten dieser Indizes ist der MSCI World. Er wird von der amerikanischen Investmentbank Morgan Stanley fortlaufend berechnet und enthält mehr als 1 600 Unternehmen aus derzeit 24 Ländern. Mit einem Anteil von mehr als 50 Prozent haben US-Konzerne das mit Abstand größte Gewicht im Index, Firmen aus Schwellenländern sind nicht vertreten. Aber auch breit gestreute Aktien-ETF können Verluste einfahren. Der heftigste Absturz des Weltaktienmarktes betrug in den vergangenen 15 Jahren fast 55 Prozent. Es dauerte gut zehn Jahre, bis diese Verluste wieder aufgeholt waren.

Flexibilität: Aktien-ETF können Sie werktäglich fortlaufend über Ihre Bank an der Börse kaufen und verkaufen. Allerdings ist es ratsam, langfristig in Aktien-ETF zu investieren, am besten mehr als zehn Jahre. Je länger Sie Ihr Geld investiert haben, desto geringer ist das Risiko, Verluste einzufahren.

UNSER RAT Weil Aktien-ETF der Wertentwicklung von Indizes folgen, die nach festgelegten Regeln zusammengesetzt sind und berechnet werden, sind sie transparenter als Aktienfonds, bei denen ein Manager die Anlageentscheidungen trifft. Aktien-ETF müssen Sie nicht wie aktiv gemanagte Fonds regelmäßig überprüfen. Deshalb sind sie besonders bequem. Auch sind sie deutlich preiswerter als Fonds mit Manager (mehr dazu → Indexfonds). Banken empfehlen Aktien-ETF in der Regel nicht, weil sie daran nicht so viel verdienen wie an aktiv gemanagten Fonds. Wenn Sie in Aktien-ETF investieren wollen, sollten Sie sich am besten unter www.test.de/fonds einen guten ETF aussuchen und in der Bank gezielt danach fragen.

> Dieser Fonds bringt eine hohe Rendite und ist absolut sicher. Sie kommen jederzeit an Ihr Geld.*
>
> *) Ein Berater behauptet, das Unmögliche möglich zu machen. Flexible Produkte mit hoher Rendite ohne Risiken gibt es nicht.

Aktienfonds ⊕ Geeignet für fast alle Anleger, die ihre Renditechancen steigern möchten. Je mehr Risiko sie eingehen wollen und können, desto höher kann der Anteil an Aktienfonds sein.

Aktienfonds sind → Fonds, die in → Aktien investieren. Das Angebot an Aktienfonds in Deutschland ist üppig. Laut dem Deutschen Fondsverband (BVI) waren Anfang 2013 fast 2 900 zum öffentlichen Vertrieb zugelassen. Sie verwalteten ein Vermögen von mehr als 244 Milliarden Euro. Grundsätzlich haben Anleger bei Aktienfonds die Wahl zwischen börsengehandelten → Indexfonds, auch → Aktien-ETF genannt, und → aktiv gemanagten Fonds, bei denen Fondsmanager die Anlageentscheidungen treffen.

Die Anlageschwerpunkte und Strategien der einzelnen Fonds sind sehr unterschiedlich. International anlegende Aktienfonds, sogenannte → Aktienfonds Welt oder Weltfonds, investieren das Kapital der Anleger in Aktien von Unternehmen rund um den Globus. → Aktienfonds Europa konzentrieren sich auf Aktien aus den europäischen Ländern. Andere → Regionenfonds kaufen beispielsweise nur Aktien aus Asien (Aktienfonds Asien) oder sind auf aufstrebende Schwellenländer (→ Schwellenländerfonds) fokussiert. Hinzu kommen → Länderfonds, die nur in einem einzelnen Land, etwa in Deutschland, den USA oder Japan, anlegen. Aktienfondsmanager verfolgen häufig eine festgelegte Strategie, nach der sie entscheiden, welche Aktien sie kaufen. Zu den verbreitetsten zählen der **Value-Ansatz** und der **Growth-Ansatz**.
Renditechance: Aktienfonds sind riskanter als → Rentenfonds und festverzinsliche Bankeinlagen wie → Tagesgeld und → Festgeld. Dafür boten sie in der Vergangenheit aber auch höhere Renditen. In den letzten 15 Jahren brachten Aktien entwickelter Industrieländer, die im **MSCI-World-Index** gelistet sind (→ Aktienfonds Welt), aus der Perspektive deutscher Anleger im Durchschnitt etwa 3,4 Prozent, in den letzten fünf Jahren 14,3 Prozent, im Jahr 2013 sogar über 20 Prozent Rendite pro Jahr.

Wie ein Aktienfonds im Einzelnen abschneidet, hängt aber immer auch von seiner Anlagestrategie und bei aktiv gemanagten Fonds von der Qualität des Managers ab. Es gibt aktiv gemanagte Fonds, die selbst über lange Zeiträume von mehr als zehn Jahren sehr viel besser als der

Marktdurchschnitt sind. Die meisten sind allerdings schlechter.

Sicherheit: Aktienkurse schwanken zum Teil heftig. Und das gilt auch für den Wert von Fonds, die in Aktien investieren. An den internationalen Börsen kam es in der Vergangenheit immer wieder zu Crashs. Der höchste Verlust am Weltaktienmarkt betrug in den letzten 15 Jahren fast 55 Prozent. Manche Länderaktienmärkte verloren zwischenzeitlich mehr als 60 Prozent ihres Kurswertes, etwa der deutsche Aktienindex Dax, der fast 68 Prozent einbüßte. Mittlerweile hat der Index seine Verluste allerdings wieder wettgemacht – so wie die meisten Aktienindizes in anderen Ländern.

Das illustriert ein wichtiges Merkmal von Aktienfonds: ==Je länger die Anlagedauer, desto geringer ist auch das Risiko des Anlegers, am Ende mit Verlusten dazustehen.== Wer nach Ende des Zweiten Weltkrieges auf die Aktien des Dax setzte und sie 15 Jahre lang behielt, machte unter dem Strich immer einen Gewinn – unabhängig vom Zeitpunkt des Kaufs und Verkaufs. Allerdings fielen die Renditen unterschiedlich hoch aus. ==Wegen der breiten Streuung des Risikos über viele verschiedene Firmen, Länder und Branchen sind Aktienfonds Welt als Basisanlage für alle Anleger erste Wahl.== Mit Ausnahme von Aktienfonds Europa sind Regionen- und Länderfonds nicht als Basisanlage geeignet. Sie können aber in kleinen Mengen beigemischt werden. Aktienfonds Deutschland sollten nicht mehr als 15 Prozent Ihrer Aktienanlagen ausmachen.

> *Sie möchten einen Fondssparplan? Eine Fondspolice ist steuerlich günstiger.* *
>
> *) Für Fondspolicen kassiert die Bank hohe Abschlussprovisionen. Im Vergleich zu Fondssparplänen sind sie unflexibel und teuer.

Sogenannte → Branchenfonds sind noch spezialisierter und damit riskanter. Sie investieren nur in Unternehmen einer einzelnen Branche. Sie sollten, wenn überhaupt, nur in geringen Dosen großen Depots beigemischt werden. Das gilt auch für viele Themenfonds, die in der Regel eine einzelne übergeordnete Anlageidee umsetzen. Beispiele für Themenfonds sind → Neue-Energien-Fonds und → Wasserfonds.

Es ist äußerst unwahrscheinlich, mit einem Aktienfonds einen Totalverlust zu erleiden. Denn dann müssten alle enthaltenen Unternehmen gleichzeitig pleitegehen. Auch vor einer Insolvenz von Fondsinitiatoren ist Fondskapital ohne Einschränkungen geschützt. Es ist sogenanntes Sondervermögen (→ Fonds).

Flexibilität: Aktienfonds sind eine flexible Geldanlage. Sie können sie werktäglich kaufen und verkaufen. Zahlreiche aktiv gemanagte Fonds werden ähnlich wie ETF auch an der Börse gehandelt. Der Kauf über die Börse kann billiger sein als der Kauf über den Vermittler, lohnt sich aber oft erst ab einer Anlagesumme von 3 000 bis 5 000 Euro.

Dennoch sollten Sie nur Geld in Aktienfonds stecken, das Sie langfristig investieren möchten, am besten mehr als zehn Jahre. Das senkt die Verlustrisiken entscheidend.

UNSER RAT Banken empfehlen fast immer aktiv gemanagte Fonds. Denn für deren Vermittlung können sie hohe Provisionen kassieren (→ Seite 10). Günstige ETF stehen nicht auf den Empfehlungslisten, weil Banken an ihnen kaum etwas verdienen. Bei aktiv gemanagten Fonds ist das Risiko hoch, einen schlechten empfohlen zu bekommen. Die meisten dieser Fonds entwickeln sich schlechter als der Marktdurchschnitt. Wenn Ihnen Ihr Bankberater einen Aktienfonds vorschlägt, können Sie im Internet unter www.test.de/fonds überprüfen, ob er in seiner Vergleichsgruppe zu den Spitzenreitern gehört. Finanztest filtert für die wichtigsten Fondsgruppen in einem Dauertest Monat für Monat die besten aktiven Aktienfonds unter rund 10 000 Fonds heraus.

Aktienfonds Asien ⊕ → Regionenfonds

Aktienfonds Europa ⊕ Geeignet
für fast alle Anleger, die ihre Renditechancen steigern möchten. Je mehr Risiko sie eingehen wollen und können, desto größer kann der Anteil an Aktienfonds sein.

Eine Alternative zu → Aktienfonds Welt sind → Aktienfonds, die sich auf europäische Aktien konzentrieren. Auch sie sind wegen ihrer breiten Streuung als Basisanlage geeignet. Solange die Schuldenkrise in Europa nicht ausgestanden ist, sind in diesem Segment → aktiv gemanagte Fonds, die flexibel auf geänderte Marktbedingungen reagieren können, eine gute Wahl. Sie können sich auch in den Krisenländern die attraktivsten Unternehmen herauspicken, die international aufgestellt sind und besser laufen als der jeweilige Leitindex.

Renditechance: Der Vergleichsindex MSCI Europe, an dem sich viele Aktienfonds Europa messen, brachte in den letzten 15 Jahren im Durchschnitt 3,8 Prozent Rendite pro Jahr, in den letzten fünf Jahren 13,1 Prozent. Im Jahr 2013 waren es 20,4 Prozent.

Sicherheit: Der höchste Verlust am europäischen Aktienmarkt in den vergangenen 15 Jahren betrug 53,7 Prozent. Das zeigt: Auch Aktienfonds Europa unterliegen wie alle → Aktienfonds kräftigen Schwankungen. Wem zwischenzeitliche Verluste schlaflose Nächte bereiten, sollte lieber die Finger von Aktienfonds lassen. Vor Pleiten der Fondsgesellschaften sind die Käufer von Aktienfonds aber geschützt. Ihr Kapital kann bei einer Insolvenz nicht verloren gehen (mehr dazu → Fonds).

Flexibilität: Aktienfonds Europa können börsentäglich ge- und verkauft werden, sind aber vor allem für die langfristige Anlage geeignet.

UNSER RAT Einen Überblick über die besten aktiv gemanagten Aktienfonds Europa liefert Ihnen Finanztest in jeder aktuellen Ausgabe oder im Internet unter www.test.de/fonds. Eine andere Möglichkeit, mit einer guten Risikostreuung in europäische Aktien zu investieren, sind → Aktien-ETF auf Europa-Indizes wie zum Beispiel der MSCI Europe oder der Stoxx Europe 600. Solche → Indexfonds sind ebenfalls in den Bewertungslisten von Finanztest enthalten.

BANKPRODUKTE

Aktienfonds Welt ⊕

Geeignet für fast alle Anleger, die ihre Renditechancen steigern möchten. Je mehr Risiko sie eingehen wollen und können, desto höher kann der Anteil an Aktienfonds Welt sein.

Aktienfonds Welt werden auch Weltfonds oder internationale Aktienfonds genannt. Diese → Aktienfonds investieren rund um den Globus. Das Vermögen der Kapitalanleger wird so in der Regel über eine große Zahl von Ländern, Branchen und Unternehmen gestreut. Anleger haben die Wahl zwischen → Aktien-ETF und → aktiv gemanagten Fonds.

Renditechance: Bei einer kurzfristigen Anlage sind hohe zweistellige Gewinne, aber ebenso hohe Verluste möglich. In den letzten 15 Jahren brachten weltweit anlegende Aktien-ETF (gemessen am **MSCI-World-Index**) trotz des Crashs in der Folge des 11. September und trotz Finanzkrise im Durchschnitt 3,4 Prozent Rendite, in den letzten fünf Jahren waren es 14,3 Prozent. Gute aktiv gemanagte Fonds schneiden besser ab.

Sicherheit: Die Streuung des Kapitals über viele Märkte sorgt dafür, dass Aktienfonds Welt sicherer sind als weniger breit gestreute Aktienfonds. Die Kurse können trotzdem stark schwanken. Der maximale zwischenzeitliche Verlust des MSCI World betrug in den vergangenen 15 Jahren immerhin knapp 55 Prozent. Es dauerte gut zehn Jahre, bis die Verluste wieder wettgemacht waren.

Flexibilität: Sie können Aktienfonds Welt täglich an Börsen oder über Banken und andere Vermittler bei den Fondsgesellschaften kaufen und verkaufen (→ Aktienfonds).

UNSER RAT Aktienfonds Welt gehören neben Tagesgeld und Festzinsanlagen oder sicheren → Anleihen zu den Basisanlagen in einem gemischten Depot. Bis zu einem Anteil von 15 Prozent senken sie tendenziell das Risiko eines Depots, das sonst nur aus Anleihen oder → Rentenfonds besteht. Mit weiter steigendem Aktienanteil nehmen die Renditechancen, aber auch die Risiken zu. Aktienfonds Welt sind ein langfristiges Investment. Sie sollten am besten zehn Jahre und mehr Zeit haben, wenn Sie in Aktienfonds investieren wollen. Wie viel Sie in Aktienfonds stecken sollten, hängt außer von der Anlagedauer von Ihrer Risikobereitschaft ab. Wenn Sie sicher anlegen möchten, können Sie bis zu 25 Prozent in Aktienfonds investieren. Banken preisen vor allem aktiv gemanagte Fonds an, weil sie dafür hohe Provisionen kassieren können. Bei diesen Fonds ist aber die Gefahr hoch, dass Sie ein schlechtes Produkt kaufen (→ Aktienfonds).

Aktienindexfonds ⊕ → Aktien-ETF

Aktiv gemanagte Fonds

Diese → Fonds werden von Managern verwaltet, die das Fondskapital anlegen. Das Gegenstück dazu sind → Indexfonds (ETF). Sie brauchen keinen Manager, sondern richten sich nach einem Index. Das Ziel von aktiv gemanagten Fonds ist, eine bessere Wertentwicklung zu erzielen als der breite Markt. Im Rahmen der Fondsstrategie, die im Fondsprospekt beschrieben ist, haben die Manager freie

> *Ein Beratungsprotokoll gibt es erst, wenn Sie sich für diesen Fonds entscheiden. Sonst wäre die ganze Mühe ja umsonst.* *
>
> *) Ein Berater weigert sich, seiner gesetzlichen Dokumentationspflicht nachzukommen. Leider kein Einzelfall, wie Untersuchungen belegen.

Hand. Sie entscheiden, welche Wertpapiere und Vermögensgegenstände ge- und verkauft werden. Das passiert ohne die Mitsprache der Kunden. Anlegern, die Anteile an einem aktiven Fonds kaufen, sollte bewusst sein, dass sie in erster Linie in die Fähigkeiten des Managers investieren. Wie gut oder schlecht Fondsmanager mit ihren Entscheidungen abschneiden, wird an einem **Vergleichsindex** gemessen, der sogenannten Benchmark. Beispielsweise kann sich ein international anlegender Aktienfonds mit dem Aktienindex **MSCI World** vergleichen, der die Wertentwicklung von mehr als 1 600 Aktiengesellschaften aus 23 sogenannten entwickelten Ländern misst. Ein Fonds, der nur in deutsche Aktien investiert, misst sich zum Beispiel am Deutschen Aktienindex **Dax**. Fondsmanager gelten in der Finanzbranche als erfolgreich, wenn sie ihre Benchmark schlagen. Das gilt auch dann, wenn sie Geld verlieren, aber eben nicht so viel wie der jeweilige Vergleichsmarkt.

Allerdings schneiden aktive Fonds häufig schlechter ab als ihre Benchmark. Einer Vielzahl von Studien zufolge schafft es nur eine geringe Zahl von Managern, über lange Zeiträume eine höhere Rendite zu erzielen als ihr Vergleichsindex. Liegen sie mit ihren Entscheidungen häufig daneben, machen die Anleger schlimmstenfalls Verluste, während der Vergleichsindex steigt. Mit einem sehr guten aktiv gemanagten Fonds haben Sie dennoch die Aussicht auf höhere Renditen als mit Indexfonds. Die Auswahl sollten Sie aber nicht dem Zufall überlassen. Orientierung bietet Ihnen Finanztest. Die unabhängigen Anlageexperten der Stiftung Warentest filtern monatlich die besten Fonds aus Tausenden heraus. Die aktuellen Ergebnisse lesen Sie in jeder Ausgabe von Finanztest oder im Internet unter www.test.de/fonds.

Aktive Fonds sind deutlich teurer als Indexfonds. Banken empfehlen deswegen vor allem die für sie lukrativeren aktiven Fonds. Bei aktiven Fonds werden beim Kauf **Ausgabeaufschläge** kassiert, die bis zu 5 Prozent der Anlagesumme betragen können. Dieses Geld behält in der Regel der Vermittler, etwa die Bank, bei der Sie einen Fonds kaufen. Über die Höhe des Ausgabeaufschlages kann man aber verhandeln (siehe Seite 32). Hinzu kommen jährliche Verwaltungskosten, die zwischen 0,5 und 2 Prozent betragen. Auch hiervon erhalten die Vermittler einen Anteil als sogenannte Bestandsprovision. Manche Fonds verlangen darüber hinaus noch eine Erfolgsprovision. Die wird fällig, wenn die Manager Renditen erwirtschaften, die festgelegte Marken überschreiten. Das gilt bei manchen Fonds selbst dann, wenn sie Verluste machen, aber besser als der Vergleichsindex sind. Solchen ärgerlichen Vergütungsstrukturen sollten Anleger aus dem Weg gehen. Viele aktiv gemanagte Fonds können Sie aber auch über Ihre Bank an

Börsen kaufen. Der Ausgabeaufschlag entfällt dann.

Wenn Sie aktiv gemanagte Fonds kaufen, sollten Sie ein- bis zweimal im Jahr kontrollieren, ob sie noch gut sind. Das können Sie mit einer Datenbankabfrage unter www.test.de/fonds überprüfen. Fällt ein Fonds im Fünf-Jahresvergleich deutlich hinter den Vergleichsindex seiner Gruppe zurück, sollten Sie ihn auswechseln. Indexfonds sind pflegeleichter als aktive Fonds. Sie können Anleger über Jahre laufen lassen, ohne sich um die Leistung ihres Fonds Sorgen machen zu müssen. Für Anleger, die sich nicht so oft mit ihrem Geld beschäftigen möchten, sind sie deswegen meist die bessere Wahl.

Alpha-Express-Zertifikate ⊖

kombinieren die Eigenschaften von → Alpha-Zertifikaten und → Express-Zertifikaten. Das Ergebnis sind Konstruktionen, die Anleger nicht durchschauen, geschweige denn deren Risiken einschätzen können. Wenn Sie in kein Loch springen würden, dessen Boden Sie nicht sehen, dann sollten Sie auch diese Produkte nicht kaufen.

Alpha-Garant-Anleihen ⊖

sind wie → Alpha-Express-Zertifikate eine Kombination aus → Alpha-Zertifikaten und → Express-Zertifikaten. Der Unterschied zu Alpha-Express-Zertifikaten besteht in einer Garantie, dass das eingesetzte Kapital am Laufzeitende auf jeden Fall zurückbezahlt wird. Abgesehen davon, dass diese Garantie nur etwas wert ist, solange der Herausgeber einer Alpha-Garant-Anleihe auch zahlungsfähig bleibt, folgt das Konzept des Papiers keiner für normale Anleger plausiblen Anlagestrategie. Anleger sollten um diese komplexen Zertifikate wie um die anderen Alpha- und Express-Produkte einen großen Bogen machen.

Alpha-Zertifikate ⊖

Folgt man Werbeprospekten von Zertifikate-Anbietern, dann sind Alpha-Zertifikate quasi eine Lizenz zum Gelddrucken. Diese → Zertifikate, so versprechen die Anbieter, seien „marktneutral". Das bedeutet, sie können eine positive Rendite abwerfen, unabhängig davon, ob die Börsenkurse gerade steigen oder fallen. Das ist ebenso märchenhaft, wie es klingt. Theoretisch ist es natürlich möglich, mit einer marktneutralen Strategie in jedem Börsenumfeld Gewinne zu machen. In der Praxis setzt das aber voraus, dass diese Strategien immer aufgehen müssen. Gäbe es solche Strategien, hätte der Entdecker so etwas wie den Zauberkochtopf in dem Märchen „Der süße Brei" entdeckt, der wann immer man möchte Hirsebrei zubereitet. Doch keine Anlagestrategie funktioniert immer und verlässlich. Wer ein Alpha-Zertifikat kauft, setzt darauf, dass sich ein Basiswert, zum Beispiel ein Aktienindex, besser entwickelt als ein Vergleichsindex. Beliebte Basiswerte sind sogenannte Dividendenindizes, die die Aktien mit den höchsten Dividendenrenditen aus einem Marktindex versammeln. Entwickelt sich der Dividendenindex besser als der Marktindex, bekommt der Anleger die Differenz als Gewinn, egal ob die Börsen steigen oder fallen. Und umgekehrt. Das Problem: Im wahren Leben schneiden Dividendenindizes (und andere Basiswerte) keineswegs immer besser ab als der jeweilige Vergleichsindex.

Besonders dreist: Die insolvente Investmentbank Lehman Brothers brachte sogar Alpha-Zertifikate auf den Markt, bei denen Verluste gewissermaßen garantiert waren. Der Basiswert hatte von vornherein kaum eine Chance gegen den Vergleichsindex. Wer solche Papiere kaufte und nicht über die ungleichen Eigenschaften von Basiswert und Vergleichsindex von seinem Bankberater aufgeklärt wurde, hat nach Ansicht von Rechtsanwälten gute Chancen auf Schadenersatz.

Anlage-Zertifikate Manche Anbieter sprechen von Anlage-Zertifikaten, wenn sie → Zertifikate meinen.

Anleihen Anleihen sind festverzinsliche → Wertpapiere mit begrenzter Laufzeit. Sie werden auch als Bonds, Renten, Obligationen oder → Schuldverschreibungen bezeichnet. Im Grunde sind sie eine Art Schuldschein eines Staates oder eines Unternehmens, dem Sie mit dem Kauf der Anleihe Geld leihen. Dadurch kommt der Verkäufer der Anleihe an Kapital. Er zahlt Ihnen dafür Zinsen, und am Ende der Laufzeit bekommen Sie Ihr Geld zurück. Zu den Anleiheherausgebern (Emittenten) zählen Staaten wie die Bundesrepublik Deutschland und die USA, Bundesländer und Kommunen, öffentlich-rechtliche Institutionen, Banken, internationale Konzerne und mittelständische Unternehmen.

Es gibt eine Vielzahl verschiedener Anleihe-Typen. Die meisten sind Festzins-Anleihen. Für sie erhalten Sie während der gesamten Laufzeit zu festgelegten Terminen, meist jährlich, Zinsen, deren Höhe für die gesamte Laufzeit feststeht. Anders funktionieren → Gleitzinsanleihen und → Stufenzinsanleihen: Bei ihnen steigen die Zinszahlungen während der Laufzeit kontinuierlich an. Es gibt auch variabel verzinste Anleihen, bei denen der Zinssatz ständig variiert. → Null-Kupon-Anleihen bieten keine laufenden Zinsen. Der Anleger erhält den Zinsertrag erst auf einen Schlag bei Fälligkeit der Anleihe. Darüber hinaus gibt es → Fremdwährungsanleihen, die Wechselkursrisiken bergen.

Vorsichtig sollten Sie sein, wenn die Rendite von Anleihen an Bedingungen geknüpft ist, wie etwa an die Entwicklung des Dax. Es handelt sich eigentlich um → Zertifikate. Diese sind rechtlich gesehen Anleihen.

Anleihen sind unterschiedlich riskant. Zu den sichersten zählen → Staatsanleihen solider Länder wie der Bundesrepublik Deutschland (→ Bundeswertpapiere) oder der Schweiz. Je geringer die Kreditwürdigkeit der Anleiheherausgeber ist, desto größer ist das Risiko, dass Sie am Ende Ihr Geld nicht wiedersehen. Bei höheren Risiken sind aber in der Regel auch die Zinsen höher, die Anleger für die Anleihe bekommen.

Über die Kreditwürdigkeit von Ländern und Unternehmen wachen **Ratingagenturen**. Sie beurteilen deren Zahlungsfähigkeit und verteilen dafür Noten, die sich im Finanzmarktjargon **Rating** nennen. Die Bundesrepublik Deutschland hat beispiels-

> *Korridor-Anleihen kombinieren attraktive Renditechancen mit einem Kapitalschutz.* *
>
> *) Die Bank deklariert ein kompliziertes Zertifikat als Anleihe. Gelogen ist das nicht. Rechtlich sind Zertifikate Anleihen. Meiden Sie „Anleihen", die an Bedingungen geknüpft sind.

weise das beste Rating. Die Notenskala ist ein abgestuftes System. Quasi in der Mitte ziehen die Ratingagenturen einen Strich. Anleihen, die darüber liegen, gelten als relativ sicher und bekommen das Prädikat „Investment Grade", was man mit „investitionswürdig" übersetzen könnte. Anleihen von Emittenten, die unter den Strich rutschen (Non Investment Grade), werden an den Märkten als Ramschpapiere gehandelt. Solche Anleihen werden auch als → Hochzinsanleihen oder High-Yield-Bonds bezeichnet.

Wenn der Herausgeber eine sehr gute Kreditwürdigkeit hat, sind Anleihen vergleichsweise sichere Wertpapiere. Sie sind dann sicherer als Aktien und etwas riskanter als Bankeinlagen wie → Tagesgelder und → Festgelder. Wer eine solide Anleihe bis zum Ende der Laufzeit hält, macht keine Verluste. Anleger bekommen in diesem Fall die jährliche Durchschnittsrendite, die sich beim Kauf errechnete (mehr dazu → Bundeswertpapiere). Allerdings schwanken die Kurse von Anleihen während der Laufzeit. Wenn ein Anleger vor Ende der Laufzeit verkaufen muss, kann das im schlechtesten Fall zu Verlusten führen. Auf der anderen Seite sind bei einem vorzeitigen Verkauf auch zusätzliche Gewinne möglich.

Beim Erwerb von deutschen Anleihen fallen folgende Kosten an:
▷ Bankprovision: Beim Kauf einer Anleihe verlangt das Kreditinstitut eine Provision. Am Filialschalter sind das im Schnitt 0,5 Prozent des Kurswertes. Direktbanken berechnen etwa die Hälfte.
▷ Börsenpauschale: Für die Börsennutzung wird eine Pauschale berechnet, unabhängig vom Transaktionsvolumen.
▷ Spread: Hinzu kommt die Differenz zwischen An- und Verkaufspreis, der Spread. Der Verkaufspreis ist immer ein wenig höher als der Ankaufspreis. Je höher die Umsätze mit einer Anleihe sind, desto niedriger ist meist der Spread. Bei sehr häufig gehandelten Bundesanleihen liegt er im Promillebereich.

Viele Anleihen werden nur in den ersten Monaten nach ihrer Emission rege gehandelt. Nur wenige können Sie jederzeit problemlos kaufen und verkaufen. Bundesanleihen (→ Bundeswertpapiere) gehören dazu, auch → Jumbo-Pfandbriefe. Bei → Unternehmensanleihen sieht es oft weniger gut aus. Unter www.test.de/anleihen können Sie Kurse von rege gehandelten Anleihen abfragen. Die begrenzte Handelbarkeit von Anleihen ist einer der Gründe, warum es sinnvoller sein kann, → Fonds zu kaufen, die in Anleihen investieren, sogenannte → Rentenfonds. Auch der Kauf einzelner ausländischer Anleihen lohnt sich meist nicht, weil die Transaktionskosten höher sind. Auch hierfür sind beispielsweise Rentenfonds die bessere Lösung, etwa

Rentenfonds Europa, die auch Anleihen in Schweizer Franken oder britischen Pfund kaufen, oder Rentenfonds Welt. → Rentenfonds Euro – das sind Fonds, die in Anleihen, die auf Euro lauten, investieren – sind eine wichtige Basisanlage für langfristig orientierte Anleger.

AS-Fonds ⊕ Geeignet für Anleger, die langfristig anlegen und sich nicht selbst regelmäßig um die Zusammensetzung ihres Fondsdepots kümmern wollen.

AS-Fonds sind → Mischfonds, die innerhalb eines gesetzlich festgelegten Rahmens in → Aktien, → Immobilien, → Anleihen und Geldmarktpapiere (→ Geldmarktfonds) investieren. AS steht für Altersvorsorge-Sondervermögen. Die Idee zu diesen Fonds stammt aus dem Jahr 1998. Sie sollten nach den Vorstellungen ihrer Erfinder die private Vorsorge fördern. Es war geplant, die AS-Fonds mit einer Steuervergünstigung – ähnlich der für Lebensversicherungen – auszustatten. Doch daraus wurde nichts. Gültig sind aber nach wie vor die strengen Anlageregeln der AS-Fonds. Sie dienen der Risikobegrenzung. Schließlich waren die Fonds einmal zur Altersvorsorge gedacht. Bis heute dürfen Manager von AS-Fonds nicht mehr als drei Viertel des Fondsvermögens in Aktien investieren, aber auch nicht weniger als 21 Prozent. Immobilien oder → offene Immobilienfonds dürfen im Fonds maximal 30 Prozent ausmachen, Bankguthaben und Geldmarktpapiere höchstens 49 Prozent. Trotz dieser Vorgaben bleibt den Fondsmanagern noch viel Spielraum. Manche legen vorsichtig an und kaufen vor allem sichere Anleihen. Andere verfolgen chancenreichere Strategien und legen den Schwerpunkt auf riskantere Aktien.

Renditechance: Welche Erträge Anleger erwarten können, hängt von der Fondsstrategie ab. Je höher der Aktienanteil, desto größer die Gewinnchancen und Risiken.

Sicherheit: Das Kapital der Anleger ist vor Pleiten der Fondsgesellschaft geschützt (→ Fonds), nicht aber vor Kursschwankungen. Diese sind in der Regel umso stärker, je höher der Aktienanteil im Fonds ist.

Flexibilität: AS-Fonds können werktäglich ge- und verkauft werden, sind aber eher für die langfristige Anlage geeignet.

UNSER RAT Bevor Sie einen AS-Fonds kaufen, sollten Sie sich die Anlagestrategie genau erläutern lassen. Vorsichtige Anleger wählen einen defensiven Fonds mit geringem Aktienanteil. Empfehlenswerte AS-Fonds finden Sie bei den Mischfonds im Produktfinder Fonds unter www.test.de/fonds.

Asienfonds ⊕ → Regionenfonds

Ausschüttende Fonds ⊕ sind
→ Fonds, die Zinsen und Dividenden regelmäßig an die Anleger auszahlen.
→ Thesaurierende Fonds legen diese Einnahmen dagegen automatisch wieder an.

Auszahlpläne ⊕ Es gibt sichere
→ Bankauszahlpläne und riskantere
→ Fondsentnahmepläne.

Bankauszahlpläne ⊕

Geeignet für Sparer, die einen größeren Betrag verzinst anlegen und gleichzeitig regelmäßig eine bestimmte Rate ausbezahlt bekommen wollen.

Bei Bankauszahlplänen legen Kunden einmalig Geld zu einem festen oder variablen Zinssatz für eine bestimmte Laufzeit bei der Bank an. Diese überweist daraus regelmäßig feste Raten. Es handelt sich also quasi um das Gegenteil eines → Banksparplans. Bankauszahlpläne eignen sich beispielsweise, um finanzielle Engpässe aufgrund von Altersteilzeit bis zum Rentenbeginn zu überbrücken. Großeltern und Eltern entscheiden sich für Auszahlpläne, um ihren Enkeln oder Kindern über Jahre die Kosten für eine Privatschule oder das Studium zu finanzieren.

Banken bieten Auszahlpläne mit und ohne Kapitalverzehr an. Bei Plänen ohne Kapitalverzehr werden die Auszahlungen nur aus den erwirtschafteten Zinsen entnommen, sodass der eingezahlte Betrag vollständig erhalten bleibt. Diese Variante ist in Zeiten niedriger Zinsen kaum zu empfehlen. Denn hier müssten Sie sehr hohe Beträge anlegen, um nach Steuern eine nennenswerte monatliche Auszahlung zu erzielen. Bei Verträgen mit Kapitalverzehr werden die monatlichen Raten so gewählt, dass am Ende der Laufzeit das Kapital samt Zins und Zinseszins verbraucht ist.

Renditechance: Die Höhe der Verzinsung hängt vor allem vom allgemeinen Marktzinsniveau an. Ist es niedrig, werfen auch Bankauszahlpläne nicht viel ab. Verträge mit längeren Laufzeiten sind tendenziell höher verzinst. Bei vielen Bankauszahlplänen sind die Zinsen fest. Bei Produkten mit variablen Zinsen sollten Sie darauf achten, dass die Bank die Zinsen nicht willkürlich festlegt, sondern an einen Referenzzins koppelt. Lassen Sie sich erklären, wie oft der Zins überprüft und angepasst wird und mit welchem Abstand zum Referenzzins (Marge) der Auszahlplan verzinst wird.

Sicherheit: Auszahlpläne sind so sicher wie andere Bankeinlagen. Das Kapital ist von der Einlagensicherung geschützt. Es gibt keinerlei Kursschwankungen. Bei Angeboten mit Festzins steht die Höhe der Zinsen für die gesamte Laufzeit fest, sodass Sie auch genau kalkulieren können, wie lange das Geld reicht.

Flexibilität: Bankauszahlpläne lassen sich so anpassen, dass Anleger Monat für Monat genau den benötigten festen Betrag erhalten. Ansonsten sind diese Verträge aber vollkommen unflexibel: Nachträglich lässt sich meist weder die Höhe der monatlichen Rate verändern, noch können Sie den Plan während der vereinbarten Laufzeit kündigen.

> **UNSER RAT** Schon wegen der mangelnden Flexibilität sollten Sie niemals Ihr ganzes freies Kapital in einen Auszahlplan stecken. Ein Teil sollte für Not-

fälle auf einem → Tagesgeldkonto liegen. Bei niedrigen Zinsen ist es ratsam, bei festverzinsten Bankauszahlplänen nur kurze Laufzeiten zu wählen. Steigen die Zinsen in der Zwischenzeit, können Sie im Anschluss einen Vertrag mit besseren Konditionen abschließen.

Bankschuldverschreibungen

sind → Schuldverschreibungen, die Banken herausgeben. Es gibt sogenannte gedeckte Schuldverschreibungen, die mit Vermögenswerten abgesichert sind. Dazu zählen → Pfandbriefe. Die meisten Bankschuldverschreibungen sind aber nicht gedeckt, beispielsweise → Unternehmensanleihen des jeweiligen Geldinstituts. Anleger und Sparer, die eine Bankschuldverschreibung kaufen, geben dem Institut einen Kredit. Bei einer Pleite der Bank ist das Geld möglicherweise weg.

Bansparpläne ⊕ Geeignet für alle Anleger, die zu einem bestimmten Zeitpunkt eine bestimmte Summe brauchen oder die eine Rücklage ansparen wollen.

Schon 25 Euro im Monat genügen, um den Grundstein für ein kleines Vermögen zu legen. So hoch ist die Mindestrate bei vielen Banksparplänen. Die Banken bieten sie mit Laufzeiten zwischen zwei Jahren und unbegrenzter Dauer an. Mit einem Banksparplan vereinbaren Sie mit einer Bank, regelmäßig einen bestimmten Betrag für einen festgelegten Zeitraum auf ein Konto einzuzahlen. Für das Geld erhalten Sie Zinsen.

Es gibt Banksparpläne in drei Varianten:
▷ Die erste lässt die Zinsen auf einer fest vereinbarten Zinstreppe Jahr für Jahr etwas in die Höhe klettern.
▷ Die zweite bietet variable Zinsen, die sich dem Auf und Ab der Marktzinsen anpassen (Geldmarktzins).
▷ Bei der dritten vereinbart der Kunde eine feste Laufzeit und bekommt meist feste Zinsen.

Das klingt leicht durchschaubar. Doch die Banken wären nicht die Banken, wenn nicht viele das Ratensparen richtig kompliziert gestalten würden. Der Kunde hat oft große Mühe zu verstehen, welche Rendite er mit einer Sparleistung von 100 Euro im Monat erreichen kann. Das liegt unter anderem daran, dass einige Banken die Ertragsbestandteile an weitere Bedingungen knüpfen, die das Angebot undurchsichtig machen. Sie locken beispielsweise mit Zuschlägen, wenn bestimmte Guthaben erreicht sind. Oder versprechen üppige Boni, die sich bei genauerer Betrachtung als Mogelpackung entpuppen. Sparer sollten sich nicht von Bonusversprechen täuschen lassen. Erfragen Sie deshalb immer die Rendite pro Jahr und lassen Sie sich eine Musterrechnung erstellen, die ausweist, was am Ende der Laufzeit mit den heutigen Konditionen herauskäme.

Renditechance: Bei Banksparplänen wachsen die Renditen nicht in den Himmel. Ihre Verzinsung orientiert sich am allgemeinen Marktzinsniveau. Ist es niedrig, springt nur wenig heraus. Auch hängt die Höhe der Erträge von den einzelnen Verträgen ab. Das Gefälle ist zum Teil erheblich. Ein Vergleich lohnt sich deshalb immer.

Sicherheit: Banksparpläne sind eine sichere Anlage. Das Spargeld ist von der gesetzlichen Einlagensicherung geschützt. Bei Verträgen mit fester Verzinsung oder festgelegter Zinstreppe wissen Sie von Anfang an, welchen Betrag Sie am Ende der Sparzeit herausbekommen. Die meisten Sparpläne sind jedoch variabel verzinst. Bei diesen Angeboten lässt sich das Ergebnis nicht vorhersagen. Die Zinsen dürfen die Banken aber nicht nach Gutsherrenart festlegen. Das hat der Bundesgerichtshof (BGH) in einem Urteil festgelegt. Danach müssen variable Banksparpläne an einen Referenzzinssatz gekoppelt sein, der auf dem freien Geldmarkt ermittelt wird (zum Beispiel an die Umlaufrendite börsennotierter Bundeswertpapiere). Dieser Zins wird mit einem Abschlag an den Kunden weitergegeben. Manche Referenzzinssätze sind allerdings für Außenstehende kaum nachvollziehbar. ==Lassen Sie sich den Referenzzins erklären und erfragen Sie, wie hoch der Abschlag ist.==

Flexibilität: Es gibt Sparpläne mit und ohne Kündigungsrecht. Ersteren ist klar der Vorzug zu geben. Es sei denn, Sparpläne ohne Kündigungsrecht bieten in einer Hochzinsphase einen deutlich höheren Ertrag als kündbare Verträge und Sie wissen sicher, dass Sie an Ihr Geld während der Vertragslaufzeit nicht heran müssen. Bei Verträgen mit Kündigungsrecht besteht meistens eine Sperrfrist von sechs Monaten bis zu zwei Jahren. Danach können Sie sie mit einer Frist von drei Monaten kündigen. Das Kündigungsrecht ist vor allem bei Verträgen mit fester Verzinsung wichtig. Steigen die Marktzinsen stark an, können Sie den Vertrag wechseln.

UNSER RAT Mit Banksparplänen können Sie gefahrlos und ohne Kosten eine größere Summe ansparen, auch wenn das Plus bei mageren Zinsen vielleicht nicht allzu üppig ausfällt. Am besten fahren Sie mit Banksparplänen, die feste Zinsen und eine vorzeitige Ausstiegsmöglichkeit bieten. Vergleichen Sie mehrere Angebote, bevor Sie einen Vertrag abschließen. Unter www.test.de/sparplanrechner finden Sie ein Gratis-Pogramm, mit dem Sie die Erträge aller gängigen Sparplanvarianten kalkulieren können. Zudem sollten Sie prüfen, ob es nicht für → Tagesgeld höhere Zinsen gibt.

Basisrenten ⊕ → Rürup-Renten

Bausparverträge ⊕
Geeignet für Sparer, die eine Immobilie kaufen, ein Haus bauen oder modernisieren wollen.

Beim Bausparen haben Sie zwei Möglichkeiten: Sie können eine Rendite-Variante abschließen, die Sie als Sparvertrag zum Ansparen einer bestimmten Summe nutzen. Das nennt sich → Rendite-Bausparen. Oder Sie nutzen Bausparen ganz klassisch nach dem Prinzip: Erst sparen, dann bauen. Dann zahlen Sie erst einmal einige Jahre lang regelmäßige Sparraten und sparen damit nicht nur Kapital an, sondern erwerben auch das Anrecht auf einen späteren, besonders günstigen Kredit. ==Klassisches Bausparen ist in erster Linie ein Instrument, mit dem Sie sich vor einem möglichen Zinsanstieg für ihre spätere Immobilienfinanzierung schützen können.== Denn der niedrige Zinssatz für das

Bei uns bekommen Sie ein Bauspardarlehen schon zum Zinssatz von 1 %. Ein Spitzenangebot. *

*) Der Berater verschweigt, dass der niedrige Darlehenszins durch lange Spardauer, niedriges Darlehen und hohe Rückzahlungsrate teuer erkauft wird.

Bauspardarlehen von meist 2 bis 4 Prozent steht schon für die gesamte Vertragslaufzeit fest. Die Option auf das günstige Darlehen hat allerdings ihren Preis: Bis es so weit ist, müssen sich Bausparer mit mickrigen Sparzinsen begnügen, oft sind es nur 0,25 bis 1,00 Prozent im Jahr. Davon gehen eine Abschlussgebühr von 1,0 oder 1,6 Prozent der Bausparsumme und meist auch jährliche Kontogebühren von bis zu 30 Euro ab. Häufig bekommt der Bausparer nach sieben oder zehn Jahren Sparzeit nicht einmal die eingezahlten Beiträge zurück.

Haben Sie das Mindestguthaben und eine von der Bausparkasse berechnete Bewertungszahl erreicht, wird Ihr Vertrag zugeteilt. Die Zuteilung markiert den Wendepunkt, an dem Sie vom Sparer zum Kreditnehmer werden. Dann können Sie Ihr Guthaben und zusätzlich das Darlehen für Ihre Hausfinanzierung abrufen. Die Höhe des Darlehens entspricht in der Regel der Differenz aus der vereinbarten Bausparsumme und dem angesparten Guthaben. Je nach Tarif kann die Gesamtauszahlung die Bausparsumme auch übersteigen.

Welcher Bausparvertrag sich am besten eignet, ist für Sparer aber nicht einfach zu erkennen. Ein Bausparvertrag besteht aus mehr als einem Dutzend Konditionen: Guthaben- und Darlehenszinsen, Abschluss- und Kontogebühren, Mindestguthaben, Tilgungsbeitrag, Zuteilungsvoraussetzungen und vieles mehr. Entscheidend ist das Zusammenspiel dieser Bedingungen.

Renditechance: Ob sich ein Bausparvertrag für die Immobilienfinanzierung lohnt, lässt sich nicht mit Sicherheit voraussagen. Das hängt unter anderem davon ab, wie sich die Hypothekenzinsen entwickeln und wie hoch die Verzinsung für alternative Sparprodukte wie etwa einen Banksparplan ist. Bausparer, die ihren Vertrag in einer Phase niedriger Zinsen abschließen, haben aber gute Chancen, dass sich ihr Vertrag unterm Strich rechnet. Noch besser stehen die Chancen bei → Riester-Bausparverträgen. Mit dem Finanztest-Bausparrechner können Sie Bausparangebote mit und ohne Riester-Förderung miteinander und mit einer Bankfinanzierung vergleichen. Den Excel-Rechner können Sie unter www.test.de/bausparrechner kostenlos herunterladen.

Sicherheit: Bausparverträge sind eine sichere Geldanlage. Das Ersparte ist über die gesetzliche **Einlagensicherung** und zusätzlich über die Sicherungseinrichtungen der Bausparkassen in unbegrenzter Höhe geschützt. Allerdings gibt es ein Beratungsrisiko: Je höher die Bausparsumme, desto größer ist die Provision für den Vermittler. Wenn Sie aber eine zu hohe Bausparsumme abschließen, besteht die Gefahr, dass Ihr Geld nicht zum gewünschten Termin zur Verfügung steht. Sie bräuchten dann eine Zwischenfinanzierung – und die kann teuer werden.

Flexibilität: Bausparverträge sind jederzeit kündbar. Das Guthaben wird dann drei oder sechs Monate später ausgezahlt. Das

Bauspardarlehen kann jederzeit vorzeitig getilgt werden. Die Sparraten sind in der Regel flexibel. Sie können sie zum Beispiel erhöhen oder eine Zeit lang aussetzen. Auch Sondertilgungen sind in beliebiger Höhe möglich. Sie sind allerdings von der Zustimmung der Bausparkasse abhängig.

Bauspardarlehen dürfen nur für wohnungswirtschaftliche Zwecke eingesetzt werden, also in erster Linie für den Bau, den Kauf oder die Modernisierung einer Immobilie. Für → Riester-Bausparverträge gibt es zusätzliche Einschränkungen.

UNSER RAT **Prüfen Sie, ob Sie Anspruch auf die Riester-Förderung (→ Riester-Vertrag) haben. Denn ein → Riester-Bausparvertrag ist meist die lukrativere Lösung. Egal, ob Sie mit oder ohne Riester-Förderung für Ihre eigenen vier Wände sparen: Lassen Sie sich am besten von mindestens drei Bausparkassen individuelle Angebote erstellen und verlangen Sie einen persönlichen Spar- und Tilgungsplan für jedes Angebot. Daraus muss hervorgehen, wann der Vertrag voraussichtlich zugeteilt wird, wie hoch Ihr Guthaben dann ist, welches Darlehen Sie bekommen und welche Raten Sie bis zur Schuldentilgung zahlen müssen. Achten Sie auch darauf, dass die voraussichtliche Zuteilung zumindest ungefähr an Ihrem Wunschtermin erfolgt.**

Besicherte Anleihen
sind Anleihen, die mit Vermögenswerten, meist Krediten, abgesichert sind. Dazu zählen → Pfandbriefe, deren Absicherung gesetzlich reguliert ist, und → ABS-Papiere.

Beteiligungen ⊖ → Geschlossene Fonds

Biogasfonds ⊖ → Geschlossene Ökofonds

Blue-Chips ⊕ Geeignet für fortgeschrittene, risikobereite Anleger.
→ Aktien von Unternehmen mit einem besonders hohen Börsenwert (Marktkapitalisierung) werden Blue-Chips, Large-Caps oder auch Standardwerte genannt. Meist handelt es sich um reife Konzerne mit etablierten Geschäftsmodellen. In Deutschland gelten die Unternehmen, die im Dax gelistet sind, als Blue-Chips. Der Index versammelt die 30 größten deutschen börsennotierten Unternehmen. Ein anderes Beispiel für einen Blue-Chip-Index ist der Euro Stoxx 50, in dem die 50 Unternehmen mit dem höchsten Börsenwert aus dem Euroraum notiert sind. Typische deutsche Blue-Chips sind etwa Siemens, Volkswagen und SAP.

Renditechancen: Blue-Chips bieten gute Renditechancen. Ihre Wertentwicklung bleibt in Börsenaufschwüngen allerdings häufig hinter der von mittleren (Mid-Caps) und kleineren (Small-Caps) Unternehmen zurück. Letztere gelten dafür als riskanter.

Sicherheit: Die Kurse von Aktien schwanken. Das gilt auch für die Schwergewichte an den Märkten. Ihren Kursen in turbulenten Börsenphasen wird allerdings eine größere Stabilität nachgesagt als denen von kleineren Unternehmen.

Flexibilität: Blue-Chips können börsentäglich ge- und verkauft werden.

UNSER RAT Erfahrene Anleger mit einem großen Vermögen können ihrem Depot einzelne Blue-Chips beimischen. Alle anderen sollten eher auf → Aktienfonds setzen, die sich auf Standardwerte konzentrieren.

Bonds → Anleihen

Bonussparen
Bei → Banksparplänen locken manche Geldinstitute gerne mit hohen Bonuszahlungen. Doch davon sollten Sie sich nicht beeindrucken lassen. Allgemein ist bei Bonussparverträgen Vorsicht angebracht. Sie können kaum durchschauen, welche Rendite am Ende herauskommt.

Es ist ein gängiger Trick, hohe Boni nur auf einen Teil der Sparleistungen, nicht aber auf die bereits angesparte Gesamtsumme zu gewähren. Dass Sie als Kunde dies möglicherweise nicht erkennen, wird billigend in Kauf genommen oder sogar beabsichtigt. Lassen Sie sich die Rendite nennen und eine Musterrechnung für die gewünschte Laufzeit erstellen. Wenn Sie das Regelwerk eines Banksparplans nicht verstehen,

Der Sparplan bietet einen steigenden Zinsbonus. Im 25. Sparjahr satte 100 %*

*) Das klingt großzügiger, als es ist. Der Bonus gilt nicht für sämtliche Sparraten, nur für die des 25. Jahres.

sollten Sie die Finger von dem Produkt lassen. Es gibt genügend Alternativen mit verständlichen, anlegerfreundlichen Bedingungen.

Bonuszertifikate ⊕
Geeignet für erfahrene Anleger, die weder stark fallende noch stark steigende Börsenkurse erwarten.

Bonuszertifikate beziehen sich wie alle → Zertifikate auf einen Basiswert. Das können einzelne → Aktien, Aktienindizes, → Rohstoffe oder Währungen sein.
Renditechance: Anleger erhalten eine Bonuszahlung unabhängig vom Kurs des Basiswertes, solange sich dieser innerhalb einer festgelegten Spanne bewegt. Die obere Grenze der Kursspanne markiert der sogenannte Bonusbetrag. Steigt der Basiswert über diesen Betrag, erhalten Anleger den erzielten Kursgewinn. Bei einem Bonuszertifikat mit Cap ist der über den Bonusbetrag hinausgehende Ertrag allerdings genau wie bei einem → Discountzertifikat begrenzt.

Anleger fahren mit Bonuszertifikaten besser als mit einer Direktinvestition in den jeweiligen Basiswert, wenn
▷ der Kurs des Basiswertes fällt, ohne die untere Schwelle der Kursspanne zu berühren
▷ der Kurs des Basiswertes stagniert oder
▷ bei einem Kursanstieg die Rendite des Basiswertes unter der Rendite aus der Bonuszahlung bleibt.

In allen anderen Fällen ist ein Kauf des Basiswertes günstiger. Das liegt daran, dass der Herausgeber die Chance auf den Bonus natürlich nicht umsonst bietet:

Handelt es sich bei dem Basiswert um Aktien, behält er die Dividende. Zudem verlangt er in der Regel einen Preisaufschlag gegenüber dem Basiswert.

Sicherheit: Solange der Basiswert die untere Schwelle der Kursspanne während der Laufzeit des Zertifikats nicht berührt oder unterschreitet, ist der Anleger vor Verlusten geschützt. Diese Untergrenze wird daher auch Sicherheitsschwelle genannt. Berührt der Basiswert sie jedoch, wird aus dem Bonuszertifikat ein Papier, das genauso steigt oder fällt wie der Basiswert. Der Bonus ist weg, der Schutz ebenso.

In der Regel werden auf einen Basiswert eine Vielzahl von Bonuszertifikaten mit unterschiedlichen Ausstattungen angeboten. Anleger können das Risiko, das sie eingehen wollen, selbst bestimmen. Dabei gilt: Je geringer der Abstand zwischen dem aktuellen Kurs des Basiswertes und der Sicherheitsschwelle, desto höher das Risiko und der mögliche Gewinn aus dem Bonus – und umgekehrt.

Bonuszertifikate sind wie alle Zertifikate Inhaberschuldverschreibungen. Bei einer Pleite des Herausgebers ist ein Totalverlust möglich.

Flexibilität: Bonuszertifikate können werktäglich an Börsen ge- und verkauft werden.

UNSER RAT Bonuszertifikate sind schon deutlich komplizierter als → Indexzertifikate oder Discountzertifikate. Wir empfehlen sie nur fortgeschrittenen Anlegern, die schon Erfahrung mit Zertifikaten haben. Bonuszertifikate spielen ihre Stärken vor allem in Seitwärtsphasen aus. Dann bekommen Sie den Bonus, der das Papier rentabel macht. Wenn die Börsenkurse stark schwanken, ist dagegen die Wahrscheinlichkeit groß, dass die Sicherheitsschwelle verletzt wird und der Bonus verlorengeht. In unruhigen Zeiten sollten Sie deshalb unbedingt auf einen ausreichenden Sicherheitsabstand achten. Wichtig: Auch die Sicherheitsbarriere muss noch intakt sein.

Branchenfonds ⊕ Geeignet als Beimischung für erfahrene Anleger mit größerem Vermögen.

Branchenfonds sind → Aktienfonds, die ausschließlich in Unternehmen einer einzigen Branche investieren. Sie werden häufig auf den Markt gebracht, wenn gerade ein bestimmter Sektor boomt, etwa die Solarbranche oder die Biotechnologie. Ende der 1990er-Jahre waren beispielsweise Internet- und Informationstechnologiefonds beliebt.

Renditechancen: Wenn eine Branche gerade in Mode ist, können die entsprechenden Fonds sehr hohe Renditen abwerfen. Andersherum sind allerdings auch überdurchschnittliche Verluste möglich, falls die entsprechende Branche an der Börse in Ungnade fällt und ihr keine goldenen Zeiten mit hohem Wachstum mehr vorhergesagt werden.

Sicherheit: Die meisten Branchenfonds investieren rund um den Globus. Dennoch bieten sie wegen ihrer starken Fokussierung nur eine geringe Risikostreuung. Die Schwankungen solcher Fonds sind deshalb in der Regel um einiges höher als die von breit gestreuten → Aktienfonds Welt, die in eine Vielzahl von unterschiedlichen Branchen investieren. Wegen ihrer gerin-

Das Thema Wasser wird auf lange Sicht immer wichtiger. Mit diesem Fonds investieren Sie in die Zukunft. *

*) Fonds, die sich auf eine Branche oder ein Thema beschränken, sind immer sehr riskant. Wie sich eine Branche oder ein Thema entwickelt, kann keiner sagen.

gen Streuung und häufig wechselnden Moden an den Aktienmärkten sind Branchenfonds besonders riskant.
Flexibilität: Branchenfonds können börsentäglich ge- und verkauft werden.

UNSER RAT Branchenfonds sind keine Basisanlage und nichts für Anleger mit wenig Erfahrung. Risikobereite Anleger können mit diesen Fonds gezielt auf Trends setzen.

Bundesanleihen ⊕ → Bundeswertpapiere

Bundesobligationen ⊕ → Bundeswertpapiere

Bundeswertpapiere ⊕ Geeignet für sicherheitsorientierte Anleger und als Basisanlage in gemischten Depots.

Die Bezeichnung Bundeswertpapiere ist ein Oberbegriff für die → Anleihen, die die Bundesrepublik Deutschland herausgibt. Die einzelnen Anleihetypen tragen entsprechend ihrer Laufzeit unterschiedliche Namen:

▷ Schatzanweisungen: Sie haben Laufzeiten von sechs Monaten, zwölf Monaten und zwei Jahren.
▷ Bundesobligationen: Sie werden fortlaufend also sogenannte Daueremissionen mit Laufzeiten von fünf Jahren herausgegeben.
▷ Bundesanleihen: Diese Papiere kommen üblicherweise mit Laufzeiten von zehn oder 30 Jahren auf den Markt.

Bundesobligationen und -anleihen gibt es auch als inflationsindexierte Papiere. Mit ihnen können sich Anleger vor einer steigenden Inflation schützen (→ inflationsindexierte Anleihen). Wer Bundeswertpapiere kauft, gibt dem deutschen Staat einen Kredit. Dieser zahlt dafür zu festgelegten Terminen Zinsen und am Ende der Laufzeit das geliehene Geld zurück.
Renditechance: Mit Bundeswertpapieren machen Sie keine großen Sprünge – schon gar nicht in Phasen niedriger Zinsen wie aktuell. In der Regel sind die Renditen von Papieren mit längerer Restlaufzeit höher als die von Anleihen mit kurzen Restlaufzeiten. Die Rendite von Bundeswertpapieren setzt sich zusammen aus
▷ den festgeschriebenen Zinszahlungen (dem sogenannten Zinskupon),
▷ dem Kurs, zu dem Sie sie kaufen,
▷ dem Kurs, den Ihnen der Herausgeber am Ende der Laufzeit bezahlt, der meistens dem Nennwert entspricht,
▷ und der Restlaufzeit.

Das ist nicht anders als bei anderen Anleihen. Der Nennwert ist der nominelle Betrag, der auf einer Anleihe steht. Auf ihn bezieht sich die Verzinsung.

Nehmen wir an, Sie bekommen für eine Bundesanleihe 5,5 Prozent Zinsen.
▷ Sie kaufen sie zu einem Kurs von 110 Prozent,
▷ am Ende der Laufzeit erhalten Sie 100 Prozent und
▷ die Restlaufzeit beträgt fünf Jahre.

Halten Sie die Anleihe über die gesamte Restlaufzeit bis zu ihrer Fälligkeit, beläuft sich Ihre jährliche Rendite in etwa auf 3,18 Prozent. Zwar erhalten Sie jährlich 5,5 Prozent Zinsen. Doch weil Sie 10 Prozent mehr für das Papier bezahlt haben, als Sie zurückerhalten, entsteht ein Kursverlust, der mit dem Zinsgewinn verrechnet werden muss. Deshalb ist Ihre Rendite geringer als Ihre Zinsen. Umgekehrt: Kaufen Sie die Anleihe zu einem Kurs, der unter dem Rückzahlungskurs liegt, fällt Ihre Rendite höher aus als die Zinsen, die Sie erhalten.

Eine Ausnahme sind Schatzanweisungen mit sechs und zwölf Monaten Laufzeit. Sie bieten keine laufenden Zinszahlungen. Stattdessen werden sie unter dem Rückzahlungsbetrag verkauft, der bei Fälligkeit an die Anleger bezahlt wird. Die Rendite ergibt sich hier also aus der Differenz zwischen Ausgabepreis und Rückzahlungsbetrag.

Sicherheit: Bundeswertpapiere zählen weltweit zu den sichersten Anleihen. Deutschland gilt als zahlungskräftig und zuverlässig. Wegen des geringen Risikos bieten Bundeswertpapiere aber auch nur vergleichsweise niedrige Renditen.

Die durchschnittliche jährliche Rendite, die sich beim Kauf einer Anleihe errechnet, ist Anlegern sicher, wenn sie das Papier bis zur Fälligkeit halten. In der Zwischenzeit werden der Kurs der Anleihe und ihre Rendite aber schwanken. Kurse von Bundeswertpapieren steigen und fallen, weil die Zinskupons fix sind und sich nicht anpassen können, wenn sich die Zinsen auf einem Markt ändern. Die einzig mögliche Stellschraube ist der Kurs der Anleihe. Bei steigenden Marktzinsen fallen die Kurse der Anleihen, bei fallenden Zinsen steigen sie.

Für Anleger, die eine Anleihe vor ihrer Fälligkeit verkaufen müssen, besteht deswegen ein Verlustrisiko. Dem steht allerdings auch die Chance auf Kursgewinne gegenüber.

Flexibilität: Mit Ausnahme von Schatzanweisungen mit Laufzeiten von sechs und zwölf Monaten können Anleger Bundeswertpapiere werktäglich über Börsen kaufen und verkaufen.

UNSER RAT Bundeswertpapiere sind wie Anleihen anderer sicherer Eurostaaten eine Basisanlage für langfristig ausgerichtete Depots. Über → Rentenfonds Euro können Sie Ihr Geld bequem in Staatsanleihen anlegen. Fonds haben den Vorteil, dass Sie sich schon mit kleinen Beträgen an einer großen Anzahl von Anleihen aus unterschiedlichen Ländern mit verschiedenen Laufzeiten beteiligen können. Um eine Wiederanlage der Erträge müssen Sie sich bei vielen Fonds nicht kümmern. Sie werden automatisch reinvestiert.

Butterfly-Zertifikate ⊖ → Twin-Win-Zertifikate

C

Callable Bonds sind → Anleihen, die vor Ablauf der Laufzeit vom Anleiheherausgeber gekündigt werden können. Von diesem Kündigungsrecht wird der Herausgeber Gebrauch machen, wenn das allgemeine Zinsniveau gesunken ist, er aber für bereits laufende Anleihen noch höhere Zinsen bezahlen muss. Anleger, denen gekündigt wird, können ihr Geld dann nur wieder zu den niedrigeren aktuellen Zinsen anlegen. Wegen dieses Risikos bieten Callable Bonds in der Regel höhere Zinsen als normale, nicht kündbare Anleihen. Callable Bonds werden auch von Unternehmen ausgegeben (→ Unternehmensanleihen). Nicht selten haben sie eine schlechte Kreditwürdigkeit und sind dann besonders riskant (→ Hochzinsanleihen).

Calls ⊖ sind → Optionen oder → Optionsscheine, mit denen Anleger auf steigende Preise setzen. Calls beziehen sich immer auf einen **Basiswert**. Das können einzelne → Aktien, **Aktienindizes**, → Anleihen, **Währungen** oder → Rohstoffe sein. Calls haben eine begrenzte Laufzeit und einen Hebel, der in der Regel schwankt. Ein Hebel bedeutet, dass Anleger Positionen handeln können, die das eingesetzte Kapital um ein Vielfaches übersteigen. Dadurch erhöhen sich die Renditechancen, aber auch die Risiken. Nehmen wir an, ein Anleger kauft einen Call, der ihm das Recht gibt, eine Aktie zu einem Preis von 100 Euro vom Herausgeber des Optionsscheins zu erwerben. Wenn der Preis der Aktie bei Fälligkeit des Calls 80 Euro beträgt, wird der Optionsschein-Käufer sein Recht nicht ausüben, weil er die Aktie billiger am Markt kaufen könnte. In einem solchen Fall ist der Call wertlos und der Inhaber lässt sein Kaufrecht verfallen. Anders sieht es aus, wenn die Aktie auf 120 Euro steigt. Dann erhält der Call-Inhaber entweder die Aktie für 100 Euro oder einen Barausgleich über die Differenz zum aktuellen Kurswert, also 20 Euro. Wenn nun der Optionsschein 10 Euro gekostet hätte, betrüge der Gewinn 10 Euro oder 100 Prozent. Die Aktie selbst ist aber nur um 20 Prozent gestiegen. Hier zeigt sich die Hebelwirkung.

Closed-end Funds ⊖ Englisch für → geschlossene Fonds.

Convertible Bonds ⊕ Englisch für → Wandelanleihen.

Corporate Bonds ⊕ Englisch für → Unternehmensanleihen.

Covered Bonds ⊕ Englisch für → Pfandbriefe.

D

Dachfonds ⊕ Geeignet für Anleger, die ihre Renditechancen steigern möchten. Je mehr Risiko sie eingehen möchten und können, desto höher kann der Anteil an Aktienanlagen sein.

Dachfonds investieren nicht in einzelne → Aktien oder → Anleihen. Sie legen das Geld der Anleger in anderen → Fonds an. Es gibt Dachfonds, die nur in → Aktienfonds investieren. Andere kaufen Aktien- und → Rentenfonds. Sie ähneln klassischen → Mischfonds. Dachfondsmanager versuchen mit der Auswahl herausragender Fonds und durch die geschickte Kombination von Fonds mit unterschiedlichen Strategien überdurchschnittliche Renditen bei möglichst geringen Wertschwankungen zu erzielen. Ein Nachteil von Dachfonds sind die zum Teil hohen laufenden Kosten, die sich im Jahr auf bis zu 5 Prozent summieren können. Die Ursache: Anleger müssen bei manchen Dachfonds quasi doppelt bezahlen. Nämlich für das Dachfonds-Management und für die Manager der Fonds, die der Dachfonds kauft. Das ist allerdings nur dann der Fall, wenn der Dachfonds Fonds fremder Gesellschaften kauft. Konzentriert er sich allein auf konzerneigene Fonds, darf die Fondsgesellschaft nicht doppelt kassieren.

Renditechance: Wie bei → Aktienfonds und → Mischfonds hängen die Renditechancen von der Ausrichtung des Dachfonds ab.

Sicherheit: Aktien-Dachfonds können wegen ihrer breiten Risikostreuung weniger stark schwanken als Fonds, die einzelne Aktien kaufen. Dachfonds dürfen maximal 10 Prozent ihres Kapitals in einen einzelnen Fonds stecken.

Flexibilität: Wie andere Fonds können auch Dachfonds werktäglich ge- und verkauft werden.

UNSER RAT Dachfonds sind nicht das Wundermittel, als das sie von manchen Bankberatern gepriesen werden. Besonders bei Dachfonds, die bei der Fondsauswahl Beschränkungen unterliegen, sollten sich Anleger in Zurückhaltung üben. Manche Dachfondsmanager dürfen beispielsweise nur in Fonds des eigenen Konzerns investieren. In solchen Fällen ist die Gefahr groß, dass der Dachfonds mittelmäßige oder sogar schlechte Fonds in sein Portfolio aufnehmen muss.

Deep-Discountzertifikate ⊕

sind → Discountzertifikate, bei denen der Risikopuffer groß ist und die Renditen entsprechend gering sind.

Derivate

sind → Wertpapiere, deren Wertentwicklung in der Regel von der anderer Wertpapiere abhängt. Dazu zählen beispielsweise → Futures und → Optionen. Viele Derivate haben eine Hebelwirkung. Das bedeutet, dass sehr hohe Gewinne, aber eben auch sehr hohe Verluste möglich sind (→ Hebelprodukte).

Devisenfonds ⊖ werden auch
Währungsfonds oder Forex-Fonds genannt. Forex ist die Abkürzung für Foreign Exchange, was übersetzt Handel mit Fremdwährungen bedeutet. Devisenfonds sind → Fonds, die in andere Währungen investieren, beispielsweise in US-Dollar, japanische Yen oder in Schwellenländer-Währungen wie den brasilianischen Real. Banken und Fondsindustrie haben bisher erfolglos versucht, Devisenmarktanlagen als eigenständige Anlageklasse zu etablieren. In der Theorie gibt es gute Argumente für Fremdwährungen: Auf diesem Markt gibt es immer Gewinner, auch wenn alle anderen Wertpapiermärkte wie während der Finanzkrise abstürzen. Das liegt daran, dass Währungen nur paarweise gehandelt werden können. Sie tauschen beispielsweise Euro gegen US-Dollar. Wenn der US-Dollar steigt, machen Sie einen Gewinn. Andersherum betrachtet bedeutet der Anstieg des US-Dollar gegenüber dem Euro, dass der Euro gefallen ist. Ein Amerikaner, der Euro kaufte, hätte also gleichzeitig einen Verlust eingefahren. Es gibt daher stets Gewinner und Verlierer, weswegen sich Devisen theoretisch zur Risikostreuung in einem Anlagedepot eignen könnten. Welche Währungen gerade die Nase vorn haben, lässt sich an den Wechselkursen ablesen. Das Problem ist allerdings, dass niemand mit Sicherheit vorhersagen kann, welche Währungen künftig steigen und welche fallen werden. Hinzu kommt, dass die Trends schnell wechseln. Auch deshalb agieren selbst professionelle Fondsmanager auf dem Devisenmarkt glücklos. Die meisten für Privatanleger zugänglichen Devisenfonds machten in den vergangenen Jahren Minus. Selbst die besten warfen kaum mehr Rendite als → Tagesgeld ab. Ein weiteres Manko: Aktiv gemanagte Devisenfonds sind intransparent. Welche Strategien die Manager verfolgen, ist kaum erkennbar.

Discountzertifikate ⊕ Geeignet für fortgeschrittene Anleger, die leicht steigende, leicht fallende oder stagnierende Börsenkurse erwarten.
Mit Discountzertifikaten kaufen Anleger indirekt eine → Aktie, einen Index oder → Rohstoffe mit Rabatt. Auf diesen Basiswert bezieht sich das → Zertifikat. Der Preis für das Zertifikat liegt unter dem seines Basiswerts. Dieser Abschlag wird Discount genannt, daher der Name. Der Discount dient als Sicherheitspuffer. Im Gegenzug für das geringere Risiko sind die Gewinnchancen von Discountzertifikaten begrenzt. Die Laufzeit von Discountzertifikaten liegt meistens zwischen drei und 18 Monaten.

Renditechance: Das Discountzertifikat steigt ähnlich wie der Basiswert, allerdings nur bis zur vereinbarten Kursobergrenze, dem Cap (auch Höchstbetrag genannt). Steigt der Basiswert über den Cap, haben Sie als Zertifikatekäufer nichts mehr davon. Ein Rechenbeispiel: Der Basiswert ist eine Aktie, die 100 Euro kostet. Ein Discountzertifikat auf diese Aktie notiert bei 90 Euro, der Cap liegt bei 110 Euro. Der Discount beträgt also 10 Prozent. Fällt der Kurs der

Aktie bis zum Ende der Laufzeit des Zertifikats beispielsweise um 7 Prozent auf 93 Euro, erzielen Sie eine Rendite von immerhin 3,3 Prozent. Bei einer direkten Investition in die Aktie hätten Sie dagegen einen Verlust von 7 Prozent gemacht. Der Discount reduziert also das Risiko. Andererseits: Wegen des Caps ist die Rendite auf maximal 22,2 Prozent begrenzt. Denn an Kursgewinnen, die am Laufzeitende über dem Cap liegen, partizipieren Sie nicht.

Grundsätzlich gilt: Solange der Kurs des Basiswertes nicht über den Cap steigt, können Sie mit Discountzertifikaten eine höhere Rendite als mit einem Direktinvestment in den Basiswert erzielen. ==Je größer die Schwankungen der Basiswerte sind, desto billiger werden Discountzertifikate.== Beruhigt sich die Lage, steigt ihr Preis wieder. Dann lohnt sich der Einstieg in Discountzertifikate nicht. Auch wenn Sie stärker steigende Kurse erwarten, sollten Sie den Basiswert direkt kaufen, weil Ihre Gewinne dann nicht begrenzt sind.

Steigt der Basiswert bis zum Laufzeitende des Zertifikates auf oder über den Cap, wird Ihnen der Maximalertrag ausgezahlt. Bleibt der Kurs des Basiswertes dagegen unter dem Cap, erhalten Sie in der Regel den Basiswert.

Sicherheit: Solange die Kursverluste des Basiswerts kleiner sind als der Discount, liegen Sie im Plus. Erst wenn der Discount aufgezehrt ist, verlieren Sie Geld. Dann fällt das Zertifikat so wie der Basiswert. Schlimmstenfalls könnte es wertlos werden. Discountzertifikate sind Inhaberschuldverschreibungen. Bei einer Pleite des Herausgebers ist ein Totalverlust möglich.

Flexibilität: Discountzertifikate können zu den Handelszeiten an Börsen ge- und verkauft werden. Große Handelsplätze für Privatanleger sind die Börse Scoach (www.scoach.de) und die Börse Stuttgart (www.euwax.de).

> **UNSER RAT** Wählen Sie Discountzertifikate entsprechend Ihrer Risikoneigung aus. Als Faustregel gilt: Je höher der Discount, desto niedriger das Risiko. Und je niedriger das Risiko, desto geringer die Renditechancen. Eine andere Orientierungshilfe ist der Cap: Liegt er über dem aktuellen Kurs des Basiswerts, sind die Risiken größer, die Chancen aber auch. Liegt er unter dem aktuellen Kurs des Basiswerts, ist das Papier relativ sicher. Zertifikate, bei denen dieser Abstand schon bei der Ausgabe besonders groß ist, nennen sich Deep-Discountzertifikate. Wegen ihres besonders großen Risikopuffers sind ihre Renditen entsprechend gering.

Dividendenfonds ⊕ Geeignet für Anleger, die ihre Renditechancen steigern möchten, als Beimischung.

Dividendenfonds sind → Fonds, die in → Aktien investieren, die besonders hohe Dividenden abwerfen. Dividenden sind Gewinnausschüttungen von Unternehmen an ihre Aktionäre. Die Höhe der Dividenden wird nicht absolut, sondern im Verhältnis zum Aktienkurs gemessen. Die Kennzahl, die man daraus erhält, heißt **Dividendenrendite.** Sie ist allerdings nicht das einzige Kriterium, nach dem sich die Aktienauswahl von Dividendenfonds rich-

DIVIDENDENFONDS

> *So genau müssen Sie das nicht verstehen.**
>
> *) Ein Berater zu einer Kundin. Doch! Anleger sollten keine Produkte kaufen, die sie nicht verstehen.

tet. Eine entscheidende Rolle spielt auch, ob Unternehmen zuverlässige Dividendenzahler sind und ob sie es schaffen, die Gewinnausschüttungen von Jahr zu Jahr zu steigern. Beides gilt als wichtiges Qualitätsmerkmal. Bei manchen Fonds fallen Unternehmen durch das Raster, wenn sie die Ausschüttungen nicht allein aus laufenden Gewinnen finanzieren und stattdessen auf ihre Substanz oder auf Kredite zurückgreifen. Auch Konzerne, die nur deshalb eine hohe Dividendenrendite ausweisen, weil ihr Aktienkurs stark gefallen ist, werden häufig aussortiert. Anleger können auch bei Dividendenfonds zwischen → aktiv gemanagten Fonds und → Indexfonds wählen. Letztere kopieren die Entwicklung von Indizes, die nach den oben genannten und weiteren Kriterien zusammengestellt werden.

Renditechance: Auf Aktien mit überdurchschnittlichen Dividendenrenditen zu setzen ist eine der ältesten Anlagestrategien an den Aktienbörsen. Dividendenstarke Unternehmen sind meist solide Konzerne mit etablierten Geschäftsmodellen. Deshalb schneiden Dividendenindizes in den Marktphasen, in denen Substanzwerte zählen, häufig besser ab als der breite Aktienmarkt. Untersuchungen von Finanztest zeigten: Indexfonds auf Dividendenindizes brachten nach dem Platzen der Internetblase im Jahr 2000 deutlich mehr als der breite Markt. So hätte der DivDax, der die 15 dividendenstärksten Aktien aus dem deutschen Aktienindex Dax vereint, bei Rückrechnung bis ins Jahr 2000 3,4 Prozent pro Jahr erzielt. Der Dax hat im gleichen Zeitraum 1,2 Prozent pro Jahr verloren. In anderen Aktienmärkten waren die Unterschiede zwischen Dividenden- und Basisindizes sogar noch größer. Betrachtet man allerdings spätere Zeiträume, so schrumpft der Vorsprung der Dividendenindizes. Während der Finanzkrise haben Bankentitel in den Dividendenindizes überproportional verloren, und mit Beschluss des Atomausstiegs im Juni 2011 hat es die deutschen Versorger hart getroffen. Das verdeutlicht, dass Dividendenstrategien keine Selbstläufer sind, die zuverlässig höhere Renditen als der breite Markt einfahren.

Sicherheit: Wenn es an den Börsen kracht, empfehlen Banken gerne Dividendenfonds. Die jährlichen Gewinnausschüttungen könnten mögliche Kursverluste zumindest zum Teil kompensieren, so ein Argument. Das mag richtig sein, ändert aber nichts an der Tatsache, dass auch Dividendenfonds fallen, wenn an den Börsen Ausverkaufsstimmung herrscht.

Flexibilität: Dividendenfonds können börsentäglich ge- und verkauft werden.

> **UNSER RAT** International oder europaweit anlegende Dividendenfonds sind auch für vorsichtigere Anleger eine gute Wahl, allerdings nur als Beimischung, nicht als Basisanlage.

E

Easy-Express-Zertifikate ⊖
funktionieren wie → Express-Zertifikate. Allerdings ist ihre maximale Laufzeit kürzer. Auch wenn sie die Chance auf eine Zinszahlung bei leicht fallenden Kursen bieten, sollten Anleger diese Produkte wegen ihrer geringen Transparenz und der kaum zu überschauenden Risiken meiden.

Emerging-Market-Fonds ⊕
→ Schwellenländerfonds

Entnahmepläne ⊕ → Fondsentnahmepläne

Erneuerbare-Energien-Fonds ⊕ → Neue-Energien-Fonds

ETC ⊕ Geeignet für sehr erfahrene Anleger, die wissen, wie Warentermingeschäfte funktionieren.

Wenn Sie auf die Preisentwicklung von Rohstoffen setzen möchten, müssten Sie eigentlich die Ware kaufen, einlagern und warten, dass der Preis steigt. Mit Edelmetallen ist das wegen ihres vergleichsweise geringen Volumens ohne weiteres möglich (→ Gold). Aber wie steht es mit Kupfer oder Öl? Wenn Sie 5 000 Euro in Rohöl der Sorte WTI investieren wollten, müssten Sie bei einem Marktpreis von 100 US-Dollar pro Fass und einem Wechselkurs von 1,35 US-Dollar pro Euro 67 Fässer kaufen. Die Fässer sind auf 159 Liter standardisiert, macht unter dem Strich 10 653 Liter Rohöl, die Sie nun irgendwo einlagern müssten. Weil das wegen der hohen Kosten ökonomischer Unsinn wäre, gibt es für private Anleger verschiedene Finanzprodukte, mit denen sie quasi durch die Hintertür in Rohstoffe investieren können, ohne die Ware selbst jemals kaufen zu müssen. Zu diesen Produkten zählen ETC. Die Abkürzung steht für Exchange Traded Commodities – börsengehandelte Rohstoffe. ==Bei ETC handelt es sich um börsengehandelte Wertpapiere, mit denen Anleger auf die Preisentwicklung einzelner Rohstoffe oder Rohstoffindizes setzen können.== Zudem werden ETC auf Rohstoffkörbe angeboten, die aus mehreren Rohstoffen bestehen, beispielsweise aus vier Edelmetallen.

Die Börse Frankfurt preist ETC als „transparent, leicht verständlich und kostengünstig" an. Aber das ist nur die halbe Wahrheit. Denn die meisten ETC beziehen sich nicht auf die Preise für physisch gehandelte Rohstoffe, die Sie täglich in Zeitungen oder im Internet verfolgen können, sondern auf Warenterminkontrakte, sogenannte → Futures. Das sind standardisierte Verträge, die Käufer und Verkäufer verpflichten, eine Ware zum Beispiel in einem Monat zu einem festen Preis zu liefern beziehungsweise abzunehmen. Future-

Preise sind nicht identisch mit den aktuellen Marktpreisen. Sie können weit darüber oder darunter liegen. Um eine Lieferung der Ware zu vermeiden, müssen die Futures zudem regelmäßig kurz vor ihrer Fälligkeit ausgetauscht werden. Das nennt man Rollvorgang. Wenn dabei der neue Future mehr kostet, als der alte noch wert war, entsteht ein Rollverlust. Der schmälert den Gewinn des ETC. Umgekehrt entstehen Rollgewinne, wenn der neue Future billiger ist als der aktuelle. Die Folge: Die Preisentwicklung eines ETC auf Rohöl weicht meistens deutlich von der aktuellen Marktpreisentwicklung für physisches Öl ab. Für Anleger ist das ziemlich abstrakt und nur schwer nachvollziehbar.

Renditechancen: Mit ETC sind extrem hohe Gewinne in kurzer Zeit möglich.

Sicherheit: Entsprechend hoch ist das Risiko, hohe Verluste einzufahren (→ Rohstoffe). Rechtlich betrachtet sind ETC Schuldverschreibungen. Das heißt, bei einer Pleite des Herausgebers ist Ihr Geld weg. Manche ETC sind mit physischen Rohstoffen abgesichert (→ Gold). Aber auch bei diesen Konstruktionen gibt es keine Garantie, dass die Sicherheiten im Pleitefall die Schäden der Anleger decken.

Flexibilität: ETC können börsentäglich ge- und verkauft werden.

UNSER RAT ETC, die sich auf Futures beziehen, sind nur etwas für Anleger, die verstanden haben, wie der Warenterminhandel funktioniert. Außerdem sollten sie eine sehr hohe Risikobereitschaft mitbringen und sich auf extreme Schwankungen einstellen (→ Rohstoffe).

ETF (Exchange Trades Funds) sind streng genommen → Fonds, die an der Börse gehandelt werden. Dies gilt für die meisten Indexfonds. Landläufig wird der Begriff ETF daher meist mit Indexfonds gleichgesetzt. Alles weitere → Indexfonds.

> *Tagesgeld bringt mickrige Zinsen, die Ihnen die Inflation ohnehin wegfrisst. Mit Gold haben Sie was richtig Sicheres.* *
>
> *) Vorschlag eines Beraters, der unterschlägt, dass Gold eine hochspekulative Anlage ist, die stark an Wert verlieren kann.

ETN steht für Exchange Traded Note – börsengehandeltes Wertpapier. ETN sind quasi eine Kreuzung aus → Indexzertifikaten und → Indexfonds (ETF). Mit Letzteren haben sie gemein, dass unabhängige Makler die Börsenpreise für sie stellen. Das ist bei → Zertifikaten nicht der Fall. Hier bestimmen die Herausgeber selbst die Preise. ETN sind aber wie Zertifikate Schuldverschreibungen. Das bedeutet, dass sie bei einer Pleite des Herausgebers wertlos werden. ETF sind dagegen wie alle → Fonds Sondervermögen und als solche vor Insolvenzen der Initiatoren geschützt. ETN werden auf → Futures von **Aktienindizes**, → Anleihen, Währungen und sogenannte **Volatilitäts**indizes, die die erwartete Schwankungsbreite von Märkten messen, angeboten. Viele Produkte bieten eine vervielfachte Gewinnchance. Entsprechend höher sind auch die Risiken (→ Hebelprodukte). Zudem gibt es ETN, mit denen man auf fallende Kurse wetten kann. Manche ETN sind mit Sicherheiten hinterlegt. Sie sollen im Falle einer Pleite der Herausgeber den Anlegern zur Verwertung zur Verfügung stehen. Doch ob dieser Krisenmechanismus im Ernstfall funktioniert, ist unklar.

Fachleuten zufolge sollen ETN die Indizes, die sie kopieren, genauer abbilden als Indexzertifikate. Grund seien geringere laufende Kosten, die von der Wertentwicklung abgezogen werden.

ETP steht für Exchange Traded Products, börsengehandelte Produkte. Das ist ein Oberbegriff, unter dem → Indexfonds (ETF), → ETC und → ETN zusammengefasst werden.

Europafonds ⊕ → Aktienfonds Europa

Die Zeichnungsfrist für dieses Zertifikat läuft nur noch bis Freitag. Da sollten Sie schnell zugreifen.*

*) Ein Berater macht Druck, obwohl es keinen Grund zur Eile gibt. Zertifikate können auch später an der Börse oder direkt beim Herausgeber erworben werden.

European Options ⊖ → Optionsscheine

Euro-Staatsanleihenfonds ⊕
→ Rentenfonds Euro

Exchange Traded Funds → ETF

Express-Garant-Anleihen ⊖ verbinden die Funktionsweise von → Express-Zertifikaten mit einer Kapitalgarantie. Als **Basiswerte** können beispielsweise mehrere → Aktien dienen. Anleger können bei solchen komplexen Produkten nicht beurteilen, in welchem Verhältnis Chancen und Risiken stehen. Wenn Sie also nicht wenigstens Mathematiker sind und Zugriff auf Datenbanken mit historischen Finanzmarktdaten haben, sollten Sie sich besser nach überschaubareren Anlagemöglichkeiten umsehen. Angebote gibt es genügend. Allein an deutschen Börsen sind mehr als eine Million Zertifikate notiert.

Express-Zertifikate ⊖ sind Wetten, von denen Anleger besser die Finger lassen sollten. Käufer setzen darauf, dass ein Ereignis innerhalb eines festgelegten Zeitraumes zu bestimmten Stichtagen, spätestens aber bei Fälligkeit des → Zertifikats eintritt. Ist das der Fall, erhalten sie einen vorab festgelegten Zins. Tritt das Ereignis nicht ein, bekommen die Anleger entweder nur ihr eingesetztes Kapital zurück oder erleiden sogar Verluste. **Basiswerte** für Express-Zertifikate sind häufig **Aktienindizes** wie der Dax. Hält er sich beispielsweise nach einem Jahr zu einem festgelegten Stichtag über einem bestimmten Wert, wird das Zertifikat plus Zinsen vorzeitig zurückgezahlt. Das ist der „Express". Liegt der Aktienindex unter der festgelegten Schwelle, geht die Wette in die nächste Runde. Gleichzeitig erhöht sich der Einsatz (und damit natürlich auch das Risiko). Denn in der zweiten Runde spielt der Zertifikate-Käufer quasi „Doppelt oder nichts". Entweder bekommt er zum nächsten Stichtag den Zins für zwei Jahre, oder es gibt nichts und er muss in der nächsten Runde antreten, in der es nun um die Zinsen für drei Jahre geht. Das kann sich so Runde um Runde fortsetzen – bis zur Fälligkeit des Zertifikats.

Anleger machen mit Express-Zertifikaten nur dann einen besseren Schnitt als mit direkten Anlagen in den Aktienindex, wenn dieser während der Laufzeit des Zertifikats unter dem Strich kaum ansteigt und sich an einem der Stichtage knapp über dem festgelegten Wert hält. Ein solcher Verlauf ist aber nicht sonderlich wahrscheinlich. Steigt der Index stark an, werden Express-Zertifikate-Käufer mit einem Trinkgeld abgespeist. Über den festgelegten Zins hinaus partizipieren sie nicht an Kursgewinnen. Fällt der Index kräftig, sind sie dagegen in der Regel in vollem Umfang an den Verlusten beteiligt. Insgesamt sind Express-Zertifikate ein schlechtes Geschäft, wenn man Chancen und Risiken gegeneinander abwägt.

Faktor-Zertifikate ⊖ sind sehr riskante → Schuldverschreibungen und nur etwas für Zocker. Mit diesen → Zertifikaten können Anleger Beträge handeln, die das eingesetzte Kapital um ein Vielfaches übersteigen. Bankberater sprechen von einem „Hebel". Je größer dieser Hebel, desto höher die Gewinnchancen – und die Risiken. Vereinfacht gesagt, bilden Hebelprodukte zusätzliche Wertpapierkäufe auf Kredit ab. Und davon sollte jeder seriöse Berater abraten, wenn er einen privaten Kleinanleger vor sich hat.

Mit Faktor-Zertifikaten können Anleger an steigenden oder fallenden Kursen von → Aktien → Rohstoffen, Zinssätzen, → Anleihen und **Indizes** wie Aktien- oder Volatilitätsindizes partizipieren. Der jeweilige Hebel, also der Faktor, um den sich ihre Wertentwicklung im Vergleich zu diesen **Basiswerten** vervielfacht, ist wählbar. Je nach Anlageklasse bietet etwa die Commerzbank Hebel zwischen 2 und 40 an. Fällt beispielsweise eine Aktie an einem Tag um 2 Prozent, bricht ein Faktor-Zertifikat auf diesen Titel mit einem Hebel (Faktor) von 10 um 20 Prozent ein – wenn man andere Komponenten wie die Kosten, die die Wertentwicklung beeinflussen, außer Acht lässt.

Eine der Tücken dieser hochspekulativen Produkte: Über längere Zeiträume verläuft die Wertentwicklung des Faktor-Zertifikats nicht proportional zum Basiswert. Sie ist deshalb für Käufer nur sehr schwer nachzuvollziehen. Schon bei einer Haltedauer von zehn Tagen kann es zu spürbaren Abweichungen kommen. Ursache ist die tägliche prozentuale Wertberechnung des Zertifikats. Steigt zum Beispiel der Kurs einer Aktie von 100 Euro zehn Tage lang um jeweils einen Euro, legt diese insgesamt um 10 Prozent zu. Der Wert eines Faktor-Zertifikates mit dem Hebel zwei, das zum Beginn des Vergleichs ebenfalls 100 Euro kostete, steigt aber nicht um 20 Prozent (10 Prozent mal zwei), sondern um 20,89 Prozent. Der Grund ist ein größerer Zinseszinseffekt wegen der höheren Tagesgewinne des Zertifikats. Bei stark schwankenden Kursen kann derselbe Effekt dazu führen, dass der Basiswert nach zehn Tagen unverändert ist, das Faktor-Zertifikat aber mit einem Verlust notiert. Grundsätzlich gilt: Je länger der Anlagezeitraum, desto größer die mögliche Abweichung zwischen Basiswert und Faktor-Zertifikat.

Festgelder ⊕ Geeignet für alle Sparer und Anleger, die Geld kurz- bis mittelfristig sicher anlegen wollen und diese Summe während der Laufzeit nicht benötigen.

Als Festgeld oder auch Termingeld wird Geld bezeichnet, das auf Festgeldkonten für einen bestimmten Zeitraum zu einem festen Zinssatz angelegt wird. Es gibt kurzfristige Festgelder mit Laufzeiten ab 30 bis meist 360 Tagen und längerfristige mit Laufzeiten bis zu zehn Jahren. Nicht selten können Festgeldkonten erst ab einer Mindestanlagesumme eröffnet werden, die häufig zwischen 2 500 und 5 000 Euro rangiert. Bei kurzfristigen Festgeldern wird der Zins am Ende der Laufzeit bezahlt.

Bei mehrjährigen Verträgen werden die Erträge meist jährlich ausgeschüttet und versteuert, falls kein Freistellungsauftrag erteilt wurde oder dieser schon ausgeschöpft ist. Die Zinsen werden entweder dem Girokonto oder dem → Tagesgeldkonto gutgeschrieben oder im Festgeldkonto angelegt. Letzteres ist vorteilhafter, weil Anleger bei diesem Verfahren automatisch vom Zinseszinseffekt profitieren und sich nicht selbst um die Wiederanlage ihres Zinsertrages kümmern müssen. Egal, ob die Zinsen auf dem Festgeldkonto oder einem anderen Konto landen: In beiden Fällen entspricht die Verzinsung auch der jährlichen Rendite.

Es gibt auch mehrjährige Festgeldvarianten, bei denen die gesamten Zinsen erst am Ende der Laufzeit gutgeschrieben und versteuert werden. In der Fachsprache nennt sich das „endfällig". Solche endfälligen Festgelder sind für die meisten Anleger ungünstig, weil dann die Zinserträge mehrerer Jahre auf einen Schlag steuerpflichtig und die Freibetragsgrenzen von 801/1 602 Euro leicht überschritten werden. Zudem tricksen manche Banken bei solchen Angeboten: Sie zahlen einfach keinen Zinseszins. Das schmälert die Rendite. Wenn Sie ein endfälliges Festgeldkonto ins Auge fassen, sollten Sie immer explizit nach dem Zinseszins fragen und sich eine Berechnung der Zinsen aushändigen lassen.

> *Eine Hälfte Festgeld, die andere Fonds – ein starkes Renditeteam. Mit einem Top-Zins von 4 % fürs Festgeld!* *
>
> *) Was der Berater nicht sagt: Bei diesem Kombiprodukt fressen die hohen Kosten für die Fonds die Zinsen auf.

Einen wichtigen Unterschied gibt es auch zum Laufzeitende. Manche Banken überweisen dann Anlagesumme und Erträge unaufgefordert auf das Girokonto des Kunden. Andere Verträge müssen Sie dagegen vor Ablauf der Frist kündigen. Andernfalls legt die Bank oder die Sparkasse das Geld mit derselben Laufzeit wie zuvor wieder an – zu den dann aktuellen Konditionen. Damit Sie hier vor Überraschungen geschützt sind, sollten Sie die Modalitäten vor Abschluss eines Festgeldvertrages studieren.

Hüten sollten Sie sich vor Kombinationsangeboten. Hier werden Kunden mit hohen Festgeldzinsen gelockt und gleichzeitig zu anderen Anlagen, beispielsweise einem Fondskauf, verpflichtet. Wer solche zusätzlichen Finanzprodukte nicht braucht, sollte sich nicht von hohen Zinsen blenden lassen. Das gilt auch für andere Lockangebote, die an unvorteilhafte Nebenbedingungen geknüpft sind (mehr dazu → Tagesgeld).

Renditechance: Wie viel Zinsen Festgeld einbringt, hängt vom allgemeinen Zinsniveau ab, das auch von der Europäischen Zentralbank beeinflusst wird. Grundsätzlich gilt: Je länger die Laufzeit, desto höher der Zins. Allerdings sind die Differenzen zwischen einzelnen Banken für dieselbe Laufzeit zum Teil beträchtlich. Wie auch bei Tagesgeld bieten meistens unbekannte Direktbanken die höchsten Zinsen. Einen aktuellen Überblick über die besten Festgeld-Angebote finden Sie in jeder Finanztest-Ausgabe und im Internet unter www.test.de/zinsen.

Sicherheit: Festgelder sind eine sichere Geldanlage. Es gibt keine Kursrisiken. Pro Bank und Kunde sind in allen Ländern der Europäischen Union bis zu 100 000 Euro über die gesetzliche Einlagensicherung geschützt. Ist diese Summe ausgeschöpft, haftet in Deutschland bei vielen privaten Banken zusätzlich der Einlagensicherungsfonds des Bundesverbandes deutscher Banken in Millionenhöhe.

Flexibilität: Vor Ablauf der Anlagedauer kommen Sparer an Festgeld nicht heran.

> **UNSER RAT** In Zeiten sehr niedriger Zinsen ist es ratsam, keine Festgelder mit zu langen Laufzeiten abzuschließen. Sonst können Sie nicht flexibel reagieren, wenn die Zinsen wieder steigen und es bessere Angebote auf dem Markt gibt. Zwar weiß niemand genau, wann es zu Trendwenden an den Zinsmärkten kommt. Doch länger als drei bis fünf Jahre sollten Sie sich in einer Niedrigzinsphase nicht festlegen. Eine andere Variante ist, Festgeld über verschiedene Laufzeiten zu verteilen. Mit diesem System partizipieren Sie schnell an steigenden Zinsen und erzielen mittelfristig einen soliden Durchschnittsertrag.

Festverzinsliche Wertpapiere

Die meisten → Anleihen sind festverzinsliche Wertpapiere. Der Zins wird bei der Herausgabe der Papiere festgelegt und ist über die gesamte Laufzeit verbindlich.

Festzinsanlagen mit vorzeitiger Verfügbarkeit ⊕

Geeignet für Sparer und Anleger, die noch nicht wissen, wann sie ihr Geld ausgeben wollen.

Festzinsanlagen mit vorzeitiger Verfügbarkeit sind festverzinsliche Einmalanlagen, die vor dem Ende ihrer Laufzeit gekündigt werden können. Solche Sparangebote bieten in der Regel Banken an. Sie sind häufig nach einem Jahr mit einer Frist von drei Monaten ohne Verluste kündbar. Meistens haben diese Sparprodukte eine Zinstreppe. Das heißt, die Zinsen, die der Sparer erhält, steigen von Jahr zu Jahr an. Mit diesem Anreiz wollen die Anbieter ihre Kunden möglichst lange bei der Stange halten.

Renditechance: Kündbare Festzinsanlagen bieten meistens niedrigere Zinsen als → Festzinsanlagen ohne vorzeitige Verfügbarkeit. Die Höhe der Verzinsung hängt vom allgemeinen Marktzinsniveau und von der jeweiligen Bank ab.

Sicherheit: Diese Angebote sind ebenso sicher wie → Festgeld.

Flexibilität: Der entscheidende Vorteil dieser Produkte ist ihre Flexibilität trotz fester Zinszahlungen. Wie schnell Sie wieder aussteigen können, hängt aber vom jeweiligen Angebot ab. Bei manchen Produkten sind Teilkündigungen möglich. Auch das erhöht die Flexibilität.

UNSER RAT Die Verzinsungen einzelner Angebote liegen meistens weit auseinander. Ein Vergleich lohnt sich deshalb immer. Klären Sie beim Abschluss unbedingt, ob eine vorzeitige Kündigung ohne Zinsverlust oder Ausstiegskosten möglich ist.

Festzinsanlagen ohne vorzeitige Verfügbarkeit ⊕

Dabei handelt es sich um Einmalanlagen, die vor Ablauf ihrer Laufzeit nicht gekündigt werden können. Dazu zählen → Festgelder und → Sparbriefe.

Festzins-Anleihen ⊕

sind → Anleihen, bei denen die Höhe der Zinszahlungen verbindlich festgelegt ist.

Festzinssparen ⊕

So bezeichnen manche Banken ihre Angebote für → Festzinsanlagen ohne vorzeitige Verfügbarkeit.

Fixed income securities

Englische Bezeichnung für → Anleihen.

Floater ⊕

Geeignet für sicherheitsorientierte Anleger, die steigende Zinsen erwarten.

Floater sind variabel verzinsliche → Anleihen mit begrenzter Laufzeit. Ihr korrekter Name ist Floating-Rate-Note. Der Zinssatz von Floatern orientiert sich an den Geldmarktzinsen und wird viertel- oder halbjährlich angepasst. Der Referenzzinssatz für die meisten Floater ist der Euribor, zu dem sich europäische Banken untereinander Geld leihen.

Renditechance: Erhöht die Europäische Zentralbank die Zinsen, steigt auch der Euribor, und die Floater ziehen nach. Sinken die Zinsen, kann es allerdings genauso schnell wieder bergab gehen. Die meisten Floater richten ihren Zins nicht ausschließlich nach dem Euribor, sondern

Neuer Basiszins von bis zu 1,8 %!*

*) Dummerweise gibt es die 1,8 % Zinsen erst ab 50 000 Euro Einlage. Wer weniger als 5 000 Euro anlegt, bekommt bescheidene 0,5 %.

haben noch einen festen Auf- oder Abschlag, um den sie über oder unter dem Euribor liegen. Die Höhe eines Aufschlags hängt von der Kreditwürdigkeit ab, also von der Fähigkeit des Floater-Herausgebers, seine Zinsen und den Nennbetrag am Ende der Laufzeit zurückzuzahlen. Grundsätzlich gilt: Je schlechter Ratingagenturen wie Moody's die Zahlungsfähigkeit eines Anleihe-Herausgebers beurteilen, desto höher ist der Zins, den er bieten muss, damit Anleger zugreifen.

Sicherheit: Das Kursrisiko von Floatern ist deutlich geringer als das von festverzinslichen Anleihen. Deren Kurse sinken, wenn die Marktzinsen steigen. Das ist bei Floatern nicht der Fall, weil sich ihre Zinsen variabel anpassen. Dennoch können ihre Kurse nachgeben, wenn die Kreditwürdigkeit eines Herausgebers herabgestuft wird. Diese Gefahr besteht besonders, wenn nicht ein Staat, sondern ein Unternehmen den Floater herausgibt.

Kursverluste machen aber nur diejenigen, die in einer solchen Situation das Papier auch verkaufen. Wer den Floater dagegen bis zum Ende der Laufzeit hält, ist vor Kursverlusten geschützt. Geht allerdings ein Herausgeber pleite, werden dessen Floater wertlos. Wie auch beim Kauf von anderen Anleihen sollten Anleger deshalb immer auf die Kreditwürdigkeit eines Herausgebers achten, bevor sie dessen Floater kaufen (→ Anleihen).

Flexibilität: Viele Floater, die Bundesländer, Landesbanken oder Geschäftsbanken herausgeben, werden kaum gehandelt. Das heißt, nur wenige Besitzer solcher Papiere wollen diese über die Börse verkaufen. Es ist deshalb schwierig, Floater zu fairen Preisen zu kaufen und zu verkaufen. Unternehmensfloater werden in der Regel häufiger gehandelt.

UNSER RAT Der Kauf von Floatern lohnt sich nur, wenn sie höhere Zinsen als
→ Tagesgeld oder kurzfristige
→ Festgelder bei vergleichbarer Sicherheit bieten.

Fonds, auch Investmentfonds genannt, zählen zu den praktischsten und erfolgreichsten Erfindungen der Finanzindustrie. Sie bieten Anlegern die Möglichkeit, sich mit kleinen Geldbeträgen an einer Vielzahl von → Aktien, → Anleihen, Immobilien, → Rohstoffen oder auch **Währungen** zu beteiligen.

Das funktioniert denkbar einfach: Banken und Fondsgesellschaften verkaufen Anlegern Fondsanteile und sammeln auf diese Weise Kapital. Dieses legen sie nach einer festgelegten Strategie an. Sie kaufen beispielsweise Aktien (→ Aktienfonds), Anleihen (→ Rentenfonds) oder beides (→ Mischfonds) oder investieren in Immobilien (→ offene Immobilienfonds). Jeder Anteil ist gleichermaßen an den Gewinnen und Verlusten des Fonds beteiligt. Die Anleger können die Fondsanteile in der Regel jederzeit verkaufen, was Fonds vergleichsweise flexibel macht.

BANKPRODUKTE

Sie können nicht nur wählen, in welche Art von Anlagen Sie über Fonds investieren möchten. Sie haben auch die Wahl, ob Sie dafür einen Fonds mit Manager (aktiv gemanagte Fonds) oder ohne Manager (passive Fonds) kaufen. Passive Fonds nennt man Indexfonds. Sie versuchen möglichst exakt die Wertentwicklung eines Index wie etwa des deutschen Aktienindex Dax nachzubilden und brauchen deswegen keinen Manager, der Anlageentscheidungen trifft. Weil sie in der Regel an der Börse gehandelt werden, sprechen Fachleute auch von Exchange Traded Funds (ETF), zu Deutsch börsengehandelte Fonds. Beide Fondsgruppen haben ihre spezifischen Vor- und Nachteile (mehr dazu → aktiv gemanagte Fonds, → Indexfonds).

Zudem wird zwischen ausschüttenden und thesaurierenden Fonds unterschieden. Während Erstere zum Beispiel Zinseinnahmen und Dividenden regelmäßig an die Anleger auszahlen, behalten thesaurierende Fonds solche Erträge im Fondsvermögen, sodass der Wert der Fondsanteile steigt. Der Vorteil von thesaurierenden Fonds: Anleger brauchen sich nicht selbst um die Wiederanlage der Erträge zu kümmern.

Fonds bestehen aus einer Vielzahl von Einzelanlagen. Die breite Streuung über verschiedene Branchen, Märkte und Länder senkt das Wertschwankungsrisiko im Vergleich zu einzelnen Anlagen. Fonds sind daher für Kleinanleger die einfachste und am wenigsten riskante Möglichkeit, sich an Aktien, Anleihen und Immobilien zu beteiligen. Es ist sehr unwahrscheinlich, mit einem solchen → offenen Fonds einen Totalverlust zu erleiden. Denn dann müssten beispielsweise bei einem Aktienfonds alle Unternehmen, in die der Fonds investiert, gleichzeitig pleitegehen.

> *Machen Sie sich keine Sorgen, weil der Kurs Ihres Fonds gesunken ist. Da gibt es eine Einlagensicherung.**
>
> *) Der Berater wiegt seinen Kunden in falscher Sicherheit. Für das Kursrisiko eines Fonds gibt es keine Einlagensicherung.

Auch vor einer Insolvenz von Fondsinitiatoren ist das Fondskapital ohne Einschränkungen geschützt. Es ist „Sondervermögen": Die Investmentgesellschaft ist gesetzlich verpflichtet, die Kundengelder getrennt vom Vermögen des Unternehmens aufzubewahren. Sie werden bei einer unabhängigen Depotbank hinterlegt. So ist sichergestellt, dass zur Geldanlage überlassenes Vermögen bei einer Insolvenz nicht in die Konkursmasse fällt und verwertet werden kann, um Verbindlichkeiten der Fondsgesellschaft zu begleichen. Diese Sicherung des Anlagekapitals vor einer Zahlungsunfähigkeit der Fondsgesellschaft ist aber nicht als Schutz vor Investitionsrisiken misszuverstehen. Wer beispielsweise einen Aktienfonds kauft, muss damit rechnen, im schlimmsten Fall Geld zu verlieren, weil die Preise von Aktien auch fallen können.

Neben den offenen Fonds, von denen hier die Rede ist, gibt es auch → geschlossene Fonds. Sie sind für Kleinanleger in der Regel nicht geeignet. Im Gegensatz zu offenen Fonds können sie nur innerhalb eines bestimmten Zeitraumes gekauft und vor dem Laufzeitende nicht regulär verkauft werden und sind sehr riskant. Fragen Sie also im Zweifel immer genau nach, um welche Art von Fonds es sich handelt.

Fondsauszahlpläne ➕ → Fondsentnahmepläne

Fondsentnahmepläne ➕ Geeignet für risikobereite und bereits gut abgesicherte Senioren, die eine zusätzliche monatliche Rente möchten.

Fondsentnahmepläne funktionieren wie → Bankauszahlpläne. Der Unterschied besteht darin, dass der Geldbetrag, den Anleger zu Beginn einzahlen, nicht als festverzinstes Bankguthaben angelegt wird. Stattdessen fließt das Kapital in → Fonds, zum Beispiel in einen Mix aus → Aktienfonds und → Rentenfonds. In regelmäßigen Abständen können Sie einen Betrag entnehmen. Sie können wählen, ob Sie nur die erwirtschafteten Rendite entnehmen oder auch das eingezahlte Kapital nach und nach aufzehren. Die Konditionen, zu denen Banken Fondsentnahmepläne anbieten, sind recht unterschiedlich. Wenn Sie nur Fonds der hauseigenen Gesellschaft wählen können, sollten Sie sich nach einem anderen Angebot umschauen oder sich Ihren eigenen Entnahmeplan zusammenstellen (siehe „Unser Rat").
Renditechance: Mit einem Fondsentnahmeplan sind die Renditechancen deutlich höher als mit einem Bankauszahlplan. Bei gleichmäßig 6 Prozent Wertentwicklung im Jahr wäre theoretisch mit einer Einmalzahlung von 60 000 Euro eine ewige Rente von 292 Euro monatlich drin – und das angelegte Kapital wäre immer noch da. Das gesamte Geld kann aber genauso gut nach zehn Jahren weg sein, wenn es an den Börsen schlecht läuft. Manche Entnahmepläne passen sich flexibel der Börsenentwicklung an: Bei hohen Kursgewinnen wird mehr und während Verlustphasen weniger entnommen.
Sicherheit: Wer in Aktienfonds investiert, muss mit Kursschwankungen und im schlimmsten Fall sogar mit Verlusten leben. Von Finanztest entwickelte und optimierte Entnahmepläne haben aber in der Vergangenheit kaum Verluste gebracht. Selbst im schlechtesten Zehnjahreszeitraum zwischen 1970 und 2010 hätte ein Anleger nur mit einem von vier untersuchten Entnahmeplänen ein bisschen von seinem Anfangskapital verloren. Mit den anderen Entnahmestrategien holte er sogar in dieser Zeit deutlich mehr heraus, als er investiert hatte.
Flexibilität: Von Banken angebotene Fondsentnahmepläne sind in der Regel relativ flexibel. Sie können die Höhe der Auszahlungen anpassen. Auch können Sie sich Ihr Kapital bei Bedarf vollständig auszahlen lassen.

UNSER RAT Bei einem Fondsauszahlplan sollte die Anlagedauer wenigstens zehn Jahre betragen. Die volle Kontrolle und die niedrigsten Kosten haben Sie, wenn Sie sich Ihren eigenen Entnahmeplan basteln. Wie das funktioniert, können Sie auf den Internetseiten von Finanztest unter www.test.de gegen eine Gebühr nachlesen. Geben Sie beispielsweise „Entnahmeplan" in das Suchfeld ein. Dort finden Sie einen Test zur Geldanlage zum Rentenbeginn.

Fondsgebundene Kapitallebensversicherungen ⊖

Bei dieser Form der → Kapitallebensversicherung werden die Sparanteile des Beitrags in einem oder in mehreren → Fonds angelegt. Daher auch der Name Fondspolice. Der Kunde kann selbst wählen, in welche Fonds er sein Geld in der Ansparphase investieren möchte – allerdings nur aus einer Fondspalette, die der Versicherer vorgibt. Fondsgebundene Kapitallebensversicherungen sind als Geldanlage für die meisten Kunden ungeeignet. Sie binden Geld langfristig, und die Kosten, die die Versicherung für sich beansprucht, sind oft sehr hoch. Ihre Steuerbegünstigung, die sie früher attraktiv machte, ist weggefallen (→ Kapitallebensversicherung).

Fondsgebundene Rentenversicherungen ⊕

Geeignet für erfahrene Fondsanleger zur Ergänzung ihrer Altersvorsorge.

Rentenversicherungen mit Fonds, auch Fondspolicen genannt, sind häufig kein gutes Geschäft. Viele Angebote sind zu teuer oder bieten zu schlechte Fonds, wie Untersuchungen von Finanztest immer wieder belegen. Der überwiegende Teil der Angebote ist gemessen an Kosten, Anlagemöglichkeiten und Transparenz Mittelmaß oder schlechter. Meistens sind → Fondssparpläne die bessere Wahl. Fondsgebundene Rentenversicherungen sind ein Kombiprodukt aus → privater Rentenversicherung und → Fondssparplan. Die Sparanteile des Beitrags werden in einem oder mehreren → Fonds angelegt. Diese wiederum investieren vor allem in → Aktien, aber auch in → Anleihen oder → Immobilien. Weil die Wertentwicklung der Fonds nicht vorhersehbar ist, kann eine Rentenhöhe nicht garantiert werden. Ist die Ansparphase zu Ende, zahlt der Versicherer eine monatliche Rente aus, von der nur ein Teil sicher ist. Der Kunde kann aber auch eine Einmalzahlung wählen oder die Fonds auf ein Depot übertragen lassen.

Renditechance: Bei guter Wertentwicklung der gewählten Fonds winken hohe Gewinne, bei schlechter Verluste. Doch je besser die Börsen laufen, desto leichter lassen sich Kunden von kühnen Modellrechnungen blenden: Eine Rente aus einem Vermögen, das sich nach durchschnittlich 9 Prozent Wertentwicklung jährlich ergibt, ist natürlich viel höher als etwa die auf 1,75 Prozent Rechnungszins basierende garantierte Rente aus einer konservativ anlegenden privaten Rentenversicherung. In Wahrheit weiß natürlich niemand, auch nicht Ihr Bankberater oder die Versicherung, deren Produkt er verkauft, wie sich die Renditen an den Aktienmärkten künftig entwickeln. Dennoch kann eine günstige fondsgebundene Rentenversicherung für gutverdienende Kunden, die auch persönlich in gesicherten Verhältnissen leben, aus steuerlichen Gründen manchmal interessant werden. Damit können sie in überdurchschnittliche → Fonds investieren und sie steuerfrei wechseln. Steuerlich fast immer günstiger als mit einem Fondssparplan fahren Policen-Sparer, die am Ende der Laufzeit eine Rentenzahlung wählen. Denn wie bei einer klassischen Rentenversicherung ist nur der Ertragsanteil der Rente steuerpflichtig. Bei Renten-

Mehr Chancen, mehr Vermögen im Alter, mehr Flexibilität und mehr Komfort. *

*) So preist ein Anbieter seine fondsgebundene Rentenversicherung an. Das klingt gut! Solche Produkte sind aber oft teuer und eignen sich bei weitem nicht für jeden.

beginn mit 65 Jahren beläuft er sich auf 18 Prozent, mit 67 Jahren auf 17 Prozent der Rente. 83 Prozent bleiben dauerhaft steuerfrei. Allerdings: Die meisten Fondspolicen sind viel zu teuer. Die Steuervorteile können die hohen Kosten, die die Versicherer abziehen, nicht wettmachen. Dennoch können Fondspolicen gegenüber Fondssparplänen im Vorteil sein, wenn sie kostengünstig sind und weitere Faktoren dazukommen. Je mehr die folgenden Punkte zutreffen, desto eher können sie sich lohnen:

▷ je häufiger zwischen den Fonds umgeschichtet wird, also je aktiver der Sparer ist
▷ je höher der Ausgabeaufschlag für einen Fondssparplan
▷ je größer die Einzahlungen
▷ je länger die Spardauer
▷ je geringer der persönliche Einkommensteuersatz
▷ je stärker der Sparerpauschbetrag ausgeschöpft ist

Sicherheit: Eine Fondspolice ist keine sichere Basis für die Altersvorsorge, weil die Wertentwicklung von Fonds unklar ist. Nur ein kleiner Teil der künftigen Renten ist garantiert. Die meisten Versicherer bieten ihren Kunden auch bei Fondspolicen einen kleinen Berufsunfähigkeitsschutz. Kann der Kunde seinen Beruf aus gesundheitlichen Gründen nicht mehr ausüben, übernimmt der Versicherer an seiner Stelle die Beitragszahlungen. Diese Option ist für jüngere Kunden nicht sehr teuer und eine Überlegung wert. Auch eine kurze Garantiezeit von bis zu zehn Jahren kostet nicht viel Rente. Die Rente wird dann von der Versicherungsgesellschaft ab Rentenbeginn mindestens bis zum Ende dieser vereinbarten Frist überwiesen, auch wenn der Versicherte schon vorher stirbt. Darauf sollten nur echte Singles verzichten.

Flexibilität: Sparer mit wenig Geld liegen mit einer fondsgebundenen Rentenversicherung falsch. Wer nicht viel verdient oder unregelmäßige Einnahmen hat, ist wegen der meist langen vertraglichen Zahlungspflicht schlecht bedient. Denn der Kunde weiß nicht, ob er die vereinbarten Beiträge immer aufbringen kann. Stoppt er die Zahlung oder steigt er gar aus dem Vertrag aus, verliert er Geld, das er eigentlich dringend benötigt. Für die wenigen, für die sich eine Rentenpolice eignet, sind eine Abruf- und auch eine Aufschuboption sinnvoll. Dann kann der Rentenbeginn meist bis zu fünf Jahre vorgezogen oder hinausgeschoben werden. Beides ist bei einer Fondspolice wegen der Kursschwankungen um den eigentlichen Ablauftermin herum wichtig. Auch auf ein Kapitalwahlrecht sollten Sie achten. Die Verträge beinhalten das aber so gut wie immer. Kunden können dann am Ende der Einzahlungsphase oder kurz zuvor erklären, dass sie statt einer Rente lieber eine Einmalzahlung oder die Übertragung der Fondsanteile in ihr eigenes Depot wünschen.

UNSER RAT Ihre Grundversorgung im Alter sollten vermögende Anleger gesichert haben, bevor sie sich für eine fondsgebundene Rentenversicherung entscheiden. Je jünger Sie sind, desto mehr Geld können Sie auch bei einer fondsgebundenen Versicherung ohne allzu große Risiken in → Aktienfonds stecken. Achten Sie gegen Vertragsende darauf, dass Ihr Versicherer rechtzeitig Kursgewinne sichert, indem er in → Renten- und → Geldmarktfonds umschichtet. Häufig können Sie das auch selbst machen.

Fondspolicen sind Versicherungen, bei denen die Beiträge der Versicherten in → Fonds fließen. Es gibt → fondsgebundene Rentenversicherungen und → fondsgebundene Kapitallebensversicherungen.

Fondssparpläne ⊕ Geeignet für fast alle Anleger, die langfristig ein Vermögen aufbauen wollen.

Fondssparpläne gehören bei Bankberatern zu den beliebtesten Produkten. Tatsächlich gibt es gute Argumente für diese Sparform: Man kann damit sehr flexibel regelmäßig sparen – und das auch mit wenig Geld. Denn bei Fondssparplänen ist schon ein Einstieg ab 25 Euro pro Monat möglich. Diese Ratensparverträge mit flexibler Laufzeit gibt es für unterschiedliche Arten von → Fonds, darunter → Aktienfonds, → Rentenfonds und → Mischfonds. Der Sparer erwirbt mit seinen Einzahlungen regelmäßig Anteile an diesen Fonds. Mit denen partizipiert er an Kursänderungen der Wertpapiere im Fonds und ist an **Dividenden** und Zinserträgen beteiligt, die er erwirtschaftet.

Renditechance: Sie hängt von der Art des Fonds ab. Am renditestärksten sind → Aktienfonds, die sich besonders für jüngere Anleger mit langem Sparhorizont zum Vermögensaufbau eignen. Weniger Chancen, dafür mehr Sicherheit bieten → Rentenfonds. → Mischfonds liegen irgendwo dazwischen.

Sicherheit: Banken werben gerne damit, dass Sie durch regelmäßige Einzahlungen in gleicher Höhe die Wertschwankungen des Fonds glätten können. Dieser Effekt entsteht, weil Sie dann bei sinkenden Kursen automatisch mehr Fondsanteile erwerben (Cost-Average- beziehungsweise Durchschnittskosten-Effekt). Nichtsdestotrotz sind die Renditen eines Sparplanes nicht sicherer als die einer Einmalanlage in einen Fonds. Bei Letzterer besteht allerdings im Gegensatz zu einem Sparplan die Gefahr, dass Sie zu einem ungünstigen Zeitpunkt, wenn etwa Aktien gerade auf einem Höhepunkt sind, einsteigen und bei einem darauffolgenden Kurseinbruch einen Teil ihres Geldes verlieren. Dieses Problem gibt es bei Sparplänen nicht, weil Sie sukzessive anlegen. Dafür ist aber der Ausstieg heikel. Nach beispielsweise 15 Jahren hat sich eine hohe Summe angesammelt, die dann vollständig mit den Kursen schwankt. Falls die Kurse ausgerechnet dann stark fallen, wenn Sie an Ihr Geld wollen, büßen Sie einen erheblichen Teil der Rendite ein. Es ist deshalb ratsam, im letzten Viertel der geplanten Anlagedauer die Kursentwicklung zu beobachten und bei hohen Kursen nach und nach von Aktien in sicherere Anlagen wie Renten-

fonds umzuschichten. Haben Sie die gewünschte Sparsumme schneller erreicht als geplant, können Sie sich Ihr Kapital aus dem Aktienfondssparplan auch vollständig auszahlen lassen, um Ihre Gewinne zu sichern.
Flexibilität: Fondssparpläne sind das flexibelste Ratensparprodukt am Markt. Es ist möglich, die Höhe der Raten zu variieren, mit den Zahlungen ganz auszusetzen oder zusätzliche Beiträge einzuzahlen. Sie müssen sich auf keine bestimmte Laufzeit festlegen und können Ihre Fondsanteile jederzeit ganz oder teilweise verkaufen. Geeignet sind sie aber vor allem für alle, die langfristig sparen möchten.

UNSER RAT Bei Aktienfondssparplänen sollten Sie → Aktienfonds Welt oder → Aktienfonds Europa wählen. Sie sind geeignete Basisanlagen, weil sie die Risiken besonders breit streuen. Sparer haben die Wahl zwischen → aktiv gemanagten Fonds und → Indexfonds. Wer viel sparen will, sollte mehrere Sparpläne für verschiedene Fonds abschließen. Wer wenig sparen kann, kann statt monatlicher auch vierteljährliche Zahlungsweise vereinbaren, zum Beispiel 50 Euro alle drei Monate.

Forex-Fonds ⊖ → Devisenfonds

Forwards ⊖
sind außerbörsliche, individuell ausgehandelte Termingeschäfte zwischen zwei Parteien, beispielsweise zwischen einem Unternehmen und einer Bank. Anders als → Futures, die standardisiert sind und an Börsen gehandelt werden, können Forwards exakt auf die Bedürfnisse eines Kunden zugeschnitten werden. Große rohstoffverbrauchende Unternehmen nutzen beispielsweise Forwards, um sich gegen steigende Rohstoffpreise abzusichern.

Fremdwährungsanleihen ⊖
sind → Anleihen, die nicht in der Heimatwährung des Anlegers ausgestellt sind. Fremdwährungsanleihen bergen ein zusätzliches Wechselkursrisiko. Es wird unterschieden zwischen Hartwährungs- und Lokalwährungsanleihen. Zu Hartwährungsanleihen zählen Papiere in vergleichsweise sicheren Währungen wie US-Dollar, Schweizer Franken, japanischem Yen oder britischem Pfund. Bei Anleihen aus **Schwellenländern**, die in deren schwankungsanfälligerer Währung emittiert sind, sprechen Fachleute von Lokalwährungsanleihen. Für Privatanleger sind einzelne Fremdwährungsanleihen kaum geeignet: Zum einen sind die Kaufkosten in der Regel so hoch, dass sie Zinsvorteile mehr als aufzehren können. Zum anderen sind die Währungsrisiken erheblich. Sie machen auch aus eigentlich sicheren Anleihen von Herausgebern mit hoher Kreditwürdigkeit eine spekulative Anlage. Kleinanleger sollten deshalb nur über → Rentenfonds in Fremdwährungsanleihen investieren. Diese Fonds enthalten eine Vielzahl von Anleihen in unterschiedlichen Währungen. Wegen der breiten Streuung sinkt das Risiko. Manche → aktiv gemanagten Fonds sichern Währungsrisiken zudem zum Teil ab.

Fremdwährungskonten ⊖

sind vor allem für international agierende Unternehmen gedacht, die für die Abwicklung ihrer Geschäfte ausländische Währungen benötigen. Nicht erst seit Ausbruch der Euro-Krise interessieren sich aber auch Privatanleger für Fremdwährungskonten. Manche lassen sich von höheren Zinsen locken oder erwarten einen Kursanstieg der gewählten Währung gegenüber dem Euro. Viele wollen sich mit dem Umtausch ihres Geldes in eine andere Währung auch vor einem Zusammenbruch des Euro-Systems schützen. ==Doch mehr als eine gefühlte Sicherheit können Anleger mit solchen Transaktionen nicht erreichen. Denn Währungsanlagen sind hochspekulativ.== Wechselkurse schwanken zum Teil heftig. Sie werden von einer kaum überschaubaren Anzahl politischer und ökonomischer Faktoren beeinflusst, deren Entwicklung niemand vorhersehen kann. Deshalb lassen sich Wechselkurse auch nicht mit Sicherheit voraussagen. Steigt der Euro entgegen den Erwartungen an, können Inhaber von Fremdwährungskonten herbe Verluste einfahren. Eine weitere unangenehme Begleiterscheinung: ==Die meisten Fremdwährungskonten verschlingen Kosten für den Geldumtausch und die Verwaltung, bringen derzeit aber häufig gar keine oder nur magere Zinsen ein.== Wer sein Geld vor der Euro-Krise schützen will, sollte es besser über verschiedene Anlagen wie → Aktienfonds, → Rentenfonds, → offene Immobilienfonds und Bankguthaben wie → Festgeld oder → Sparbriefe verteilen. Anleger, die auf → Aktienfonds Welt setzen, kaufen automatisch eine große Zahl verschiedener Währungen mit ein, deren Kurse bei einer Zuspitzung der Krise in Europa gegenüber dem Euro steigen dürften.

Futures ⊖

sind standardisierte Terminkontrakte, die an Börsen gehandelt werden. Der Kauf eines Futures verpflichtet zur Abnahme und der Verkauf zur Lieferung einer bestimmten Ware zu einem festgelegten Zeitpunkt, Ort und Preis in der Zukunft. Terminmärkte sind reglementiert und werden von staatlichen Behörden beaufsichtigt. Der jeweilige Börsenbetreiber garantiert die Erfüllung der Kontrakte. Es gibt unter anderen Futures auf → Rohstoffe, **Währungen,** → Aktien und → Anleihen. Mit Futures können sich beispielsweise rohstoffverbrauchende Unternehmen gegen steigende Preise absichern. Für professionelle Finanzinvestoren sind sie ein kostengünstiges Instrument zur Spekulation an den Finanzmärkten. Für Privatanleger sind sie zu kompliziert und riskant.

> *Beim Aktien-Kasko-Fonds garantiert die Bank, die ersten 20 % Kursverluste auszugleichen. Ein toller Sicherheitspuffer!**
>
> *) Angebot eines Beraters, der nicht erwähnt, dass daran auch eine verminderte Beteiligung an Kursgewinnen gekoppelt ist.

G

Garantieanleihen ⊕ → Garantiezertifikate

Garantiefonds ⊕ Geeignet für vorsichtige Anleger, die eine bequeme, kalkulierbare Anlage suchen und bereit sind, dafür auf Gewinne zu verzichten.

Keine Risiken und hohe Renditen – das ist der Traum aller Anleger. Doch Finanzprodukte mit diesen Eigenschaften wird es nie geben. An den Kapitalmärkten gilt immer: Je geringer das Risiko, desto niedriger die Erträge. An diesem Gesetz führt kein Weg vorbei – auch wenn Anbieter von Garantiefonds gerne etwas anderes suggerieren.

Garantiefonds sind → Fonds, die das Geld der Anleger in → Anleihen und → Aktien investieren. In dieser Hinsicht ähneln sie → Mischfonds. Zusätzlich bieten sie aber eine Geld-zurück-Garantie auf das eingezahlte Kapital, natürlich exklusive Kaufkosten. Die Garantie beträgt aber nicht immer 100 Prozent. Sie kann auch darunter oder darüber liegen. Einige dieser Fonds haben eine feste Laufzeit, andere laufen unbegrenzt. Bei Fonds mit fester Laufzeit gilt die Garantie zum Fälligkeitstag. Die meisten dieser Fonds passen die Garantiehöhe an, wenn ihr Kurs gestiegen ist. Auf diese Weise bekommen auch diejenigen eine vollständige Garantie, die später einsteigen. Auch Fonds mit unbegrenzter Laufzeit erneuern ihr Garantieversprechen regelmäßig und legen dabei jedes Mal einen neuen Tag fest, an dem die Garantie gilt.

Renditechance: Garantiefonds versprechen gerne bei minimalem Risiko ansehnliche Renditen. Doch tatsächlich sind die Gewinne, die mit diesen Produkten zu erzielen sind, mehr als spärlich, wie Analysen von Finanztest zeigen. Ein selbstgebautes Garantiedepot (siehe unten) ist ihnen fast immer überlegen. Ein Grund dafür sind die hohen Kosten der Fonds. Denn Garantien und Absicherungen gibt es nicht umsonst.

Sicherheit: Die Garantie gilt immer nur zum jeweiligen Stichtag. Wer vorher verkaufen will, macht möglicherweise Verlust, weil die Kurse von Garantiefonds schwanken. Auch Fonds, die nur den Wert der Fondsanteile am Ausgabetag garantieren, bergen Verlustgefahren, wenn Anleger zu höheren Kursen kaufen. Vor Pleiten der Fondsgesellschaften sind Anleger geschützt. Fonds sind sogenanntes Sondervermögen. Es darf bei einer Insolvenz nicht verwertet werden.

Flexibilität: Garantiefonds können werktäglich ge- und verkauft werden.

UNSER RAT Nach Berechnungen von Finanztest fahren Anleger fast immer besser, wenn sie sich selbst ein Garantiedepot mit festverzinslichen Anlagen und Aktien bauen. Wie das geht, können Sie im Internet unter www.test.de, Suchwort

„Garantiedepot" für 1,50 Euro nachlesen. Wer länger als 20 Jahre in Aktien investieren will, braucht keine Garantie. Die Wahrscheinlichkeit, Verluste zu machen, ist bei einem solchen Zeitraum sehr gering.

Garantiezertifikate ⊕ Geeignet für Anleger, die über ein Hintertürchen etwas Aktienflair in ihr Depot bringen wollen. Empfehlenswert sind diese Produkte aber nur selten.

Garantiezertifikate sind → Zertifikate, deren Herausgeber für den Tag der Fälligkeit die Rückzahlung eines Mindestbetrags zusichern. Sie werden auch Kapitalschutzzertifikat, Kapitalschutzanleihe oder Garantieanleihe genannt. Anleger setzen mit solchen Zertifikaten auf die Entwicklung eines Basiswerts, in der Regel eines Aktienindex, Aktienkorbs oder einer Einzelaktie. Die Verluste sind durch die Garantiezusage begrenzt. Viele Zertifikate garantieren aber nicht das ganze Kapital, sondern nur einen Teil davon, oft 90 Prozent des Nennwerts. Im Gegenzug sind die Anleger vollständig an möglichen Kursgewinnen beteiligt. Bei Produkten mit voller Garantie auf das eingezahlte Kapital sind die Gewinnmöglichkeiten dagegen begrenzt.

Finanztest hat Garantiezertifikate mehrfach unter die Lupe genommen. Ergebnis des jüngsten Tests: Kein Zertifikat war für Anleger attraktiv. Wegen der hohen Kosten dieser Produkte profitieren unter Garantie nur die Banken, so das Fazit.

Anleger werden an mehreren Stellen so stark zur Kasse gebeten, dass sich ein Investment selten lohnt. Beim Kauf über die Hausbank wird ein Ausgabeaufschlag von bis zu 2,5 Prozent des Ausgabepreises fällig. Zusätzlich genehmigen sich die Banken eine Vertriebsprovision, die durchaus mal stolze 4 Prozent des Anlagebetrags ausmacht. Diesen Anteil erhält der Verkäufer vom Herausgeber des Zertifikats, finanziert wird er jedoch vom Käufer. Hinzu kommen jährliche Bestandsprovisionen, die ebenfalls der Anleger zahlt. Die höchsten Kosten entstehen aber erst während der Laufzeit. Sie sind elegant versteckt: Die Herausgeber der Garantiezertifikate behalten die Dividenden für sich. Das sind, je nach Aktienindex, um die 3 Prozent – pro Jahr. Mit diesem Geld finanzieren die Herausgeber einen großen Teil ihrer Garantiezusagen.

Renditechance: Wegen der hohen Kosten sind die Renditeaussichten bescheiden. Akzeptable Chancen bieten nur Zertifikate, bei denen Anleger unbegrenzt an Kursgewinnen teilnehmen. Sie sind aber nicht in Verbindung mit einer Vollabsicherung erhältlich. Simulationen von Finanztest zeigen, dass Anleger mit Garantiezertifikaten mit sehr hoher Wahrscheinlichkeit eine schlechte Rendite erzielen.

Sicherheit: Die Geld-zurück-Garantie gilt nur bei Fälligkeit eines Garantiezertifikats. Wer vorher aussteigen will, macht möglicherweise Verluste. Denn auch die Kurse von Garantiezertifikaten schwanken während der Laufzeit. Hinzu kommt das Risiko, dass der Herausgeber pleitegeht. In einem solchen Fall werden die Zertifikate wertlos.

Flexibilität: Garantiezertifikate werden an Börsen gehandelt. Dort können sie nach ihrer Herausgabe werktäglich ge- und verkauft werden. Achtung: Liegt bei einem Kauf über die Börse der Kaufpreis über dem Garantieniveau, ist diese Differenz durch die Garantie nicht gedeckt und kann daher als Verlust anfallen. In der Regel werden Garantiezertifikate im Rahmen der Emission/Erstausgabe erworben.

UNSER RAT Garantiezertifikate sind stets Kompromisslösungen. Sie eignen sich weder für Anleger mit ausgeprägtem Sicherheitsbedürfnis noch für risikobereite Investoren. Wer eine Festzinsanlage mit einem kleinen Anteil an → Aktien-ETF kombiniert, erzielt bei geringeren Kosten einen ähnlichen Effekt wie mit einem Garantiezertifikat. Bei fünf Jahren Anlagedauer sind beispielsweise 10 Prozent Aktien-ETF möglich, wenn das restliche Depot sichere 3 Prozent pro Jahr bringt. Eine Anleitung, wie man sein eigenes Garantiedepot zusammenbaut, finden Sie im Internet unter www.test.de, Suchwort „Garantiedepot" für 1,50 Euro.

Gehebelte ETF ⊖

Diese Art von börsengehandelten → Indexfonds ist sehr riskant und daher für Kleinanleger nicht geeignet. Mit gehebelten ETF können sie ohne zusätzliches Kapital ihre Gewinnchancen vervielfachen. Gleichzeitig steigt aber auch das Risiko überproportional an. Gehebelte ETF, die die Finanzbranche auch als „Leveraged ETF" bezeichnet, werden vor allem auf Aktienindizes wie den Dax und den Euro Stoxx 50 angeboten. Die Original-Indizes werden um einen Hebel erweitert. Auf dieser Basis wird dann ein modifizierter Index berechnet, dessen Wertentwicklung schließlich ETF nachbilden. Bei einem Hebel von 2 sind Gewinn und Verlust des ETF doppelt so hoch wie die des ungehebelten Ursprungs-Index.

Das ist allerdings nur auf Tagesbasis so. Über längere Zeiträume geht die Rechnung nicht auf. Denn der Hebel bleibt nicht konstant. Die Folge: Die Wertentwicklung des gehebelten ETF ist selbst für erfahrene Anleger kaum nachvollziehbar. Das liegt daran, dass der Hebel prozentual berechnet wird.

Beispiel: Der Dax steigt um 10 Prozent von 7 500 auf 8 250 Punkte. Anschließend fällt er wieder um 10 Prozent auf dann 7 425 Punkte – unter dem Strich ein Verlust von 75 Punkten. Der gehebelte Index würde sich folgendermaßen entwickeln: Anstieg um 20 Prozent (10 Prozent multipliziert mit dem Hebel 2) auf 9 000 Punkte. Wegen des darauf folgenden Verlustes um 20 Prozent fällt er auf 7 200 Punkte. Insgesamt entsteht bei dem gehebelten Index ein Verlust von 300 Punkten. Das ist das Vierfache verglichen mit dem ungehebelten Dax. Über längere Zeiträume und bei starken Kursschwankungen summieren sich diese Differenzen, die es Anlegern sehr schwer machen, dem Kursverlauf zu folgen.

Gehebelte ETF werden auch auf sogenannte Short-Indizes angeboten, mit denen man auf fallende Aktienkurse setzen kann. Diese gehebelten → Short-ETF sind ebenso intransparent und noch riskanter als die oben beschriebenen Produkte, mit denen man Gewinne bei steigenden Kursen erzielt.

Geldmarktfonds ⊕ Geeignet für Anleger mit geringer Risikobereitschaft.

Geldmarktfonds sind → Fonds, die ihr Kapital auf dem Geldmarkt investieren. Dort handeln vor allem Banken untereinander mit kurzfristigen Krediten und → Anleihen mit Laufzeiten von bis zu einem Jahr. Hauptsächlich in solche Papiere investieren Geldmarktfonds. Zudem legen sie Kapital als Bankguthaben an. Geldmarktfonds werden von Banken als Alternative zu → Tagesgeld oder → Festgeld angeboten. Geldmarktfonds dienen als kurzfristige Anlage, wenn Anleger ihr Geld bald brauchen oder etwa auf eine günstige Gelegenheit warten, um in andere Anlagen zu investieren.

Renditechance: Die Renditen von Geldmarktfonds sind niedrig. Häufig liegen sie unter den besten Konditionen für Tages- oder Festgeld mit kurzer Laufzeit. Die kurzfristigen Zinsen werden maßgeblich von den Zentralbanken beeinflusst. Senken sie die Zinsen, fallen in der Regel auch die Renditen von Geldmarktfonds.

Sicherheit: Grundsätzlich sind Geldmarktfonds nicht ganz so sicher wie Tages- und Festgeld, aber weniger riskant als Rentenfonds, die auch in Anleihen mit längeren Laufzeiten investieren. Die Wertschwankungen von Geldmarktfonds sind normalerweise sehr gering. Das Kapital der Anleger ist als Sondervermögen vor einer Pleite der Fondsgesellschaft geschützt (→ Fonds).

Während der Finanzkrise entpuppten sich eine Reihe von Geldmarktfonds allerdings als trojanische Pferde. Sie hatten unter anderem auch in riskante → ABS-Papiere investiert, die in der Krise zeitweise erheblich an Wert verloren. In der Folge mussten einige schließen. Manche Fondsmanager hatten den Pfad der Tugend verlassen, um mit spekulativen Papieren die Rendite ihrer Fonds nach oben zu schrauben. Denn viele waren hinter den besten Angeboten für Tages- und Festgeld zurückgeblieben.

Flexibilität: Geldmarktfonds können werktäglich ge- und verkauft werden.

UNSER RAT Wer vor bösen Überraschungen sicher sein will, setzt besser auf Tagesgeld und Festgeld. Denn diese Produkte unterliegen anders als Geldmarktfonds keinen Kursschwankungen und sind von der gesetzlichen Einlagensicherung geschützt.

Genussscheine ⊕ Geeignet für erfahrene Anleger mit hoher Risikobereitschaft als Beimischung.

Genussscheine sind → Wertpapiere, die von Banken und anderen Finanzvermittlern angeboten werden. Sie verbinden die Eigenschaften von → Anleihen und → Aktien. Einerseits haben Anleger in der Regel einen Anspruch auf Rückzahlung des investierten Kapitals wie bei einer Anleihe. Andererseits ist die Höhe der Verzinsung meistens vom Erfolg des Unternehmens abhängig, das den Genussschein ausgegeben hat. Damit ähneln die Papiere Aktien. Deren **Dividenden**, die an die Aktionäre ausgeschüttet werden, richten sich ebenfalls nach der wirtschaftlichen Entwicklung des Konzerns, der die Aktie aufgelegt hat.

Genussscheine können unabhängig von der Gesellschaftsform eines Unternehmens herausgegeben werden. Unter den Herausgebern sind nicht nur Aktiengesellschaften, sondern auch GmbHs oder Kommanditgesellschaften (KGs). Die inhaltliche Gestaltung von Genussscheinen ist gesetzlich nicht geregelt. Deshalb gibt es zahlreiche Varianten. Die jeweiligen Konditionen sind in den Genussscheinbedingungen festgelegt.

Die meisten Genussscheine bieten jährlich einen festen Zinsertrag. Darüber hinaus erhalten Sie eine Zusatzzahlung, wenn das Unternehmen einen ausreichenden Jahresüberschuss oder Bilanzgewinn erzielt. Bei einem Verlust fällt diese Zahlung aus. Genussscheine ohne garantierte Mindestverzinsung werfen dann gar keinen Ertrag ab. Schreibt das Unternehmen in der Zukunft wieder schwarze Zahlen, werden die Zahlungen aber oft nachträglich geleistet.

Eine andere Variante sind Genussscheine mit Verlustbeteiligung. Mit ihnen können Sie einen Teil Ihres Kapitals verlieren. Zudem gibt es Genussscheine mit Optionsrecht. Sie bieten die Möglichkeit, Aktien des Unternehmens zu einem vorher festgelegten Preis zu kaufen. Der Genussschein selbst verfällt nicht. Er bleibt bis zum Ende der Laufzeit gültig. Eine weitere Spielart sind Genussscheine mit Wandlungsrecht. Hier können Sie sich am Ende der Laufzeit entscheiden, ob Sie Ihr Geld zurück oder stattdessen Aktien in einem festgelegten Verhältnis beziehen wollen.

Vorsicht: Wenn Ihnen „Genussrechte" nicht über eine Bank, sondern direkt von der Firma angeboten werden, die sie herausgibt, sind dies keine Wertpapiere, die an der Börse gehandelt werden, sondern hoch riskante Vermögensanlagen, die nicht für Kleinanleger geeignet sind. Sie werden häufig auch als Genussscheine bezeichnet.

Renditechance: Sie hängt von der Art und Ausstattung des Genussscheines ab. Grundsätzlich bieten diese Wertpapiere aber höhere Renditechancen als Anleihen. Ein Grund dafür ist die unsichere Verzinsung. Ein weiterer ist das größere Zahlungsausfallrisiko. Denn bei einer Pleite des Unternehmens stehen Inhaber von Genussscheinen ganz hinten in der Schlange der Gläubiger. Besitzer von Anleihen etwa werden zuvor bedient.

Sicherheit: Je geringer die Kreditwürdigkeit eines Unternehmens, das Genussscheine herausgibt, desto höher ist das Risiko. Bei einer Unternehmenspleite können Genussscheine wertlos werden (siehe oben). Die Kurse von Genussscheinen schwanken während der Laufzeit. Wie stark sie dies tun, hängt wiederum von ihrer Ausstattung ab. In der Regel schwanken sie mehr als die Kurse von Anleihen, aber deutlich weniger als die von Aktien.

Flexibilität: Genussscheine können an Börsen ge- und verkauft werden. Doch viele von ihnen werden kaum gehandelt. Das bedeutet, dass Sie diese Papiere nicht jederzeit verkaufen können. Wenn Ihnen Flexibilität wichtig ist, sollten Sie nur Genussscheine kaufen, die täglich in ausreichender Menge gehandelt werden. Das sind meistens Papiere, von denen eine sehr hohe Zahl herausgegeben wurde. Eine Orientierung sind auch die Tagesumsätze mit einzelnen Genussscheinen. Sie werden von den Börsen angegeben.

UNSER RAT Wer gerne eine feste Verzinsung kassiert, aber gleichzeitig von der Gewinnentwicklung eines Unternehmens profitieren will, liegt mit Genussscheinen richtig. Sie sind als Depotbeimischung, nicht aber als Basisanlage geeignet. Nicht geeignet für Kleinanleger sind hingegen Genussrechte, die nicht über eine Bank, sondern direkt von der Firma, die sie herausgibt, vertrieben werden. Sie werden nicht an Börsen gehandelt und unterliegen nicht dem Wertpapierhandelsgesetz. Im Insolvenzfall kommen Genussrechtsinhaber häufig erst dann an die Reihe, wenn die Forderungen erstrangiger Gläubiger bedient sind. Daher gehen sie in diesem Fall meistens leer aus.

Geschlossene Fonds ⊖

sind langjährige Unternehmensbeteiligungen. Hohen Renditechancen stehen ebenso hohe Risiken gegenüber. Wegen des Verlustrisikos sind geschlossene Fonds für Kleinanleger nicht geeignet. Sie sind nur etwas für vermögende Anleger, die notfalls einen Totalverlust verkraften können.

Bei geschlossenen Fonds handelt es sich um Gesellschaften von Anlegern, die sich meist für viele Jahre an einem größeren Investitionsvorhaben beteiligen. Sie investieren in der Regel in → Sachwerte wie Schiffe (→ Schiffsfonds), Immobilien (→ geschlossene Immobilienfonds), Wind- und Solarparks, Wasserkraft, Biogas (→ geschlossene Ökofonds), Geothermie und Wälder (→ Waldinvestments). Die Investitionsobjekte werden mit Eigenkapital und mit Krediten finanziert. Sobald die Initiatoren bei Anlegern das benötigte Eigenkapital eingesammelt haben, wird der Fonds geschlossen. Es können keine neuen Investoren mehr aufgenommen werden.

Anleger geschlossener Fonds können ihre Verträge meist nicht vor Ablauf der Fondslaufzeit kündigen. Wer seinen Anteil trotzdem verkaufen will, kann das über die Deutsche Zweitmarkt AG (www.zweitmarkt.de) versuchen. Je schlechter die wirtschaftliche Situation des Fonds ist, desto weniger bekommt ein Anleger für seinen Anteil. In der Regel ist ein Verkauf der Fondsanteile mit hohen Verlusten verbunden.

Geschlossene Immobilienfonds ⊖

sind → geschlossene Fonds, die sich an einem größeren Investitionsobjekt beteiligen: an einem Einkaufszentrum, Hotel oder Bürogebäude, einer Seniorenresidenz oder einem Studentenwohnheim.

Der Fondsbetreiber stellt den Anlegern, die sich meist mit Summen ab 10 000 Euro plus 5 Prozent Abschlussprovision beteiligen können, jährliche Ausschüttungen sowie eine attraktive Schlussausschüttung bei Auflösung des Fonds in Aussicht. Anleger bekommen zunächst nach und nach ihr eingesetztes Kapital zurück und dann hoffentlich noch mehr. Die Ausschüttungen gibt es aber nur, wenn für die Immobilien langfristig zahlungskräftige Mieter gefunden werden. Die Schlussausschüttung hängt davon ab, ob die Immobilien zum geplanten Ende der Fondslaufzeit für einen guten Preis verkauft werden.

Ob Anleger ihr Geld zurückbekommen und Gewinne machen, hängt vom Erfolg

> *Die Mietgarantie bei diesem Fonds schützt Sie vor jeglichen Verlusten.**
>
> *) Ein Berater erläutert das Sicherheitsnetz eines geschlossenen Immobilienfonds. Es kann schnell reißen, wenn der Garantiegeber pleitegeht. Dann nützt die Garantie nichts.

ihres Fonds ab. Die Fondsinitiatoren versprechen meistens hohe Renditen. Doch ob die tatsächlich erwirtschaftet werden, ist alles andere als sicher. ==In der Vergangenheit sind geschlossene Fonds immer wieder in wirtschaftliche Schwierigkeiten geraten.== Werden etwa Mieten zu hoch, Kredit- und Instandhaltungskosten zu niedrig angesetzt oder gibt es für die Immobilie keine zahlungskräftigen Mieter, kann ein Fonds schnell in Schieflage geraten. Auch unseriös hohe Einmalkosten von über 20 Prozent der Investitionssumme, die größtenteils für Provisionen an Banken und Vermittler verwendet werden und nicht in die Immobilien fließen, können den wirtschaftlichen Erfolg eines Fonds schmälern. ==Jeder geschlossene Immobilienfonds kann schiefgehen. Passiert das, erhalten Anleger nicht nur keine Gewinne, sie haften als Mitunternehmer ihrer Anlagegesellschaft sogar mit ihrer Einlage für Verluste. Sie können ihr Geld komplett verlieren.==

Viele geschlossene Fonds sind zudem Blindpools. Das bedeutet, der Fonds wirbt das Anlagekapital ein, bevor das Investitionsobjekt feststeht. Festgelegt ist häufig nur, in welche Art von Objekten und in welchen Ländern investiert wird. In solchen Fällen ist das Risiko für Anleger kaum überschaubar. Wie es insgesamt um die Qualität solcher Beteiligungsmodelle bestellt sein kann, zeigten unlängst die Finanztest-Untersuchungen zu geschlossenen Immobilienfonds. Von 58 Immobilienfonds fielen 40 schon in der Vorprüfung durch, weil ihre Konstruktion für Anleger von vornherein zu riskant war. Nur acht Fonds schnitten mit der Note befriedigend ab. Kein Fonds war gut oder sehr gut.

Geschlossene Fonds laufen meist zehn Jahre oder länger. Es ist nicht sicher, dass der Fondsbetreiber die Immobilie am Ende der Vertragslaufzeit bald verkauft und den Gewinn an Anleger ausschüttet. Er kann sie auch weiter vermieten.

Ein vorzeitiger Verkauf der Fondsanteile ist in der Regel nur mit Verlusten möglich (→ geschlossene Fonds).

Geschlossene Ökofonds ⊖ sind
→ geschlossene Fonds, die beispielsweise in Wind- und Solarparks, Wasserkraftwerke oder Biogasanlagen investieren. Die Projekte werden mit Krediten und mit Anlegergeld finanziert. Nach dem neuen Kapitalanlagegesetzbuch, das am 22. Juli 2013 in Kraft getreten ist, dürfen nur noch maximal 60 Prozent des Fonds mit Krediten finanziert werden.

Privatanleger können sich als Kommanditisten mit Summen meist ab 10 000 Euro (plus 5 Prozent Abschlussprovision) an einem Fonds beteiligen. Dafür werden ihnen Renditen bis zu 10 Prozent in Aussicht gestellt, die durch den Verkauf des erzeugten Stroms erwirtschaftet werden. Über jährliche Ausschüttungen erhalten Anleger ihre Einlage zurück sowie zusätzlich eine Vergütung für ihr Kapital.

> *Durch die gesparte Steuer und die regelmäßigen Ausschüttungen des Windkraftfonds decken Sie leicht Ihre Kreditraten.**
>
> **) Ein Berater empfiehlt, eine Anlage mit Totalverlustrisiko auf Kredit zu kaufen. Geht der Fonds pleite, bleibt der Anleger auf den Schulden sitzen.*

Haben Anbieter die Erträge des Fonds zu positiv eingeschätzt, können Ausschüttungen geringer ausfallen oder ganz wegfallen. ==Geht der geschlossene Ökofonds pleite, können Anleger ihre gesamte Einlage verlieren, weil sie als Mitunternehmer der Fondsgesellschaft für Verluste bis zur Höhe ihrer Einlage haften.==

Ein vorzeitiger Verkauf der Fondsanteile ist meist nur mit Verlusten möglich (→ geschlossene Fonds).

Langjährige geschlossene Ökofonds sind allenfalls etwas für vermögende Anleger. Wegen der hohen Risiken sollten auch sie nicht mehr als 5 Prozent ihres Vermögens in Ökofonds stecken.

Eine gute Chance, mit Wind-, Solar- oder Biogasanlagen Geld zu verdienen, bieten Bürgerbeteiligungen. Da sich bei solchen Projekten in der Regel alle Beteiligten kennen und die Ziele des Projekts gemeinsam planen, wird hier meist vorsichtiger kalkuliert. Hohe Provisionen, die Banken und Vermittler für den Vertrieb der Fonds kassieren, fallen nicht an. Da alle Anleger Mitspracherechte haben, können sie Fehlentwicklungen leichter erkennen. Risikolos sind allerdings auch Bürgerbeteiligungen nicht.

Gleitzinsanleihen, auch Stufenzinsanleihen genannt, sind → Anleihen, deren Zinszahlungen während der Laufzeit kontinuierlich ansteigen.

Doch Vorsicht: Banken haben in der Vergangenheit Stufenzinsanleihen mit vorzeitigem Kündigungsrecht herausgegeben. Wurden ihnen die Zinsen zu hoch, kündigten sie einfach – und die Anleger hatten das Nachsehen.

Gold ⊕ Geeignet für Anleger, die eine Art Risikoversicherung gegen Finanzmarktkatastrophen suchen oder die spekulieren wollen.

Gold ist weltweit einer der gefragtesten → Sachwerte. Es wird seit Jahrtausenden gefördert, diente über Jahrhunderte als Zahlungsmittel und ist bis heute der bevorzugte Rohstoff für Schmuck. Zentralbanken von Staaten halten zum Teil große Goldbestände als Währungsreserve. Anleger kaufen Gold, um sich gegen Finanzmarktkrisen und steigende Inflationsraten abzusichern. Hintergrund: Anders als Papiergeld ist Gold nicht beliebig vermehrbar. Es muss erst mühsam der Erde abgerungen werden. Die Förderung ist aufwendig und teuer. Anleger können direkt in Gold investieren, indem sie Barren oder Münzen kaufen. Zudem gibt es → Goldfonds, → Zertifikate und Exchange Traded Commodities (→ ETC), die die Goldpreisentwicklung abbilden. Hinzu kommen → Hebelprodukte wie → Optionen und → Futures, mit denen sich Gewinnchancen und Verlustrisiken vervielfachen lassen. Sie sind für Kleinanleger nicht geeignet.

Renditechance: Im Frühjahr 2001 war eine Feinunze Gold (31,1 Gramm) noch für

255 US-Dollar zu haben. Gut zehn Jahre später, im August 2011, verlangten Goldhändler 1912 US-Dollar – ein Preisanstieg von unglaublichen 650 Prozent. Wer in Gold investiert, setzt allein auf die Preisentwicklung. Das Edelmetall wirft weder Zinsen wie → Anleihen noch Dividenden wie viele → Aktien ab. Im Gegenteil: Die Aufbewahrung von Goldbarren, etwa in einem Bankschließfach, kostet jährlich Geld. Bliebe der Goldpreis konstant, würden diese Kosten das Vermögen von Jahr zu Jahr abschmelzen.

Sicherheit: Der Goldpreis ist bei weitem nicht so stabil wie das Edelmetall selbst. Die Notierungen schwanken erheblich. Seit dem Allzeithoch von 1912 US-Dollar pro Feinunze sackte der Goldpreis zum Entsetzen vieler Kleinanleger wieder deutlich ab. Zwischenzeitlich betrugen die Verluste fast 35 Prozent. Wie sich der Markt weiter entwickelt, weiß niemand. Der Goldpreis lässt sich ebenso wenig mit Sicherheit voraussagen wie die Notierungen von Aktien oder anderen Rohstoffen. Auch für den vermeintlichen Inflationsschutz von Gold, mit dem Banken und Goldhändler gerne werben, gibt es keine Garantie. Anfang der siebziger Jahre stiegen die Goldpreise noch gemeinsam mit den Inflationsraten. Auch zu Beginn der achtziger Jahre verteuerte sich Gold in der Hochinflationsphase. In der dritten Phase hoher Inflationsraten Anfang der 1990er Jahre reagierte der Goldpreis aber deutlich schwächer. Das zeigt, dass ein Anstieg der deutschen Inflation keine Wirkung auf den Goldpreis haben muss. Offenbar sind größere Krisen beziehungsweise die Angst davor nötig, um ihn in die Höhe zu treiben.

Die Wahrscheinlichkeit, mit Gold innerhalb eines Jahres einen Verlust zu erzielen, ist beträchtlich, wie Analysen von Finanztest belegen: In über 40 Prozent der untersuchten Einjahreszeiträume lagen Anleger mit Gold im Minus. Zum Vergleich: Bei Aktien waren es nur 30 Prozent. Der Glanz des Goldes trübt sich noch weiter ein, wenn man sich die längsten Phasen realer Verluste anschaut. Wer sich Anfang der 1980er Jahre von der Panik um die zweite Ölkrise und den Einmarsch der Russen in Afghanistan anstecken ließ und Gold auf dem Höchststand kaufte, musste 27 Jahre warten, bis er zumindest seinen Einsatz wieder heraus hatte.

Der sicherste und transparenteste Weg, in Gold zu investieren, ist der Kauf von Barren oder Münzen. Bei Wertpapieren, die den Goldpreis abbilden, handelt es sich meistens um Schuldverschreibungen. Diese werden bei einer Pleite des Herausgebers wertlos. Und die Wahrscheinlichkeit von Pleiten steigt bekanntlich während Finanzkrisen, vor denen sich Anleger mit Goldinvestitionen gerade schützen wollen.

Auch mit physischem Gold besicherte → ETC sind keine sichere Bank. Bei dieser ETC-Variante kaufen die Herausgeber Goldbarren im Wert der ausgegebenen → Wertpapiere. Das Edelmetall wird von Tochtergesellschaften gehalten, die rechtlich von den anderen Geschäftsfeldern des Unternehmens getrennt sind. Das soll das Anlegergold vor einer Insolvenz der Muttergesellschaft schützen. Doch auch bei dieser Konstruktion gibt es Fallstricke. Dass im Ernstfall tatsächlich genügend Gold zur Verfügung steht, um auch alle

Ansprüche der Investoren zu decken, ist ungewiss.

Dieses Problem ließe sich einfach lösen, wenn ein Investmentfonds das Gold kaufen und Anteile ausgeben würde. Denn die Anlegergelder sind bei → Fonds geschütztes Sondervermögen und ähnlich sicher wie ein Barren in einem Bankschließfach. Doch solche Fonds sind in Deutschland gesetzlich nicht zulässig. Fonds dürfen hierzulande nicht ausschließlich in eine einzige Position, in diesem Falle Gold, investieren, sondern müssen die Anlegergelder immer streuen. Sogenannte → Goldfonds, die den Goldpreis abbilden wollen und in Deutschland angeboten werden, enthalten deshalb maximal bis zu einem Drittel echtes Gold. Der Rest verteilt sich auf andere Wertpapiere wie → Staatsanleihen und → Zertifikate.

Flexibilität: Goldbarren mit einem Feingoldgehalt von 999,9, also von 99,99 Prozent, die von der London Bullion Market Association (LBMA) zertifiziert sind, lassen sich problemlos zu Bargeld machen. Gold geringerer Qualität ist dagegen schwerer wieder zu verkaufen. Auch international anerkannte Münzen, für die täglich An- und Verkaufskurse ermittelt werden, bieten Anlegern hohe Flexibilität. Zu den beliebtesten zählen Krügerrand, Eagle, Maple Leaf, Britannia, Wiener Philharmoniker und Känguruh. Sie sind aber wegen der höheren Transaktionskosten im Vergleich zu Goldbarren weniger empfehlenswert. Für Letztere gilt: Je geringer das Gewicht des Barrens, desto höher sind die An- und Verkaufskosten im Verhältnis zur Anlagesumme.

Finanzprodukte wie ETC, die den Goldpreis abbilden, können täglich zu den Handelszeiten an Börsen ge- und verkauft werden.

UNSER RAT Wer Gold als Krisenschutz kauft, ist nur mit Barren oder Münzen auf der sicheren Seite. Der Goldanteil im Depot sollte nicht mehr als 10 Prozent betragen. Anleger, die lediglich auf den Goldpreis spekulieren wollen, sind mit ETC oder Zertifikaten auf den Goldpreis besser bedient, die bequem und kostengünstig an Börsen gehandelt werden können.

Goldaktienfonds ⊕ → Goldfonds

Goldfonds ⊕ Geeignet für risikobereite Anleger, die auch sehr hohe Verluste verkraften können.

Goldfonds und Goldfonds ist nicht dasselbe. Es gibt zwei unterschiedliche Sorten: Die eine hat das Ziel, die Goldpreisentwicklung nachzubilden. Diese → Fonds enthalten maximal ein Drittel echtes Gold, der Rest des Fondska-

Gold. Sichern Sie sich Werthaltigkeit und Beständigkeit für Generationen.*

*) Werbung einen Anbieters. Stecken Sie nie Ihr gesamtes Vermögen in Gold. Gold ist eine spekulative Anlage. „Beständig" ist der Goldpreis nicht. Im Gegenteil: Er kann stark schwanken.

pitals verteilt sich auf andere Wertpapiere wie → Staatsanleihen und → Zertifikate. Die zweite Variante geht einen anderen Weg: Diese Fonds kaufen → Aktien von Unternehmen, die Goldminen besitzen und das Edelmetall fördern. Solche Aktien werden auch Goldminenaktien genannt und die Fonds, die in sie investieren, Goldaktienfonds.

Renditechance: Die Gewinnchancen von Goldaktienfonds sind überdurchschnittlich hoch. Ihre Wertentwicklung hängt aber nicht nur von der Goldpreisentwicklung ab. Entscheidend sind auch die Fördermengen und wie profitabel eine Mine arbeitet. Ein neuer Goldfund kann den Kurs einer Goldminenaktie explodieren und ein Streik der Arbeiter ihn dagegen einbrechen lassen. Im Gegensatz zu Goldfonds, die das Ziel haben, den Goldpreis abzubilden, können Goldaktienfonds auch Gewinne erwirtschaften, wenn der Goldpreis stagniert.

Sicherheit: Den Gewinnchancen stehen sehr hohe Risiken gegenüber. Die Kurse von Goldaktienfonds schwanken noch stärker als der Goldpreis. Anleger sollten wissen, dass sie auf Jahressicht Verluste von 60 bis 70 Prozent verkraften können müssen. Selbst wenn der Goldpreis steigt, können die Kurse von Goldminenaktien fallen. Der Grund dafür ist, dass sich auch die Aktien der Minengesellschaften dem allgemeinen Börsentrend nicht entziehen können. Geht es an der Börse abwärts, fallen auch diese Aktien. Ein Trend, der von zusätzlich sinkenden Goldpreisen noch verstärkt werden kann.

Flexibilität: Goldfonds können werktäglich ge- und verkauft werden.

> **UNSER RAT** Goldaktienfonds sind sehr spekulative Anlagen und keineswegs ein geeigneter Schutz vor Finanzmarktkrisen. Wer hier einsteigt, braucht gute Nerven und Geld, das er nicht benötigt.

Goldminenaktien ⊕ → Goldfonds

Growth-Aktien ⊕
sind → Aktien von Unternehmen, die sich durch ein besonders hohes Wachstum auszeichnen. Meistens sind das junge Konzerne mit innovativen Produkten und Geschäftsideen, beispielsweise aus dem Bereich der Informationstechnologie. Solche Konzerne schütten oft keine Dividenden an ihre Aktionäre aus, weil sie das Geld, das sie erwirtschaften, zur Finanzierung ihres Wachstums benötigen. Growth-Aktien sind an den Börsen in der Regel höher bewertet als → Value-Aktien. Darin spiegelt sich die Hoffnung, dass stark expandierende Unternehmen irgendwann hohe Gewinne erzielen werden. Es gibt viele → Aktienfonds, die auf Growth-Aktien spezialisiert sind. Diese Fonds eignen sich als Beimischung für größere Anlagedepots. Wer viel Zeit und Erfahrung mit Aktien hat und sich die Analyse von Unternehmen zutraut, kann natürlich auch selbst Growth-Aktien auswählen.

Grüne Geldanlagen → Ökofonds

Hebelprodukte ⊖

sind riskante → Wertpapiere. Mit ihnen können Anleger Summen handeln, die das eingesetzte Kapital um ein Vielfaches übersteigen. Daher die Bezeichnung „Hebel". Beispiel: Sie gehen eine Wertpapierposition in Höhe von 10 000 Euro ein, zahlen aber nur 200 Euro dafür, dann beträgt der Hebel 50. Wenn nun das Wertpapier, auf das Sie in unserem Beispiel gesetzt haben, um 1 Prozent fällt, verlieren Sie 50 Prozent Ihres eingesetzten Kapitals, nämlich 100 Euro. Bei einem Anstieg des Wertpapieres um 1 Prozent wäre es umgekehrt. Je größer der Hebel, desto höher die Gewinnchancen – und Risiken. Vereinfacht gesagt, bilden Hebelprodukte zusätzliche Wertpapierkäufe auf Kredit ab.

Und davon sollte jeder seriöse Anlageberater abraten. Hebelprodukte sind nur für Anlageprofis und für Zocker geeignet. Zu den Hebelprodukten zählen → Futures, → Optionen und eine Reihe von → Zertifikaten wie etwa → Faktor-, → Turbo- und → Knock-out-Zertifikate. Auch → Indexfonds, → ETC und → ETN gibt es in gehebelten Varianten.

Hedgefonds ⊖

sind → Fonds, die sehr unterschiedliche Strategien verfolgen. Das Spektrum reicht von konservativ bis hochspekulativ. In Deutschland sind Hedgefonds nicht zugelassen. Hier dürfen Privatanlegern nur → Dachfonds, die in viele Einzel-Hedgefonds investieren, angeboten werden. Zudem sind → Zertifikate, die die Wertentwicklung von Hedgefonds abbilden sollen, auf dem Markt. Für private Anleger sind aber auch Dach-Hedgefonds nicht zu empfehlen: Sie sind intransparent, teuer und bergen unkalkulierbare Risiken. Denn Hedgefonds-Manager lassen sich kaum in die Karten schauen. Hedgefonds sind auf allen Märkten unterwegs. Sie handeln unter anderem → Aktien, → Anleihen, → Rohstoffe, Devisen und → Derivate. Theoretisch können Hedgefonds mit ihren Strategien immer Gewinne machen, unabhängig davon, ob die Märkte gerade steigen oder fallen. Doch in der Vergangenheit gingen ihre Konzepte häufig nicht auf. Viele erlitten während der Finanzkrise Schiffbruch und mussten schließen. Finanzmarktexperten sind zudem der Ansicht, dass Hedgefonds mit ihren milliardenschweren Spekulationen,

> *Die Bankenmafia macht Riesengewinne, das Volk wird mit lächerlichen Zinsen abgespeist. Bei uns kriegen die kleinen Leute ein Stück vom großen Kuchen.**
>
> *) Ein Vermittler des European Kings Club verspricht utopische 71 % Rendite.

die oft mit Krediten finanziert sind, das internationale Finanzsystem destabilisieren.

High-Yield-Bonds ⊖ Englisch für → Hochzinsanleihen.

High-Yield-Fonds ⊕ Geeignet für erfahrene Anleger mit größerem Vermögen als Beimischung.

High-Yield-Fonds kaufen Hochzinsanleihen. Diese → Anleihen werden von Staaten oder Unternehmen herausgegeben, die nur über eine mäßige bis schlechte Kreditwürdigkeit verfügen. Ihre Bonitätsnoten, die von Ratingagenturen vergeben werden, liegen unter dem Gütesiegel „Investment Grade". Das Siegel „Investment Grade" erhalten nur Anleiheherausgeber, bei denen es als ziemlich sicher gilt, dass sie ihre Schulden auch zurückzahlen können. Hochzinsanleihen haben höhere Ausfallwahrscheinlichkeiten. Und deswegen müssen die Herausgeber auch höhere Zinsen bieten, damit sie ihre Papiere auf den Anleihemärkten loswerden. Die meisten High-Yield-Fonds legen ihr Kapital in Unternehmensanleihen an. Hochzinsanleihen von Staaten sind häufig in Fonds enthalten, die sich auf Schwellenländeranleihen konzentrieren (→ Rentenfonds).
Renditechance: Wenn es gut läuft, lassen sich mit High-Yield-Fonds Renditen erzielen, die ähnlich hoch sind wie die von → Aktienfonds.
Sicherheit: Die Kurse von High-Yield-Fonds können kräftig schwanken. Das liegt unter anderem daran, dass Hochzinsanleihen von Unternehmen stärker auf Konjunkturschwankungen reagieren. Läuft die Wirtschaft schlecht, nehmen Firmen weniger Geld ein, mit dem sie ihren Schuldendienst bedienen können. Das Risiko eines Zahlungsausfalls steigt, weswegen viele Anleger ihre Anleihen verkaufen. Umgekehrt läuft es, wenn die Konjunktur boomt. In solchen Phasen sind Hochzinsanleihen besonders gefragt, die Kurse steigen. Bei der Beurteilung von Werthaltigkeit und Ausfallwahrscheinlichkeit von Hochzinsanleihen müssen sich Anleger auf die Expertise von Ratingagenturen und Fondsmanagern verlassen. Doch auch die können schiefliegen.

Grundsätzlich gilt: Wenn ein Unternehmen in eine Pleite schlittert, können dessen Anleihen stark an Wert verlieren oder wertlos werden.
Flexibilität: High-Yield-Fonds können börsentäglich ge- und verkauft werden.

UNSER RAT Wie bei allen Fonds gilt auch bei High-Yield-Fonds: → Indexfonds sind transparenter als → aktiv gemanagte Fonds. Grundsätzlich sollten Sie nur einen kleinen Teil Ihres Vermögens in diese Fonds stecken.

Hochzinsanleihen ⊖ sind → Anleihen von Staaten oder Unternehmen mit schlechter Kreditwürdigkeit. Diese Anleihen werden auch als High-Yield-Bonds bezeichnet (→ auch High-Yield-Fonds). Hochzinsanleihen sind schwankungsanfälliger als Anleihen mit guter Bonität. Außerdem ist ihre Ausfallwahrscheinlichkeit höher. Zu riskant für Kleinanleger.

Immobilien ⊕ Geeignet für Sparer mit sicherem Einkommen und langfristigem Anlagehorizont.

Als Immobilien werden Grundstücke und Gebäude bezeichnet. Sie gelten als wertstabile Geldanlage. Es gibt Immobilien, die gewerblich genutzt werden (→ offene Immobilienfonds), und Wohnimmobilien. In Letztere können Privatanleger direkt investieren, weil die Investitionssummen für Einfamilienhäuser und Wohnungen viel niedriger sind als für Bürogebäude oder Einzelhandelsflächen. Viele Sparer kaufen Wohnimmobilien als Bestandteil ihrer langfristigen Altersvorsorge. Wenn man sie selbst nutzt, spart man die Miete. Und als Vermieter erhält man regelmäßige Mieteinnahmen, wenn alles gutgeht.

Für die meisten ist der Kauf einer Wohnimmobilie die größte Anschaffung ihres Lebens. Ein solcher Schritt sollte wohl überlegt und gut geplant sein. ==Grundvoraussetzung sind genügend Eigenkapital (25 bis 30 Prozent der Kaufsumme inklusive Nebenkosten) und ein ausreichendes, sicheres Einkommen,== aus dem Zinsen und Tilgung für den Kredit bezahlt werden können. Auch genügend Zeit und Ausdauer sollten Käufer mitbringen.

Ein Wohnimmobilienkauf ist relativ aufwendig. Es kann lange dauern, ein passendes Objekt zu einem vernünftigen Preis zu finden. Gerade in den deutschen Großstädten ist das in den vergangenen Jahren immer schwieriger geworden. Die Kaufpreise sind kräftig gestiegen. Dennoch kann sich der Kauf einer Wohnimmobilie bei günstigen Zinsen lohnen. Ob die Rechnung aufgeht, können Sie mit den kostenlosen Finanztest-Rechnern unter www.test.de/rechner prüfen. Mit dem Rechner für Selbstnutzer können Sie kalkulieren, ob der Kauf einer Wohnimmobilie lohnenswerter ist, als zur Miete zu wohnen. Mit dem Rechner für diejenigen, die eine Wohnimmobilie kaufen und dann vermieten wollen, können Sie einen Investitionsplan aufstellen und die Höhe Ihrer voraussichtlichen Rendite kalkulieren.

Renditechance: Die Rendite einer vermieteten Immobilie ergibt sich aus regelmäßigen Mieteinnahmen und möglichen Wertsteigerungen. Die Rendite auf das eingesetzte Eigenkapital (Eigenkapitalrendite) sollte bei guten Objekten zwischen 5 und 6 Prozent betragen. Bei selbstgenutzten Objekten, in denen die Käufer wohnen bleiben wollen, spielt der Wiederverkaufswert dagegen eine untergeordnete Rolle. Hier steht vor allem die Mietersparnis im Vordergrund.

Sicherheit: Immobilienpreise sind nicht in Beton gegossen. Sie können ebenso schnell fallen, wie sie gestiegen sind. Das war beispielsweise Mitte der 1990er-Jahre in Ostdeutschland der Fall. Viele arglose Anleger, denen damals überteuerte Wohnungen angedreht wurden, verloren ein Vermögen. In den USA stürzten die Hauspreise ab, nachdem sich 2007 immer deutlicher abzeichnete, dass viele Käufer ihre Kredite langfristig nicht bedienen konnten. Zuvor waren die Preise jahrelang gestiegen. Immer mehr Amerikaner hatten darauf spekuliert, dass sich dieser Trend weiter fortsetzt, und ihre Immobilie unsolide finanziert. Die Folge war eine globale Bankenkrise, die in einigen Ländern Europas zu Staatsschuldenkrisen und zwischenzeitlich zu einer Destabilisierung des Euro führte.

Was für den Immobilienmarkt im Allgemeinen gilt, trifft auf das einzelne Haus oder Grundstück noch viel stärker zu. Wenn beispielsweise junge Menschen aus einer Gegend mit schlechter Infrastruktur und hoher Arbeitslosigkeit abwandern, ist auf lange Sicht eher mit einem Preisverfall als mit einem Anstieg zu rechnen. Selbst in gefragten Landstrichen ist ein Haus, das an einer vielbefahrenen Straße oder in einer Einflugschneise liegt, kaum eine ideale Geldanlage. Achten Sie also immer auf eine gute Lage.

Flexibilität: Immobilien haben einen entscheidenden Nachteil: Sie sind nicht jederzeit schnell zu Geld zu machen. Anleger interessiert das häufig nur am Rande – zu Unrecht. Der Verkauf einer Eigentumswohnung kann sich selbst dann über Monate oder Jahre hinziehen, wenn der Besitzer mit dem Preis heruntergeht. Auch ein boomender Immobilienmarkt nutzt dem Eigentümer herzlich wenig, wenn sich für sein Haus kein Käufer findet. Seine Anlage ist also nicht nur immobil, sondern auch unflexibel.

Nur wer genügend Geld in der Hinterhand hat, könnte es wegstecken, wenn sein Haus oder seine Wohnung eine Zeit lang unverkäuflich ist. Alle anderen kommen in die Bredouille und müssen mit dem Verkaufspreis immer weiter nachgeben. Wer in Immobilien investiert, sollte daher sicher sein, dass er sein Geld in den nächsten zehn bis zwanzig Jahren nicht benötigt.

UNSER RAT **Immobilien können langfristig eine gute Geldanlage sein. Allerdings müssen Sie Angebote auf Herz und Nieren prüfen. Nehmen Sie sich dafür ausreichend Zeit und lassen Sie sich auf keinen Fall unter Druck setzen. Leider werden Anlegern manche Objekte mit unseriösen Modellrechnungen schmackhaft gemacht. Meistens sind die prognostizierten Mieteinnahmen viel zu hoch – ebenso wie der Kaufpreis. Trotz der mangelnden Werthaltigkeit solcher Objekte, werden sie von Banken finanziert, wenn die Kreditnehmer genügend andere Sicherheiten bieten können. Kommt es dann wegen niedrigerer Mieteinnahmen zu einer Überschuldung der Immobilie, fällt sie mit den anderen Sicherheiten möglicherweise an die Bank. Prüfen Sie deshalb immer genau, ob Mieteinnahmen, Steuerersparnisse und Wertsteigerungen realistisch kalkuliert sind. Vertrauen Sie nie auf die Modellrechnung eines Objektanbieters oder einer Bank. Das kann Sie in den finanziellen Ruin stürzen. Wenn eine Bank eine Finanzierung stellt, ist das grundsätzlich kein Indiz für die Werthaltigkeit einer Immobilie, wie zahllose Reinfälle mit Schrottimmobilien in der Vergangenheit gezeigt haben.**

Immobilienaktien So werden Aktien von Unternehmen bezeichnet, die mit der Vermietung und dem Handel von → Immobilien ihr Geld verdienen. Zwar gelten Immobilien als sichere Anlage, doch die Aktien von Immobiliengesellschaften sind ebenso riskant wie die Aktien von anderen Unternehmen (mehr dazu → Aktien).

Immobilienfonds Bei Immobilienfonds sollten Sie genauer nachfragen, denn es gibt zwei Varianten. Während sich → offene Immobilienfonds für Kleinanleger eignen können, sind → geschlossene Immobilienfonds in der Regel zu riskant.

Indexanleihen Diese → Anleihen kombinieren eine feste mit einer variablen Verzinsung. Letztere hängt von der Entwicklung eines Index ab. Als Index können → Aktien, → Rohstoffe, Zinssätze oder auch die Inflationsrate dienen wie beispielsweise bei → inflationsindexierten Anleihen. Wegen des variablen Zinsanteils steht die Rendite von Indexanleihen nicht im Voraus fest – anders als bei festverzinslichen Anleihen, die bis zur Fälligkeit gehalten werden. Indexanleihen sind dementsprechend riskanter als festverzinsliche Anleihen. Anleger sollten die einzelnen Bedingungen, die an die Gesamtverzinsung einer Indexanleihe geknüpft sind, genau studieren, bevor sie ein solches Papier kaufen.

> *Da können Sie Ihr ganzes Geld einzahlen. Dieser Immobilienfonds ist so sicher wie ein Sparbuch.**
>
> *) Der Kunde zahlte sein gesamtes Vermögen in diesen Fonds, der kurze Zeit später Verluste machte und geschlossen wurde.

Indexfonds Diese → Fonds kopieren die Entwicklung von Indizes und entwickeln sich deswegen nahezu genauso wie sie – daher der Name Indexfonds. Indexfonds firmieren auch unter dem Begriff Exchange Traded Funds (ETF), börsengehandelte Fonds, weil man die meisten Indexfonds jederzeit an Börsen kaufen und verkaufen kann. Häufig bilden Indizes die Entwicklung von einzelnen Aktienmärkten ab. Der bekannteste Index in Deutschland ist der Dax, der die 30 größten börsennotierten Unternehmen enthält und als Leitindex den deutschen Aktienmarkt repräsentiert. Neben ETF auf Aktienindizes (→ Aktien-ETF) gibt es auch solche auf Anleiheindizes (→ Renten-ETF).

Da ETF Indizes nachbilden, brauchen sie keinen aktiven Manager, der Anlageentscheidungen trifft. Aus diesem Grund werden sie als passive Fonds kategorisiert. Für Anleger bietet dieses Konzept einige Vorteile: Böse Überraschungen wegen Fehlentscheidungen eines Fondsmanagers bleiben ihnen erspart. ETF schneiden nicht wesentlich schlechter ab als der Index – aber eben auch nicht besser. Zudem ist die Transparenz vergleichsweise hoch. Zwar werden auch in Aktien- und Rentenindizes von Zeit zu Zeit Aktien beziehungsweise Anleihen durch andere ersetzt.

Doch diese Änderungen sind marginal im Vergleich zu einem → aktiv gemanagten Fonds, der seine Wertpapiere in kurzer Zeit vollständig austauschen kann.

Allerdings müssen die Indexwerte nicht tatsächlich im Fonds enthalten sein. Indexfonds, die die Original-Indexwerte enthalten, werden als → physische ETF bezeichnet. Sogenannte → synthetische ETF ersetzen sie dagegen durch andere Wertpapiere und finanzielle Tauschgeschäfte mit einer Bank.

Eine Sonderstellung nehmen → gehebelte ETF und sogenannte → Short-ETF ein. Beide sind selbst für erfahrene Anleger kaum geeignet.

ETF sind im Vergleich zu → aktiv gemanagten Fonds sehr kostengünstig. Bei Bankberatern sind sie unbeliebt, weil sie keine Provisionen bringen. Die jährlichen Verwaltungskosten von ETF liegen bei gefragten Produkten unter einem halben Prozent. Zudem entfällt der bei aktiv gemanagten Fonds übliche Ausgabeaufschlag, weil ETF an Börsen ge- und verkauft werden. Dafür zahlen Anleger einen „Spread". Das ist die Differenz zwischen An- und Verkaufspreis (Geld- und Briefkurs). Seine Höhe hängt auch davon ab, wie häufig Fondsanteile beziehungsweise die Wertpapiere, die der ETF enthält, gehandelt werden. Je größer die Umsätze, desto niedriger ist der Spread. Zusätzlich zum Spread fallen beim Kauf eines ETF noch Kosten für die Wertpapierorder und die Nutzung der Börse an. Privatanleger und auch die meisten institutionellen Investoren wie Versicherungen und Stiftungen können nicht selbst an der Börse handeln. Sie müssen ihre Kauf- und Verkaufsaufträge über Banken oder sogenannte Broker platzieren, die zum Handel zugelassen sind und sich für ihre Dienstleistungen bezahlen lassen. Die laufenden Kosten von Aktien-ETF sind in der Regel etwas höher als die von Renten-ETF.

Indexzertifikate,

auch Partizipationszertifikate genannt, bilden die Wertentwicklung von Indizes eins zu eins nach. Daher ist die Wertentwicklung solcher → Zertifikate besonders leicht nachzuvollziehen. Steigt der Index, steigt das Zertifikat im gleichen Maß, abzüglich der jährlichen Verwaltungskosten. Es gibt Indexzertifikate zum Beispiel auf Aktien-, Rohstoff- und Währungsindizes. Im Gegensatz zu vielen → Indexfonds auf Aktienindizes schütten Indexzertifikate keine Dividenden aus. Zudem handelt es sich bei den Zertifikaten um Schuldverschreibungen. Das heißt: Bei einer Pleite des Herausgebers werden Indexzertifikate wertlos. Indexfonds sind dagegen bei einer Insolvenz der Fondsgesellschaft geschützt. Werden für dieselbe Anlageidee Indexzertifikate und -fonds zu ähnlichen Kosten angeboten, sollten Anleger den Fonds vorziehen.

Wenn es um Nischenmärkte geht, sind Indexzertifikate allerdings häufig eine der wenigen Möglichkeiten, um dort zu investieren. Die damit verbundenen Risiken hängen vom jeweiligen Markt und der Anlageklasse ab. Grundsätzlich sind kleine Nischenmärkte deutlich riskanter als große etablierte Märkte wie etwa der amerikanische Aktienmarkt. Ein Indexzertifikat auf den vietnamesischen Aktienmarkt beispielsweise birgt ziemlich hohe Verlustrisiken und ist nur als Depotbeimischung für sehr risikobereite Anleger geeignet.

Industrieanleihen ⊕ → Unternehmensanleihen

Industrieobligationen ⊕ → Unternehmensanleihen

Inflationsindexierte Anleihen
⊕ Geeignet für Anleger, die sich vor einem plötzlichen Anstieg der Inflation schützen wollen.

Wer Inflationsschübe fürchtet und von ihnen nicht überrascht werden will, kann sich mit inflationsindexierten → Anleihen absichern. Zins und Rückzahlung sind an die Inflationsrate gekoppelt. Der reale Wert des angelegten Geldes – die Kaufkraft – bleibt erhalten, egal wie stark die Preise steigen. Das gilt allerdings nur, solange die Rendite zum Kaufzeitpunkt einer inflationsindexierten Anleihe positiv ist.

Ein Beispiel zeigt, wie etwa inflationsindexierte Bundesanleihen funktionieren: Ein Anleger, der 10 000 Euro investiert, bekommt bei Fälligkeit nach einem Jahr nicht wie üblich seine 10 000 Euro zurück, sondern zusätzlich einen Inflationsausgleich. Bei 5 Prozent Inflation erhält er 10 500 Euro. Auch die vereinbarten Zinsen sind geschützt. Aus 1 Prozent Zinsen – das wären 100 Euro für die 10 000 Euro – werden 105 Euro.

Wegen des Inflationsausgleichs ist die feste Verzinsung von indexierten Bundesanleihen deutlich niedriger als die von klassischen → Bundeswertpapieren. Als Referenzindex für den Inflationsausgleich dient der harmonisierte Verbraucherpreisindex „HVPI ohne Tabak in der Eurozone". Der Bund zahlt den Inflationsausgleich einer indexierten Anleihe erst am Ende der Laufzeit. Die Ausgleichszahlungen werden quasi über die Zeit angesammelt. Sie sind zusammen mit den Stückzinsen im sogenannten Abrechnungspreis enthalten.

Auch die USA geben inflationsindexierte Anleihen heraus. Sie nennen sich Treasury Inflation Protected Securities, kurz → TIPS.

Renditechance: Mit inflationsindexierten Anleihen wird man nicht reich, schon gar nicht, wenn das allgemeine Zinsniveau gerade niedrig ist. Falls die Inflation stärker ansteigt, als an den Anleihemärkten erwartet worden ist, schneidet man mit inflationsindexierten Anleihen besser ab als mit klassischen Anleihen. Bleibt die Teuerung dagegen hinter den Erwartungen zurück, ist es umgekehrt.

Sicherheit: Wie riskant eine Anleihe ist, hängt von der Kreditwürdigkeit des Herausgebers ab. Inflationsindexierte Bundesanleihen sind Bundeswertpapiere. Diese zählen weltweit zu den sichersten Anleihen.

Flexibilität: Inflationsindexierte Bundesanleihen können während der Handelszeiten an Börsen ge- und verkauft werden.

UNSER RAT Wer eine inflationsgeschützte Anleihe kauft, weiß sicher, welche Rendite er nach Abzug der Inflation jährlich erzielt (reale Rendite), sofern er sie bis zum Ende der Laufzeit hält. Das ist besonders dann beruhigend, wenn

Anleger große Inflationsängste plagen. Die reale Rendite wird täglich von der Deutschen Finanzagentur (www.deutsche-finanzagentur.de) berechnet. Bei normalen Anleihen ist die reale Rendite dagegen unsicher. Sie hängt davon ab, wie hoch die Geldentwertung in der Zukunft ausfallen wird. Bei negativen realen Renditen wie zuletzt während der Staatsschuldenkrise in Europa ist auch mit indexierten Bundesanleihen kein vollständiger Erhalt der Kaufkraft möglich – und ein Vermögenszuwachs ist schon gar nicht zu erzielen. Sie sind eine Wette auf eine ansteigende Inflationsrate, die beruhigend auf die Nerven mancher Anleger wirkt.

Inhaberaktien → Inhaberpapiere

Inhaberpapiere
sind → Wertpapiere, deren verbriefte Rechte der jeweilige (anonyme) Besitzer geltend machen kann. Anders als → Namenspapiere können Inhaberpapiere einfach übertragen werden, weswegen sie im Wertpapierhandel eingesetzt werden. Es gibt beispielsweise Inhaberaktien und Inhaberschuldverschreibungen (→ Schuldverschreibungen).

Inhaberschuldverschreibungen
→ Schuldverschreibungen

Investmentfonds → Fonds

Jumbo-Pfandbriefe ⊕ Geeignet für alle Anleger.
Jumbo-Pfandbriefe werden → Pfandbriefe genannt, deren Emissionsvolumen mindestens eine Milliarde Euro beträgt. Als Emissionsvolumen wird der Gesamtwert der ausgegebenen Papiere bezeichnet. Jumbo-Pfandbriefe haben den Vorteil, dass sie häufig gehandelt und deswegen jederzeit zu marktgerechten Kursen ge- und verkauft werden können. Das ist bei Pfandbriefen mit geringeren Emissionsvolumina nicht immer der Fall. Die Rendite von Jumbo-Pfandbriefen ist dafür allerdings geringer als die von weniger häufig gehandelten Papieren.

UNSER RAT Jumbo-Pfandbriefe sind fast genauso sicher wie → Bundeswertpapiere. Mit ihnen können Sie nichts falsch machen. Reich werden Sie allerdings auch nicht.

Junk Bonds ⊖ Englischer Ausdruck
für → Hochzinsanleihen.

Kapitallebensversicherungen ⊖

gibt es als klassisches Produkt und als → Fondsgebundene Kapitallebensversicherung. Beide Varianten verbinden eine Erlebensfall- und eine Todesfallleistung. Stirbt der Versicherte vor Vertragsende, überweist der Versicherer an dessen Begünstigten eine einmalige Summe – die Todesfallleistung. Ihre Mindesthöhe wird bei Vertragsschluss festgelegt.

Erlebt der Versicherungsnehmer das Vertragsende seiner klassischen Kapitallebensversicherung, wird die Erlebensfallleistung fällig. Sie wird häufig auch Ablaufleistung genannt. Dann zahlt der Versicherer auf einen Schlag die garantierte Versicherungssumme inklusive der angesammelten Überschussbeteiligung und eines möglichen Schlussüberschusses an den Kunden aus.

Durch die Kombination der beiden Leistungen kann ein Versicherungsnehmer für zwei Fälle gleichzeitig vorsorgen: Er sichert seine Angehörigen ab, die im Falle seines Todes in finanzielle Not geraten könnten. Und er spart mit einem Teil seines Beitrags eine Summe an, die er im Alter möglicherweise benötigt, um seinen eigenen Lebensunterhalt zu bestreiten. Das klingt erst einmal nicht schlecht. Doch die Nachteile von Kapitallebensversicherungen sind beachtlich:

Die Versicherungsunternehmen binden ihre Vertragspartner in einem unflexiblen Vertrag – oft über mehrere Jahrzehnte. Der Sparvorgang, der in dem Versicherungsprodukt enthalten ist, macht die Absicherung von Angehörigen teuer. Viele Kunden vereinbaren deshalb eine zu niedrige Todesfallleistung, weil sie die Beiträge für das Gesamtprodukt sonst nicht zahlen könnten. Gleichzeitig kostet die Versicherung des Todesfallrisikos Rendite. Je älter der Versicherte bei Vertragsbeginn ist, desto stärker ist der Abschlag. Denn je älter ein Versicherter ist, desto teurer ist die Absicherung seines Todesfallrisikos. Hinzu kommen in den meisten Fällen hohe Kosten für Verwaltung und Vertrieb, die ein Kunde kaum erkennen kann.

Zudem sind die Steuervorteile von Kapitallebensversicherungen weggefallen. Die Erträge – Auszahlung abzüglich eingezahlter Beiträge – muss der Kunde bei ab 2005 geschlossenen Verträgen voll mit seinem persönlichen Steuersatz versteuern. Ist er mindestens 62 Jahre alt und lief der Vertrag mindestens zwölf Jahre lang, ist nur auf die Hälfte der Summe die individuelle Steuer fällig.

Wer vor allem sparen will, ist mit einer Kapitallebensversicherung nicht gut bedient. Und wer seine Angehörigen absichern möchte, sollte besser eine Risikolebensversicherung abschließen.

Kapitalschutzanleihen ⊕ → Garantiezertifikate

Kapitalschutzzertifikate ⊕
→ Garantiezertifikate

Klimafonds ⊕ → Neue-Energien-Fonds

Knockout-Zertifikate ⊖ Diese
→ Zertifikate sind hochriskante → Hebelprodukte für Zocker. Unterschreiten die ihnen zugrunde liegenden Basiswerte, etwa → Aktien oder → Rohstoffe, eine bestimmte Kursschwelle, werden sie wertlos.

Kommunalobligationen ⊕
Geeignet für nahezu jeden Anleger.
Kommunalobligationen, auch öffentliche → Pfandbriefe genannt, sind festverzinsliche → Schuldverschreibungen, die von Banken herausgegeben werden. Sie sind mit Krediten abgesichert, die Banken an Kommunen vergeben haben, häufig zum Ausbau der Infrastruktur. Mit der Herausgabe von Kommunalobligationen refinanzieren Banken diese Kredite, die sie wiederum als Sicherheiten hinterlegen. Kann die Bank eine Kommunalobligation nicht mehr zurückzahlen, sind die Anleger berechtigt, die Sicherheiten zu verwerten. Kommunalobligationen sind fast so sicher wie → Staatsanleihen von Staaten mit hoher Kreditwürdigkeit.

Kurzläuferfonds ⊕ sind → Rentenfonds, die in → Anleihen mit kurzer Laufzeit investieren.

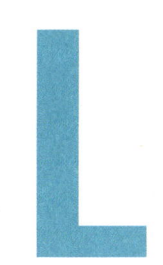

Länderfonds ⊕ Geeignet für erfahrene Anleger als Beimischung.
Länderfonds investieren nur in einem einzigen Land. Meistens handelt es sich um → Aktienfonds. Die Werbeabteilungen von Banken und Fondsgesellschaften lieben Länderfonds. Um sie lässt sich häufig eine schöne Investmentgeschichte stricken, die sich mit vielen bunten Bildern illustrieren lässt. Die Argumente, mit denen für neue Länderfonds geworben wird, sind fast immer dieselben: aufstrebendes Land mit junger Bevölkerung, hohe Wachstumserwartungen, hoher Nachholbedarf in Sachen Konsum und Investitionsgüter, junger Kapitalmarkt, in dem noch nicht so viele Investoren unterwegs sind, weswegen jetzt noch günstig Unternehmensanteile eingekauft werden könnten. Selbst wenn diese Argumente in einzelnen Fällen stichhaltig sind, sind sie überhaupt keine Garantie für Aktienkursgewinne.

In den vergangenen Jahren waren beispielsweise Fonds, die ausschließlich in Schwellenländer wie China, Brasilien und Thailand investieren, in Mode.
Renditechance: Wegen ihrer engen Anlagestrategie können Länderfonds überdurchschnittliche Renditen abwerfen, wenn der jeweilige Aktienmarkt gerade boomt.

BANKPRODUKTE

> *Damit alles seine Richtigkeit hat, müssen Sie das Beratungsprotokoll jetzt hier unterschreiben!* *
>
> *) Aufforderung eines Beraters am Gesprächsende. Kunden müssen das Protokoll nicht unterschreiben und sollten dies auch nicht tun.

Sicherheit: Auf der anderen Seite sind wegen der geringen Risikostreuung auch sehr hohe Verluste möglich. Vor allem Länderfonds auf Schwellenländer sind extrem riskant. Hier kommt zum Aktienkursrisiko noch ein Wechselkursrisiko hinzu. Fällt die Währung des Investitionslandes, schlägt das voll als Verlust durch. Aktienfonds Deutschland oder Fonds, die sich auf andere europäische Länder wie die Schweiz oder Großbritannien oder auf die USA beschränken, eignen sich eher als Beimischung für Kleinanleger.

Flexibilität: Länderfonds sind wie alle Aktienfonds eine flexible Geldanlage. Sie können sie werktäglich kaufen und verkaufen.

UNSER RAT Länderfonds sind wegen ihrer geringen Risikostreuung keine Basisanlage. Sie können in geringen Mengen beigemischt werden. Je exotischer und weniger entwickelt das Land, desto geringer sollte die Anlagesumme sein. Fonds, die ausschließlich deutsche Aktien kaufen, können dagegen bis zu 15 Prozent der Aktienanlagen ausmachen.

Langläuferfonds ⊕ sind → Rentenfonds, die in → Anleihen mit langer Laufzeit investieren.

Large-Caps ⊕ → Blue Chips

Laufzeitfonds ⊕ Geeignet für fast alle Anleger.

Laufzeitfonds sind → Rentenfonds, deren Laufzeit von vornherein begrenzt ist. Diese Fonds können nur während einer festgelegten **Zeichnungsfrist** gekauft werden. Das Kapital bleibt bis zum Ende der Laufzeit im Fonds. Dennoch können Anleger ihre Anteile vorzeitig zurückgeben. Am Laufzeitende wird der Fonds aufgelöst und das Kapital sowie Erträge an die Anteilseigner ausgeschüttet.

Laufzeitfonds wollen eine planbare Anlage sein. Das eingesetzte Kapital soll am Ende der Laufzeit wieder zur Verfügung stehen so wie bei einer einzelnen → Anleihe. Gleichzeitig sollen Anleger von den Vorteilen eines breit gestreuten Anleiheportfolios profitieren. Dieses Konzept kann im Einzelfall aufgehen. Garantien gibt es dafür aber keine. Nichtsdestotrotz sind diese Fonds auch für vorsichtige Anleger geeignet.

Leveraged ETF ⊖ → Gehebelte ETF

Mid-Caps ⊕ sind → Aktien von mittelgroßen Unternehmen. In Deutschland sind solche Unternehmen im Index MDax notiert. Mid-Caps gelten im Vergleich zu Aktien großer Unternehmen (→ Large-Caps) als riskanter. Ihre Wertentwicklung ist dafür aber häufig besser. Mid-Caps oder → Aktienfonds, die gezielt in solche Werte investieren, eignen sich als Beimischung für erfahrene Anleger.

Mini-Futures ⊖ sind riskante → Hebelprodukte. Wegen der Hebelwirkung können Anleger mit ihnen Positionen an den Finanzmärkten eingehen, die ihren Kapitaleinsatz um ein Vielfaches übersteigen. Je größer der Hebel, desto größer die Gewinnchancen und die Verlustrisiken. Im Gegensatz zu vielen anderen Hebelprodukten haben Mini-Futures eine unbegrenzte Laufzeit. Man kann mit ihnen sowohl auf steigende als auch auf fallende Kurse in nahezu allen Anlageklassen setzen, darunter → Aktien, → Anleihen, → Rohstoffe und Wechselkurse.

Wegen der hohen Risiken eignen sich Mini-Futures nicht für Privatanleger, die mit ihrer Geldanlage ein Vermögen aufbauen wollen. Sie sind eher etwas für Zocker, die diese Papiere maximal einige Tage halten und dann wieder abstoßen.

Mischfonds ⊕ Geeignet für Anleger, die langfristig anlegen und sich nicht selbst regelmäßig um die Zusammensetzung ihres Fondsdepots kümmern wollen.

Keine andere Gruppe von → Fonds bietet so viele verschiedene Anlagestrategien und so spezielle Konzepte wie Mischfonds. In klassischen Mischfonds werden → Aktien und → Anleihen in einem vorgegebenen Rahmen gemischt. Die Mischung kann variieren: Mal ist der Aktienanteil etwas höher, mal etwas niedriger. Der Anleger kann aber sicher sein, dass der Fonds stets sowohl Aktien als auch Anleihen enthält.

Das ist bei flexiblen Mischfonds nicht gewiss. Deren Manager versuchen, Höhenflüge an den Aktienmärkten voll mitzunehmen und schlechte Phasen zu vermeiden. Die Aktienquote passen sie der vermuteten Marktlage an. Sie kann zwischen 0 und 100 Prozent liegen. Wer einen flexiblen Mischfonds kauft, weiß also ohne zusätzliche Recherchen nie, ob er gerade eher aktienlastig, und damit riskanter, oder ob er vorsichtig investiert hat.

Manche Mischfonds verfolgen einen Total-Return-Ansatz (→ Total-Return-Fonds). Ziel dieser Strategie ist eine dauerhaft positive Wertentwicklung, unabhängig davon, wie die Märkte gerade laufen. **Renditechance:** Je höher der Aktienanteil in einem Mischfonds, desto größer sind die Ertragschancen, aber auch die Risiken. Bei „offensiven" Mischfonds ist die Aktienquote am höchsten. „Defensive" Mischfonds setzen dagegen vor allem auf sichere Anleihen. Entsprechend niedriger sind die Renditeerwartungen. „Ausgewogene" Mischfonds bewegen sich zwischen offensiven und defensiven Fonds.

Sicherheit: Mischfonds sind riskanter als → Rentenfonds, aber weniger risikoreich als → Aktienfonds. Seit Ende 2006 betrugen die schlimmsten Verluste bei den riskantesten Mischfonds weniger als ein Drittel vom zuvor Erreichten (Stand: August 2013). Dagegen konnten Anleger selbst mit guten global anlegenden Aktienfonds die Hälfte ihres Einsatzes verlieren, wenn sie zum jeweils ungünstigsten Zeitpunkt kauften und verkauften. Einen guten Hinweis auf die Risikoausrichtung eines Mischfonds gibt die Messlatte, mit der seine Fondsmanager ihr Anlageergebnis beurteilen. Meist orientieren sie sich an **Indizes**. Wenn die Manager etwa eine Fifty-fifty-Mischung aus dem Weltaktienindex **MSCI World** und aus einem europäischen Rentenindex wie dem Barclays Capital Euro Treasury wählen, um die Wertentwicklung ihres Fonds zu vergleichen, deutet das auf ein ausgewogenes Risikoprofil hin. Einige Mischfonds nehmen als Messlatte keine Indizes, sondern eine feste jährliche

Rendite. Ein Fonds, der sich 5 Prozent pro Jahr als Zielmarke setzt, muss natürlich höhere Risiken eingehen als einer, der sich mit 3 Prozent begnügt.

Flexibilität: Mischfonds können werktäglich ge- und verkauft werden, sind aber eher für die langfristige Anlage geeignet.

UNSER RAT Besonders Mischfonds mit klar definiertem Aktien-Anleihen-Verhältnis eignen sich. Eine Aktienquote von etwa 30 bis 60 Prozent ist für viele Anleger am vernünftigsten. Das gilt noch mehr, wenn sie sehr langfristig investieren wollen. Langfristige → Fondssparpläne können auch eine gute Ergänzung der privaten Altersvorsorge sein. Vor dem Kauf sollten Sie sich auf jeden Fall die aktuelle Zusammensetzung eines Mischfonds ansehen. Dazu eignen sich am besten die monatlichen Berichte (Factsheets) auf den Internetseiten der Anbieter. Die besten Mischfonds aus dem Finanztest-Dauertest finden Sie jeden Monat in der aktuellen Finanztest-Ausgabe oder im Internet unter www.test.de/fonds.

Mittelstandsanleihen ⊖

Seit die Marktzinsen in Deutschland auf historische Tiefstände gefallen sind, erfreut sich ein junges Segment von → Anleihen bei Privatanlegern wachsender Beliebtheit: sogenannte Mittelstandsanleihen, die an den Börsen in Stuttgart, Frankfurt, Düsseldorf und Hamburg angeboten werden. Dabei handelt es sich um Papiere von mittelständischen Unternehmen, die mit einer Stückelung von 1 000 Euro auf Kleinanleger zugeschnitten sind und häufig mit

Diese Indexanleihe ist ein echter Geheimtipp.*

*) Ein Berater verwendet ein Synonym für „Zertifikat", da dieser Anlagetyp durch die Finanzkrise als Katastrophenpapier in Verruf geraten ist.

festen Zinsen in Höhe von 7 bis 9 Prozent locken. Das durchschnittliche **Emissionsvolumen** von Mittelstandsanleihen liegt nur bei rund 50 Millionen Euro. Zum Vergleich: Große Konzerne wie die Deutsche Telekom geben Anleihen in Milliardenhöhe heraus.

Unter den Herausgebern befinden sich bekannte Marken wie der Bierbrauer Carlsberg, die Fluggesellschaft Air Berlin und der Fußballverein Schalke 04. Doch Anleger sollten sich von prominenten Namen nicht blenden lassen. Das Pleiterisiko im Mittelstandssegment ist auch unter Markenherstellern erheblich. Viele Unternehmen sind hoch verschuldet und manche sogar Sanierungsfälle. Einige Unternehmen aus dem Bereich alternative Energien konnten bereits ihre Anleihen nicht mehr bedienen.

Die Mittelstandsmärkte sind nicht so streng reglementiert wie die für Großunternehmen. Marktbeobachter monieren eine mangelnde Transparenz, weil einige Unternehmen nicht ausreichend über ihre Ertragslage berichten. Auch die guten Noten für ihre Kreditwürdigkeit (**Ratings**), mit denen sich manche Firmen schmücken, sind in der Finanzbranche umstritten. Sie gelten als weniger aussagekräftig, weil sie nicht von den drei international führenden **Ratingagenturen**, sondern von preisgünstigeren regionalen Nischenanbietern vergeben werden. Deren Urteile kritisieren manche als zu kulant.

Mittelstandsanleihen sind hochriskant. Ein Verkauf dieser Anleihen über die Börse ist meist schwierig und teuer. Wer nicht spekulieren will, lässt dieses Segment links liegen.

Multizinszertifikate ⊖ → Strukturierte Anleihen

Mündelsichere Anleihen ⊕

Ein Mündel ist eine unter Vormundschaft stehende Person. Ein Vormund ersetzt beispielsweise für einen Minderjährigen die Eltern, wenn diese verstorben oder nicht sorgeberechtigt sind. Gelder, die das Mündel nicht zum Lebensunterhalt benötigt, muss der Vormund sicher anlegen. Welche Anlagen als mündelsicher gelten, hat der Gesetzgeber festgelegt. Bei Anleihen sind das in Deutschland → Bundeswertpapiere und Anleihen der Bundesländer. Auch → Pfandbriefe sind mündelsicher. Es gibt → Rentenfonds, die nur mündelsichere Anleihen kaufen. Mündelsichere Anleihen zählen zu den sichersten → festverzinslichen Wertpapieren. Sie sind für nahezu jeden Anleger geeignet.

Municipal Bonds sind → Anleihen,

die Kommunen, Städte oder Bundesländer herausgeben. Sie werden auch Kommunalanleihen genannt. Besonders in den USA sind solche Anleihen weit verbreitet. Anders als in Deutschland können Kommunen dort allerdings Insolvenz anmelden. Der jüngste spektakuläre Fall war die Pleite der Autostadt Detroit, die Berichten zufolge auf einem Schuldenberg von 18 Milliarden US-Dollar sitzt. Europäische Banken sollen laut Zeitungsmeldungen Anleihen der Stadt im Wert von einer Milliarde Euro halten. Diese Papiere verlieren nun erheblich an Wert oder müssen sogar ganz abgeschrieben werden.

N

Nachhaltigkeitsfonds → Ökofonds

Namensaktien → Namenspapiere

Namenspapiere sind → Wertpapiere, die auf den Namen eines bestimmten Besitzers lauten. Im Gegensatz zu Inhaberpapieren können sie nicht ohne weiteres an andere Personen übertragen werden. Sie sind deswegen nicht für den Handel gedacht. Es gibt beispielsweise Namensaktien und Namensschuldverschreibungen (→ Schuldverschreibungen).

Nebenwerte ⊕ sind → Aktien von mittleren (→ Mid-Caps) oder kleineren (→ Small-Caps) Unternehmen. Sie eignen sich als Beimischung für risikobereite Anleger mit Börsenerfahrung.

Neue-Energien-Fonds ⊕ Geeignet für erfahrene Anleger mit hoher Risikobereitschaft und großem Vermögen.
Neue Energien – das klingt nach sauberer Umwelt, nach Sonnen-, Wind- und Wasserkraft. Anleger können mit diesen → Aktienfonds gezielt in neue Energien investieren. Nur wenige Neue-Energien-Fonds erheben den Anspruch, ökologisch, ethisch und sozial korrekt zu investieren. Neue-Energien-Fonds sind zwar „sauberer" als die meisten klassischen Aktienfonds, da viele zweifelhafte Unternehmen von vornherein nicht infrage kommen. Doch bei kritischer Betrachtung gibt es so manchen Makel. Hinter den Stichwörtern Klimawandel und saubere Energie kann sich alles Mögliche verbergen – bis zur Reaktorkatastrophe in Fukushima verbarg sich dahinter zum Beispiel häufig auch Atomkraft, die bei manchen als klimafreundlich gilt.
Renditechance: Neue-Energien-Fonds sind → Branchenfonds. Diese können hohe Gewinne abwerfen, wenn das Thema gerade in Mode ist und der Sektor boomt.
Sicherheit: Umgekehrt kann es aber auch steil bergab gehen, wenn die Stimmung umschlägt und die Branche bei Anlegern in Ungnade fällt. Aktien von Unternehmen, die sich mit Solarenergie befassen, verloren beispielsweise 2012 bis zu 92 Prozent an Wert. Doch auch insgesamt kamen Neue-Energien-Fonds seit 2011 mächtig unter die Räder. Während der Weltaktienindex **MSCI World** sich in neue Höhen aufschwang, verloren Neue-Energien-Fonds zum Teil deutlich an Wert. Besonders hart traf es → Indexfonds, die spezielle Indizes für die Neue-Energien-Branche abbilden. Manche machten zwischenzeitlich ein Minus von mehr als 50 Prozent. Der iShares S&P Global Clean Energy, der sich von dem Aktienmarktcrash im Jahr 2008 nicht mehr richtig erholte, verlor innerhalb von

fünf Jahren rund 80 Prozent an Wert. Besser schlugen sich → aktiv gemanagte Neue-Energien-Fonds. Sie können Verlustbringer abstoßen und mehr Stabilität in ihre Wertentwicklung bringen, indem sie den Branchenbegriff sehr weit fassen und in große Unternehmen wie General Electric, Siemens, Air Liquide oder Linde investieren.

Flexibilität: Wie alle Aktienfonds können auch Neue-Energien-Fonds börsentäglich ge- und verkauft werden.

UNSER RAT Neue-Energien-Fonds sind riskant. Sie sollten nicht mehr als 10 Prozent Ihrer Aktienanlagen ausmachen.

Null-Kupon-Anleihen

werden auch Zerobonds oder abgezinste → Anleihen genannt. Anders als andere Anleihen bieten sie keine laufenden Zinszahlungen. Stattdessen werden sie unter dem Betrag verkauft, der am Ende der Laufzeit an die Anleger bezahlt wird. Die Rendite ergibt sich also aus der Differenz zwischen Ausgabepreis und Rückzahlungsbetrag. Ein Beispiel für Null-Kupon-Anleihen sind unverzinsliche Bundesschatzanweisungen mit Laufzeiten von sechs und zwölf Monaten (→ Bundeswertpapiere).

Beispiel: Angenommen, der Rückzahlungsbetrag einer Anleihe mit einjähriger Laufzeit beträgt bei Fälligkeit 1 000 Euro. Das Papier wird aber zu einem Ausgabepreis von 970 Euro verkauft. Dann beträgt die jährliche Rendite 3 Prozent.

Obligationen → Anleihen

Offene Fonds

Bei offenen Fonds ist der Name Programm: Ihre Tür ist für Anleger jederzeit geöffnet. Sie können werktäglich Anteile an diesen → Fonds kaufen oder verkaufen. Die Laufzeit offener Fonds ist unbegrenzt. So gut wie alle → Aktienfonds, → Rentenfonds und → Mischfonds sind offen. Fondsgesellschaften bieten auch → offene Immobilienfonds an.

Offene Immobilienfonds ⊕

Geeignet für sicherheitsorientierte Sparer und Anleger, die langfristig anlegen wollen.

Offene Immobilienfonds investieren das Kapital der Anleger in Wohn- und Gewerbeimmobilien. Über sie kann man sich schon mit kleinen Beträgen an Gebäuden und Grundstücken beteiligen. Offene Immobilienfonds kaufen und verwalten Gewerbeimmobilien, beispielsweise Bürogebäude, Einkaufszentren und Hotels. Ihre Erträge erwirtschaften sie mit Mieteinnahmen und Gewinnen aus dem Wiederverkauf von Immobilien. Zudem erhalten sie Zinsen für die Anlage ihrer Barbestände. Die Barbestände brauchen sie, um Anteile zurückzunehmen, wenn Anleger aus dem Fonds aussteigen wollen.

Renditechance: Die Renditen der meisten offenen Immobilienfonds sind in den vergangenen Jahren unter die 3-Prozent-Marke gerutscht. Davor brachten sie zwischen 3 und 5 Prozent Rendite pro Jahr ein.

Sicherheit: Anders als Wohnimmobilien sind Gewerbeobjekte konjunkturabhängig. Wenn die Wirtschaft schlecht läuft und Unternehmen Mitarbeiter entlassen, sinkt beispielsweise die Nachfrage nach Büro- und Einzelhandelsflächen. Mietpreise und Gebäudebewertungen können dann unter Druck geraten. Offene Immobilienfonds versuchen diese Risiken aufzufangen, indem sie möglichst in eine Vielzahl von Objekten investieren, die über den ganzen Globus verteilt sind. Eine solche Streuung soll die Fonds vor größeren Wertschwankungen schützen – und bislang ging diese Rechnung bei den erfolgreichen auf. Zwar werden immer wieder Gebäude abgewertet, andere steigen dafür aber im Preis.

Die Bewertung der Bestandsimmobilien ist allerdings nicht unumstritten. Denn dafür werden nicht tagesaktuelle Preise, sondern der sogenannte Verkehrswert angesetzt. Unabhängige Sachverständige ermitteln ihn auf Basis der langfristig erzielbaren Mieten. Ob ein Objekt aber tatsächlich zu diesem Preis verkauft werden kann, ist ungewiss. Wegen dieses Verfahrens spiegeln sich kurzfristige Schwankungen auf den Immobilienmärkten in den Preisen der Fondsanteile nicht wider.

Kritiker halten das für riskant. Sie sehen die Gefahr, dass Immobilien zu hoch bewertet werden. Das Nachsehen hätten am Ende die Anleger, wenn solche Objekte zu niedrigeren Marktpreisen verkauft werden müssten. Ob die Verkehrswerte im Einzelnen richtig angesetzt sind, kann auch Finanztest nicht beurteilen. Doch gegen Manipulationen spricht, dass die Preise von unabhängigen Gutachtern ermittelt werden, die sich an verbindliche Vorschriften zur Immobilienwertermittlung halten müssen.

Flexibilität: Früher konnte man Anteile an offenen Immobilienfonds börsentäglich kaufen und verkaufen. Doch nach Ausbruch der globalen Bankenkrise nahm eine Reihe von Fonds keine Anteile mehr zurück. Sie hatten nicht genug Geld flüssig, um alle Anleger auszuzahlen, die aussteigen wollten. Teilweise hatten sie das selbst verschuldet. Denn die Fonds hatten zu viele Großinvestoren wie Banken, Versicherungen und → Dachfonds ins Haus geholt und mit ihnen keine ausreichenden Kündigungsvereinbarungen getroffen. Als diese dann in der Krise hohe Summen abziehen wollten, weil sie ihr Geld anderweitig benötigten, reichten die flüssigen Reserven nicht aus. Denn Immobilien lassen sich nicht über Nacht zu einem angemessenen Preis abstoßen. Die betroffenen Fonds mussten vorübergehend geschlossen werden, und inzwischen befinden sie sich in der Auflösung.

Das grundlegende Geschäftsmodell der Fonds, die jahrzehntelang als sichere Anlage galten, hat sich aber nicht als untauglich erwiesen. Vielmehr sind die Immobilienfonds, die jetzt abgewickelt werden, daran gescheitert, eine illiquide Anlage liquide zu machen.

Nun soll ein neues Gesetz verhindern, dass sich eine Liquiditätskrise wiederholt.

Seit 2013 müssen Anleger zwölf Monate vorher kündigen, wenn sie Geld aus den Fonds abziehen wollen. Für Neuanleger gilt dazu eine Mindesthaltedauer von zwei Jahren. Altanleger profitieren von Freigrenzen. Sie können pro Kalenderhalbjahr 30 000 Euro abziehen. Das Geld gebe es sofort, stellen die Anbieter in Aussicht. Nach dem neuen Gesetz würde es genügen, wenn sie nur einmal im Jahr Anteile zurücknähmen. Doch sie wollen, dass die Anleger weiter täglich an ihr Geld kommen. Für private Anleger sind die neuen Regeln gut. Großinvestoren können offene Immobilienfonds nicht mehr so schnell in die Bredouille bringen. In vielen Fonds ist ihr Einfluss jetzt schon mehr als gering.

UNSER RAT Offene Immobilienfonds sind eine gute Geldanlage für private Anleger, die ihr Geld breit streuen und außer Zinsanlagen, Aktienfonds oder einzelnen Aktien auch einen kleinen Anteil an Immobilien besitzen wollen. Mehr als 10 Prozent Ihres Vermögens sollten Sie aber nicht investieren. Wählen Sie Fonds, die in mehreren Ländern vertreten sind. Gut ist, wenn die Fondsimmobilien wenig Leerstand haben und die Mietverträge noch lange laufen. Neben offenen gibt es auch → geschlossene Immobilienfonds. Sie sind riskant und teuer. Für Kleinanleger sind sie nicht empfehlenswert. Das zeigen Untersuchungen von Finanztest.

Ökofonds Der Begriff Ökofonds steht sowohl für → Fonds – wie etwa → Aktienfonds oder → Rentenfonds – als auch für geschlossene Beteiligungen, beispielsweise an einem Windpark (→ geschlossene Ökofonds). Letztere sind in der Regel hochriskant und nichts für Kleinanleger. Ein Aktien- oder Rentenfonds, der ethisch-ökologisch investiert, kann hingegen durchaus eine Option sein. Solche Fonds kaufen beispielsweise keine Aktien oder Anleihen von Unternehmen, die Waffen herstellen, Kinderarbeit dulden oder die Umwelt verschmutzen.

Es gibt bei Ökofonds allerdings große Unterschiede. Das beginnt schon bei den Bezeichnungen. Manche Banken nennen sie ethisch-ökologisch, andere sprechen von nachhaltig (englisch „sustainable") oder Nachhaltigkeitsfonds. Oft tragen die Fonds auch das Wort „grün" im Namen oder „green", weil das Schlagwort „grüne Geldanlage" gerne als Synonym für Ökofonds verwendet wird. Letztlich gleicht kein Fonds dem anderen. Jeder Fondsmanager wendet unterschiedliche Kriterien an, um aus dem großen Angebot an Aktien und Anleihen die passenden herauszufiltern.

Für den Anleger am einfachsten nachzuvollziehen sind dabei ethische und ökologische Ausschlusskriterien: Unternehmen mit fragwürdigen Geschäftspraktiken kommen für ein Investment nicht infrage. Anders ist die Herangehensweise beim sogenannten Best-in-Class-Prinzip. Statt bestimmte Branchen von vornherein auszuschließen, bevorzugen Fonds, die dieses Prinzip anwenden, Unternehmen, die in ihrer Branche in Sachen Nachhaltigkeit am besten abschneiden. Das kann dann auch ein Ölkonzern sein, wenn er sauberer arbeitet als die anderen Ölkonzerne.

Anleger, die nach ihren persönlichen ökologischen und ethischen Vorstellungen investieren möchten, müssen sich genau anschauen, nach welchen Kriterien ein Fonds seine Anlagen auswählt. Das Forum Nachhaltige Geldanlagen hat für 39 ethisch-ökologische Fonds eine Datenbank aufgebaut. Anleger können hier abfragen, nach welchen Kriterien die Fondsanbieter ihre Wertpapier-Auswahl treffen: www.forum-ng.org/FNG-Nachhaltigkeitsprofil. Bei Aktien-Ökofonds sind auch die Renditen weder nachhaltiger noch höher als bei normalen → Fonds ohne grünes Anlagekonzept. Bisher sind Fonds, die das Geld der Anleger nach nachhaltigen Kriterien anlegen, ein Nischenmarkt. Dennoch kann man Ökofonds bei jeder beliebigen Bank kaufen. Am besten ist allerdings, wenn Sie schon wissen, was Sie wollen. Die Bankberater sind meist keine Fachleute auf diesem Gebiet.

Open End Funds Englisch für → offene Fonds.

Du gibst mir 100, ich geb' dir 1300 zurück, aber ich sag dir nicht wann. *

*) Anlagebetrüger Jürgen Harksen. Er erleichterte die Hamburger High Society auf diese Weise um rund 100 Millionen Euro.

Open-End-Zertifikate sind → Zertifikate mit unbegrenzter Laufzeit. Meistens handelt es sich bei diesen Produkten um → Indexzertifikate.

Optionen ⊖ funktionieren im Prinzip genauso wie → Optionsscheine. Doch im Unterschied zu Letzteren werden sie nicht von Banken, sondern von Terminbörsen wie der Eurex herausgegeben und können auch nur an den jeweiligen Börsen gehandelt werden.

Optionsanleihen ⊕ Geeignet für fortgeschrittene Anleger als Beimischung.

Optionsanleihen sind → Unternehmensanleihen. Sie sind zusätzlich mit der → Option ausgestattet, neue → Aktien des Unternehmens in einem bestimmten Bezugsverhältnis zu einem festgelegten Preis innerhalb eines vorgegebenen Zeitraums zu kaufen. Ein Optionsrecht ist ein Wahlrecht, von dem man Gebrauch machen kann, das man aber nicht ausüben muss. Optionsanleihen können von Unternehmen im Zusammenhang mit sogenannten bedingten Kapitalerhöhungen herausgegeben werden. Mit Kapitalerhöhungen sammeln Aktiengesellschaften frisches Eigenkapital bei Anlegern ein, indem sie neue Aktien herausgeben (Emission). Bei einer bedingten Kapitalerhöhung hängt die Höhe der Emission davon ab, inwieweit Anleger von ihren Umtausch- oder Bezugsrechten Gebrauch machen. Die Unternehmen geben dann nämlich nicht direkt Aktien aus, sondern lediglich Anrechte auf den späteren Erwerb der

Papiere. Diese Rechte können entweder mit → Wandelanleihen oder mit Optionsanleihen verbrieft werden.

Renditechance: Die feste Verzinsung von Optionsanleihen ist wegen der zusätzlichen Option, die sie verbriefen, niedriger als die von klassischen Unternehmensanleihen. Dafür sind höhere Renditen möglich, wenn der Kurs der Aktie, auf die sich die Option bezieht, steigt. Umgekehrt kann die Option wertlos werden, wenn der Kurs der Aktie unter den festgelegten Bezugspreis fällt. Dann muss sich ein Anleger mit dem niedrigen Zins begnügen.

Sicherheit: Die Sicherheit einer Optionsanleihe hängt von der Kreditwürdigkeit des jeweiligen Unternehmens ab. Je höher sie ist, desto sicherer ist die Optionsanleihe und desto geringer ist der Zins. Wer eine Optionsanleihe bis zur Fälligkeit hält, kann keine Kursverluste machen, solange der Herausgeber zahlungsfähig bleibt. Das gilt auch dann, wenn die Option wegen einer ungünstigen Aktienkursentwicklung wertlos wird.

Flexibilität: Optionsanleihen werden an Börsen gehandelt. Die Option ist von der Anleihe abtrennbar und kann eigenständig gehandelt werden. Das kann dazu führen, dass es drei Börsennotierungen für eine Optionsanleihe gibt: mit Option („cum"), ohne Option („ex") und die Option allein.

UNSER RAT Optionsanleihen sind eine Möglichkeit für Anleger, mit begrenztem Risiko auf die Entwicklung einzelner Aktien zu setzen.

Optionsscheine ⊖

auch Warrants genannt, sind riskante → Wertpapiere mit begrenzter Laufzeit. Sie werden auf **Basiswerte** herausgegeben, beispielsweise auf Währungen, Wertpapiere wie → Aktien und auf → Rohstoffe. Man kann Optionen zur Absicherung von Preisrisiken einsetzen oder mit ihnen an den Finanzmärkten zocken. Mit Optionen ist es möglich, Wertpapierpositionen zu handeln, deren Volumen um ein Vielfaches höher ist als der Kapitaleinsatz. Finanzfachleute sprechen von einem „Hebel" (→ auch Hebelprodukte). Der Käufer einer Option erwirbt das Recht, ein Wertpapier oder einen Rohstoff zu einem festgelegten Preis in einer bestimmte Menge zu kaufen (Call) oder zu verkaufen (Put). Dieses Recht kann entweder an jedem Bankarbeitstag während der Laufzeit (american option) oder nur am Ende der Laufzeit (european option) ausgeübt werden. Es steht dem Käufer frei, von seinem Optionsrecht Gebrauch zu machen oder es verfallen zu lassen. Der Herausgeber der Option erhält vom Käufer den Optionspreis als Prämie. Mit Call-Optionen setzen Investoren auf steigende, mit Put-Optionen auf fallende Preise. Der Wert von Optionsscheinen wird von zahlreichen Faktoren beeinflusst und ist sehr schwer zu berechnen. Für Privatanleger sind sie schon deshalb keine Option.

Outperformance-Zertifikate ⊖
→ Sprint-Zertifikate

P

Partizipationszertifikate
→ Indexzertifikate

Passive Fonds → Indexfonds

Penny Stocks ⊖ So werden →
Aktien bezeichnet, die nur noch ein paar Cent an der Börse kosten. Dabei handelt es sich meistens um Unternehmen, die in Schieflage geraten sind. Penny Stocks sind beliebt bei Zockern, die auf eine überraschende Genesung der Unternehmen wetten oder versuchen, die Kurse zu manipulieren. Da diese Aktien meist kaum noch gehandelt werden, können schon wenige Käufe und Verkäufe die Kurse spürbar beeinflussen. Wer den Cent ehrt, dem sind Penny Stocks gar nichts wert!

Pfandbriefe ⊕ Geeignet für sicherheitsorientierte Sparer und Anleger.
Pfandbriefe sind → Schuldverschreibungen von Banken und Sparkassen. Ihre Laufzeit ist begrenzt. Anders als klassische → Anleihen von Banken sind Pfandbriefe mit Sicherheiten hinterlegt. Mit Pfandbriefen besorgen sich Banken am Kapitalmarkt Geld für Kredite, die sie vergeben. Die Kreditforderungen dienen als Sicherheit für den Pfandbrief. Zulässig sind nur Immobilienkredite, Darlehen an Staaten, Länder und Gemeinden sowie Schiffsfinanzierungen. Neuerdings sind nach dem deutschen Pfandbriefgesetz auch Flugzeugpfandbriefe erlaubt. Für jede Pfandbriefart – Hypothekenpfandbriefe, öffentliche Pfandbriefe und Schiffspfandbriefe – bildet die Bank eine eigene Deckungsmasse, in der sie die entsprechenden Kredite verwaltet. Wenn ein Kreditnehmer seine Raten nicht mehr zahlt und sein Darlehen als Sicherheit wertlos wird, kann die Bank es gegen einen neuen Kredit austauschen.

Pfandbriefe werden unter anderen Namen auch in anderen Ländern von den dortigen Banken angeboten. Sie firmieren in der Bankensprache unter dem Oberbegriff Covered Bonds, gedeckte Anleihen.
Renditechance: Meistens bieten Pfandbriefe etwas höhere Zinsen als sichere → Staatsanleihen. Je besser sie besichert sind, desto niedriger die Rendite. Anleger sollten beim Kauf die Differenz zwischen An- und Verkaufspreis (Spread) im Auge behalten. Ein hoher Spread kann die Rendite schmälern.
Sicherheit: Pfandbriefe sind eine sichere Anlage. Die Kurse von Pfandbriefen schwanken während der Laufzeit. Wer sie aber bis zur Fälligkeit hält, geht keine Kursrisiken ein. In der Finanzkrise hat der Ruf von Pfandbriefen allerdings schwer gelitten. Sie wurden teilweise mit → ABS-Papieren in einen Topf geworfen. Zahlreiche ABS-Papiere waren mit Immobilienkrediten amerikanischer Hauskäufer abgesichert,

die ihre Schulden nicht mehr bedienen konnten. Ein Pfandbriefkäufer – das ist der entscheidende Unterschied – bekommt sein Geld aber von der Bank. Nicht er, sondern die Bank muss sich darum kümmern, ob der Schuldner zahlt. Und weil die Bank selbst in der Pflicht steht, den Pfandbrief zurückzuzahlen, vergibt sie auch nicht so leichtfertig Kredite wie die Banken in den USA, die die Krise verursacht haben. Denen war es egal, ob Hauskäufer ihre Kredite bedienen konnten. Denn sie verkauften die Darlehen einfach weiter. Der Käufer hatte in diesen Fällen keine Forderung gegen die Bank, sondern direkt gegen den Kreditnehmer. Konnte dieser nicht mehr zahlen, schauten die Investoren in die Röhre.

Als sich die Bankenkrise zu einer Staatsschuldenkrise in Europa auswuchs, wurden erneut Sorgen um die Sicherheit von Pfandbriefen laut. Dieses Mal standen die öffentlichen Pfandbriefe im Mittelpunkt, die mit Staatskrediten abgesichert sind – auch mit solchen an hochverschuldete EU-Staaten. Doch der Verband deutscher Pfandbriefbanken (vdp) gab Entwarnung. Im Schnitt würden die Staatsanleihen der angeschlagenen Länder (Portugal, Irland, Italien, Griechenland und Spanien) nur einen Anteil von gut 8 Prozent an der Deckungsmasse ausmachen, hieß es. Zudem seien öffentliche Pfandbriefe alle übersichert. Die Sicherheiten überschreiten den Betrag der ausstehenden Pfandbriefe. Selbst wenn alle Anleihen der europäischen Problemländer ausfielen – was ohnehin völlig unwahrscheinlich ist –, läge die Deckungsmasse immer noch deutlich über 100 Prozent.

Flexibilität: Pfandbriefe werden an Börsen gehandelt. Einige Pfandbriefe mit geringem Emissionsvolumen werden wenig gehandelt, sodass Anleger diese Wertpapiere vor der Fälligkeit nur mit einem hohen Abschlag verkaufen können. Flexibler sind dagegen → Jumbo-Pfandbriefe. Ihr Emissionsvolumen beträgt mindestens eine Milliarde Euro. Sie können normalerweise jederzeit zu marktgerechten Kursen ge- und verkauft werden. Dafür ist ihre Rendite in der Regel niedriger.

UNSER RAT Für private Anleger ist es nicht leicht, einzelne Pfandbriefe auszuwählen. Wie gut manche Sicherheiten sind, können sie nicht beurteilen. Für erfahrene Anleger sind einzelne Jumbo-Pfandbriefe eine Möglichkeit zu investieren. Wer wenig Erfahrung mit Geldanlagen hat, ist mit → Renten-ETF gut bedient. Einige von ihnen bilden die Wertentwicklungen von Indizes ab, die eine Vielzahl von Pfandbriefen enthalten.

Physische ETF

Diese → Indexfonds kaufen die Wertpapiere, die der Index, den sie nachbilden, enthält. Das tun etwa viele Indexfonds auf den deutschen Aktienindex Dax, in dem die Aktien der 30 größten deutschen Unternehmen vertreten sind. Kauft ein solcher Indexfonds alle 30 Werte in der Gewichtung wie sie im Dax enthalten sind, nennt man das „Vollreplikation". Hält er nur eine repräsentative Auswahl der Indexwerte, wird das als „teilreplizierend" bezeichnet. Diese Methode nutzen die Anbieter bei Indizes mit sehr vielen Werten oder Papieren, die an den Börsen nur selten gehandelt werden.

Physisch replizierende Indexfonds verleihen wie auch viele → aktiv gemanagte Fonds ihre Wertpapiere gegen Sicherheiten und kassieren dafür Prämien. Damit verbessern sie die Wertentwicklung des Fonds und verdienen selbst etwas Geld. Die Sicherheiten sind für den Fall, dass der Leihpartner pleitegeht und die ausgeliehenen Papiere nicht zurückgeben kann. Sie bestehen aus Bargeld oder aus Wertpapieren. Die Gefahr ist, dass die Sicherheiten im Krisenfall nicht schnell genug oder nur mit Abschlag verkauft werden können und der Indexfonds Verlust macht.

Doch warum sollte sich überhaupt jemand Wertpapiere leihen? Mit geliehenen Wertpapieren kann man auf fallende Kurse setzen, wenn man sie weiterverkauft. Das machen beispielsweise spezielle Fonds für professionelle Investoren, wenn sie erwarten, dass es an den Börsen bergab geht.

Indexfonds dürfen bis zu 100 Prozent ihrer Wertpapiere verleihen. Der Anbieter iShares verleiht beispielsweise durchschnittlich 20 Prozent. Meist erhält der Fonds um die 50 Prozent der Leiherträge, die andere Hälfte behält der Anbieter. Je mehr der Anbieter behält, desto größer ist die Versuchung, dass er immer einen möglichst großen Teil der Wertpapiere verleiht – und dabei womöglich die Risiken vernachlässigt.

Physische Indexfonds kennzeichnen die Anbieter meistens mit den Bezeichnungen „physisch" oder „vollreplizierend". Diese Information erhalten Sie auf der Internetseite des jeweiligen Anbieters.

Diese Rentenversicherung bietet Ihnen einen Mix aus solider Basisrente und einem dynamischen Investment. *

*) Ein Berater schwatzt einem Kunden eine Fondspolice auf, ohne auf die Risiken hinzuweisen.

Plus-Zins-Zertifikate ⊖
→ Strukturierte Anleihen

Private Equity ⊖
Bei Private Equity geht es um das ganz große Geld. Der Begriff steht für außerbörsliche Unternehmensbeteiligungen. Großinvestoren, meistens spezialisierte Gesellschaften, beteiligen sich direkt an Unternehmen, die preisgünstig zu haben sind, oder übernehmen sie ganz. Manche Übernahmekandidaten sind Sanierungsfälle. Die Private-Equity-Investoren versuchen, sie wieder flott zu machen und sie dann mit Gewinn loszuschlagen. Entweder bei anderen Großinvestoren, oder sie bringen die Gesellschaften an die Börse. Private-Equity-Fonds stehen meist nur institutionellen Anlegern wie Banken, Versicherungen und sehr reichen Privatleuten offen, weil die Mindestanlagesummen nicht selten im dreistelligen Millionenbereich liegen. Private Anleger können in der Regel nur indirekt über Aktien börsennotierter Beteiligungsgesellschaften in Private Equity investieren. Hierzulande sind diese Gesellschaften vor der Finanzkrise als „Heuschrecken" bekannt geworden. Eine der weltweit bekanntesten Private-Equity-Gesellschaften, die auch in Deutschland investiert, ist Kohlberg Kravis Roberts & Co. mit Sitz in New York.

Private Rentenversicherungen ⊕
Geeignet für Sparer mit langem Atem und sicherem Einkommen, die bereits einen Riester-Vertrag abgeschlossen haben.

Eine private Rentenversicherung sichert im Alter ein lebenslanges Zusatzeinkommen, das weitgehend steuerfrei ist. Fließt die erste Rente mit 65 Jahren, muss der Ruheständler nur 18 Prozent von ihr versteuern. Wird die erste Rente mit 67 Jahren ausgezahlt, sind 17 Prozent steuerpflichtig. Anders als bei der → fondsgebundenen Rentenversicherung (Fondspolice) ist bei der klassischen Variante einer privaten Rentenversicherung durch den Garantiezins von 1,75 Prozent (Verträge ab 2012) auf den Sparanteil im Kundenbeitrag eine bestimmte Rentenhöhe garantiert. Dazu können Überschüsse kommen. Für die Einzahlung gibt es zwei Möglichkeiten: Der Kunde zahlt viele Jahre lang Beiträge ein. Erst dann beginnt die Rentenzahlung. Oder er schließt eine → Sofortrente ab. Hier beginnt die lebenslange Rente unmittelbar nach Einzahlung einer größeren Geldsumme. Bei der klassischen Rentenversicherung wird das Kundengeld überwiegend sicher angelegt. An der garantierten Rente lässt sich ablesen, ob ein Versicherer kostengünstig kalkuliert. Eine private Rentenversicherung sollten Sie erst nach einem → Riester-Vertrag in Betracht ziehen, denn dieser lohnt sich durch die Förderung mehr. Ein Riester-Vertrag reicht aber oft nicht, um zusammen mit der gesetzlichen Rente im Alter die Grundversorgung zu sichern. Als Ergänzung bietet sich zunächst eine betriebliche Altersvorsorge an. Eine private Rentenversicherung ist erst dann eine Option.

Renditechance: Private Rentenversicherungen sind kein Renditeknüller. Ein Vertrag lohnt sich erst, wenn der Kunde sehr alt wird. Bei einem von Finanztest berechneten Modellfall waren es mindestens 86 Jahre, wenn nur die Garantierente ausgezahlt wird. Dem steht eine lebenslange Einkommensgarantie gegenüber. Zudem fällt die Rente durch Überschüsse oft höher aus. Überschüsse hängen stark vom Erfolg des Versicherers am Kapitalmarkt ab: Je nach Anbieter kann sich ein Sparer am Ende über einen Aufschlag von rund 80 Prozent auf seine garantierte Rente freuen, wenn die Anlagestrategie weiter aufgeht, oder er muss sich mit weniger als 20 Prozent Zuschlag begnügen. Legt der Versicherer das Kundengeld schlecht an und/oder beteiligt er die Kunden nicht fair am Anlageerfolg, bleibt für einen Zuschlag kaum etwas übrig. Ein Kunde bekommt statt einer Garantierente von 200 Euro von einem Anbieter mit gutem Anlageerfolg 360 Euro, von einem mit schlechtem nur 240 Euro Rente.

Sicherheit: Eine private Rentenversicherung ist ein sicheres Anlageprodukt. Die Mindestrente ist lebenslang garantiert. Geht der Versicherer pleite, zahlt die Auffanggesellschaft Protektor weiterhin mindestens die Garantierente und die fest zugeteilten Überschüsse aus.

Flexibilität: Eine private Rentenversicherung ist allerdings nicht für jeden geeignet. Denn sie bindet ihre Kunden für viele Jahre. Das Geld für den Beitrag sollte dauerhaft verfügbar sein. Flexibel ist eine private Rentenversicherung nämlich nicht. Wer unterschreibt, muss immer zahlen. Vorübergehend nicht zu überweisen geht zwar schon einmal. Beitragslücken müssen Sie aber rasch wieder schließen. Das schafft nicht jeder. Und ein vorzeitiger Ausstieg aus dem Vertrag bringt kräftige Verluste. Immerhin gibt es zu Beginn der Auszahlphase ein wenig Flexibilität. Die Kunden haben meist ein Kapitalwahlrecht: Sie können am Ende ihrer Einzahlung eine einmalige Auszahlsumme statt einer Rente wählen. Die Frist dafür sollten Sie am besten im Blick behalten. Teilweise müssen sich Kunden bis zu drei Jahre vor Rentenbeginn entscheiden, in welcher Form sie das Geld bekommen wollen.

Die Erträge aus einer solchen Einmalzahlung sind zur Hälfte steuerpflichtig, sofern Sie bei Auszahlung 62 Jahre oder älter sind. Sind Sie jünger, müssen Sie den Betrag voll versteuern.

UNSER RAT Wichtig ist die Auswahl eines kostengünstigen, renditestarken Anbieters. Nutzen Sie dazu die Untersuchungen von Finanztest, die Sie im Internet unter www.test.de finden. Die Höhe der garantierten Rente sollte das wichtigste Bewertungskriterium bei der Auswahl sein. Nur die garantierte Rente ist Sparern, die den Vertrag bis zum Rentenbeginn durchhalten, lebenslang sicher. Achtung: Kunden müssen Nachteile in Kauf nehmen, wenn sie ihren Beitrag nicht jährlich überweisen, sondern monatlich. Sie müssen dann für dieselbe Leistung bei einer Reihe von Anbietern beispielsweise 5 Prozent mehr Beitrag überweisen. Außerdem sinkt ihre Rendite.

Puts ⊖ → Optionsscheine

Q

Quanto-Zertifikate ⊖ Viele → Zertifikate bergen Wechselkursrisiken, weil die Basiswerte in ausländischen Währungen gehandelt werden. Die Herausgeber bieten deswegen Zertifikate an, die gegen Wechselkursschwankungen abgesichert sind. Sie tragen den Zusatz „Quanto". Die Absicherung hat natürlich ihren Preis, der je nach Marktlage, Basiswert und Anbieter schwankt. Sie ist für viele Herausgeber ein lukrativer Zusatzverdienst. Ob sich eine Absicherung jedoch für Anleger lohnt, lässt sich im Voraus nicht sagen. Grundsätzlich müssen die Wechselkursverluste höher sein als die Kosten für die Absicherung, damit sich ein Quanto-Zertifikat bezahlt macht. Auf lange Sicht sind die Schwankungen vieler Wechselkurse jedoch gering. Noch ein anderes Argument spricht gegen Quanto-Zertifikate: Sie können riskanter sein als eine ungesicherte Variante. Das ist dann der Fall, wenn sich der Kurs des Basiswertes und die Fremdwährung tendenziell in gegensätzliche Richtungen bewegen.

Für kurzfristige Spekulationen kann ein Quanto-Zertifikat jedoch die richtige Wahl sein. Hier sollten Anleger aber genügend Erfahrung mit Wechselkursen mitbringen.

Regionenfonds ⊕ sind → Aktienfonds, die nur in bestimmten Regionen investieren. Beispiele sind Asien- und Lateinamerikafonds. Andere legen nur in den sogenannten Bric-Ländern (Brasilien, Russland, Indien, China) an. Wie → Länderfonds eignen sich Regionenfonds mit Ausnahme von → Aktienfonds Europa nur als Beimischung für erfahrene Anleger mit großem Vermögen. Sie sind keine Basisanlage.

Reits ⊕ Geeignet für erfahrene Anleger, die einen kleinen Teil ihres Vermögens in Aktien von börsennotierten Immobiliengesellschaften investieren wollen.

Reit ist die Abkürzung für Real Estate Investment Trust. Das heißt wörtlich übersetzt Immobilienfonds. Tatsächlich handelt es sich jedoch um Immobilien-Aktiengesellschaften, die an der Börse notiert sind. Private Anleger können → Aktien dieser Firmen kaufen oder → Fonds, die in Reits und andere Immobiliengesellschaften investieren. Das Vermögen eines Reits muss in Deutschland zu drei Vierteln in Immobilien stecken. Drei Viertel der Erträge müssen aus Immobiliengeschäften stammen. Ein Reit darf keine deutschen Wohnungen besitzen, die vor 2007 gebaut wurden. Reits müssen keine Körperschaftsteuer und keine Gewerbesteuer zahlen. Dafür sind sie verpflichtet, 90 Prozent des Gewinns an die Aktionäre auszuzahlen. Das unterscheidet sie von anderen börsennotierten Immobiliengesellschaften. In Deutschland gibt es Reits seit 2007. Doch diese Gesellschaftsform hat sich bisher nicht durchgesetzt. Nur fünf Reits sind derzeit an den deutschen Börsen notiert.

Im Ausland haben diese Immobiliengesellschaften dagegen zum Teil eine lange Tradition: Als erstes Land haben die USA Reits eingeführt, das war 1960. Es folgten vergleichsweise schnell die Niederlande, die anderen Europäer zögerten noch. Australien hat seit 1985 Reits, Japan und Singapur folgten 2000 und 2002. Frankreich führte Reits 2003 ein. Großbritannien fing wie Deutschland 2007 damit an.

Renditechance: Der Wert von Reits-Aktien wird nicht nur von der Immobilien- und Mietpreisentwicklung und davon beeinflusst, wie erfolgreich eine Gesellschaft wirtschaftet. Auch die allgemeine Stimmung an den Börsen wirkt sich auf ihre Notierungen aus. → Aktienfonds, die europaweit in Reits und andere Immobiliengesellschaften investieren, entwickelten sich in den vergangenen zehn Jahren ähnlich wie der Weltaktienindex MSCI World, der im Schnitt um 6,4 Prozent pro Jahr zulegte (Stand: August 2013).

Sicherheit: Experten zufolge sind Reits weniger riskant als andere börsennotierte Immobiliengesellschaften. In den USA schwankten Reits über viele Jahre hinweg halb so stark wie der Aktienmarkt insgesamt. Mögliche Ursache: das relativ stabile

Geschäftsmodell. Reits dürfen keinen Handel mit Immobilien betreiben und auch keine Projekte für Dritte entwickeln. Vielmehr kaufen sie Immobilien, um sie zu verwalten. Ihre Erträge erzielen sie über Mieteinnahmen und schütten sie aus. Wollen sie neue Gebäude kaufen, müssen sie in der Regel neue Aktien ausgeben, um an frisches Geld zu kommen, denn auch die Kreditaufnahme ist beschränkt. Dennoch sind Reits wegen der Launen der Börsen mit deutlich höheren Risiken verbunden als → offene Immobilienfonds, die keine börsennotierten Aktiengesellschaften sind. Bei einer Pleite eines Reit werden dessen Aktien wertlos.

Flexibilität: Reits oder Fonds, die in Reits investieren, können börsentäglich ge- und verkauft werden.

UNSER RAT Wer in Reits anlegen möchte, ist am besten mit Fonds beraten, die ihr Kapital über möglichst viele Gesellschaften und Länder streuen.

Relax-Express-Zertifikate ⊖

sind → Express-Zertifikate, die zusätzlich regelmäßige Zinszahlungen versprechen.

Rendite-Bausparen ⊕ Geeignet für alle, die sicher sparen und keine Immobilie kaufen oder bauen wollen.

Bausparen ist nicht nur etwas für Menschen, die ein Haus bauen oder eine Wohnung kaufen möchten. Sparer, die kein Interesse an einer Immobilie haben, können mit manchen Bauspartarifen auch eine ordentliche Rendite erzielen. Die Guthabenzinssätze sind zwar niedrig, doch einige Bausparkassen belohnen Anleger mit zusätzlichen Boni, wenn sie sieben Jahre lang sparen und anschließend auf den zinsgünstigen Kredit verzichten, der normalerweise im Rahmen eines → Bausparvertrages zugeteilt wird.

Besonders lohnenswert sind solche Verträge für Sparer unter 25 Jahren. Wenn ihr zu versteuerndes Jahreseinkommen unter 25 600 Euro liegt (Ehepaare 51 200 Euro), haben sie Anspruch auf die staatliche Wohnungsbauprämie von bis zu 45 Euro (Ehepaare 90 Euro) im Jahr. Nach Ablauf von sieben Jahren können sie frei über die Prämien verfügen. Wer dagegen einen Bausparvertrag nach dem 25. Lebensjahr abschließt, bekommt die Prämien nur, wenn sie für eine Immobilie eingesetzt werden. Arbeitnehmer können auch vermögenswirksame Leistungen (VL) des Arbeitgebers in einen Rendite-Bausparvertrag fließen lassen und zusätzlich die staatliche Arbeitnehmersparzulage beantragen (mehr dazu → VL-Banksparpläne), wenn ihr zu versteuerndes Jahreseinkommen nicht mehr als 17 900 Euro beträgt. Beide Förderungen sind kombinierbar, wenn wenigstens 982 Euro jährlich in den Vertrag einbezahlt werden. Für Ehepaare gelten doppelt so hohe Beträge.

Renditechance: Trotz der Abschlusskosten in Höhe von 1 bis 1,6 Prozent der Bausparsumme können Rendite-Bausparverträge eine lukrative Alternative zu → Banksparplänen sein. Das gilt vor allem für Sparer, die die staatliche Bausparförderung nutzen können. Durch Wohnungsbauprämien oder Arbeitnehmersparzulagen erhöht

> *Sie müssen Ihr Auto nicht bar bezahlen. Nehmen Sie ein Bausparsofortdarlehen auf. Das ist zinsgünstig und spart Steuern.**
>
> **) Der Berater erzählt Unsinn. Ein solches Darlehen darf nur zu wohnungswirtschaftlichen Zwecken eingesetzt werden.*

sich die Bauspar-Rendite um zirka 2 Prozent.
Sicherheit: → Bausparverträge
Flexibilität: Bausparverträge sind jederzeit kündbar. Das Guthaben wird dann je nach Tarif drei bis sechs Monate später ausgezahlt. Allerdings verlieren Sparer nach einer frühen Kündigung den Zinsbonus und auch noch alle staatlichen Prämien und Zulagen. Die Rechnung geht nur auf, wenn Sie den Vertrag mindestens sieben Jahre lang durchhalten.

UNSER RAT Bausparverträge sind deutlich komplizierter als → Banksparpläne. In einem Bausparvertrag müssen Sie eine bestimmte Bausparsumme vereinbaren. Top-Renditen gibt es nur, wenn die Bausparsumme auf die Sparraten und die geplante Spardauer abgestimmt ist. Die optimale Summe ist je nach Bauspartarif verschieden. Lassen Sie sich vor Abschluss eines Vertrages von der Bausparkasse einen individuellen Sparplan erstellen und die Rendite ausrechnen. Berater verkaufen gern Bausparverträge, weil es dafür eine Provision gibt. Immer wieder gehen auch ältere Menschen, für die sich ein solch langfristiges Sparprodukt gar nicht eignet, mit einem Bausparvertrag vom Beratungsgespräch nach Hause.

Renten-ETF ⊕ Geeignet für fast alle Sparer und Anleger als Basisanlage.

Renten-ETF sind eine vergleichsweise einfache und bequeme Anlagemöglichkeit. Diese Gruppe von → Rentenfonds bildet in der Regel Indizes nach, die aus festverzinslichen → Anleihen (auch Renten genannt) zusammengesetzt sind. Es handelt sich dabei also um → Indexfonds. Es gibt eine Vielzahl solcher Renten-Indizes. Sie können beispielsweise zwischen Renten-ETF auf → Staatsanleihen, → Unternehmensanleihen, → Pfandbriefe oder → Hochzinsanleihen wählen. Zudem sind Renten-ETF nach Regionen unterteilt. Manche beziehen sich etwa auf Indizes, die nur Staats- oder Unternehmensanleihen aus dem Euroraum enthalten. Andere wiederum investieren weltweit. Eine weitere Kategorisierung sind die Laufzeiten der Anleihen. Einige Renten-Indizes werden speziell für Papiere mit kurzen und langen Laufzeiten berechnet. Andere bilden das gesamte Laufzeitenspektrum eines Anleihe-Segments ab. ==Als sichere Basisanlage eignen sich Renten-ETF, die deutsche oder europäische Staatsanleihen mit allen Laufzeiten enthalten.== Eine Alternative sind Renten-ETF, die weltweit anlegen.
Renditechance: Die Höhe der Rendite, die sich mit Renten-ETF erzielen lässt, hängt vom jeweiligen Anleihe-Segment ab. ==Grundsätzlich gilt: Je sicherer die Anleihen, desto niedriger die Verzinsung.== Über die letzten Jahre brachten Renten-ETF auf sichere Staatsanleihen im Schnitt eine höhere Verzinsung als Festgeld, und zwar über die vergangenen 15 Jahre im Schnitt 4,6 Prozent, in den letzten 5 Jahren im

Schnitt 5,2 Prozent. Das ist allerdings nicht garantiert. Die höchsten Renditechancen bieten Hochzinsanleihen. Sie sind dafür aber auch sehr riskant und deswegen als Basisanlage nicht geeignet.

Sicherheit: Anleihen von Herausgebern mit erstklassiger Kreditwürdigkeit wie die der Bundesrepublik Deutschland sind eine sichere Anlage. Das gilt ebenso für Renten-ETF, die solche Papiere enthalten. Wie Anleihen unterliegen sie aber Kursschwankungen. Wer nur für kurze Zeit, etwa zwei bis drei Jahre, anlegen möchte, läuft Gefahr, zu einem ungünstigen Zeitpunkt aussteigen zu müssen. In solchen Fällen kann beispielsweise → Festgeld die bessere Wahl sein. Ein Totalverlust mit Renten-ETF ist sehr unwahrscheinlich, weil sie meist eine große Zahl von Anleihen unterschiedlicher Herausgeber enthalten. Die müssten simultan pleitegehen. Und selbst dann käme es zwar zu herben Verlusten, aber kaum zu einem vollständigen Verlust des Anlagekapitals. Nichtsdestotrotz können manche Renten-ETF, etwa solche, die riskante Anleihen in Fremdwährungen enthalten, stark schwanken.

Flexibilität: Renten-ETF zählen zu den flexibelsten → Fonds. Sie werden an Börsen gehandelt, wo sie werktäglich während der Handelszeiten ge- und verkauft werden können. Die Transaktionskosten sind vergleichsweise gering, besonders wenn das Geschäft über eine Direktbank oder einen Onlinebroker ausgeführt wird. Auch als Sparplan sind sie sehr flexibel. Sie müssen keine feste Laufzeit vereinbaren. Im Gegensatz zu → Banksparplänen können Sie die Raten jederzeit ändern oder die Zahlung ganz stoppen.

UNSER RAT Renten-ETF sind besonders bequeme Produkte – als Einmalanlage ebenso wie als Sparplan. Anders als um → aktiv gemanagte Rentenfonds müssen Anleger sich kaum um sie kümmern. Sie eignen sich deswegen sehr gut als solider Baustein für alle, die langfristig investieren möchten. Banken empfehlen lieber aktiv gemanagte Rentenfonds als Renten-ETF, weil sie daran mehr verdienen. Wenn Sie in Renten-ETF investieren möchten, suchen Sie sich am besten unter www.test.de/fonds einen guten aus. Sie können ihn dann über jede Bank kaufen. Sparpläne bekommen Sie bisher nicht bei der Bank um die Ecke. Sie werden nur von Direktbanken angeboten.

Rentenfonds ⊕ Geeignet für fast alle langfristig orientierten Sparer und Anleger als Basisanlage.

Rentenfonds sind → Fonds, die ihr Kapital in erster Linie in → Anleihen anlegen. Anleihen werden auch als Renten bezeichnet, weil die Käufer regelmäßige (Zins-)zahlungen erhalten wie bei einer Rente. Es gibt zwei großen Gruppen von Rentenfonds: zum einen → aktiv gemanagte Fonds, zum anderen → Indexfonds, die auch → Renten-ETF genannt werden. Manche aktiv gemanagten Rentenfonds mischen auch in kleinen Mengen riskantere Wertpapiere wie → Aktien und → Derivate dazu, um etwas höhere Renditen zu erwirtschaften.

Die Rendite von Rentenfonds setzt sich aus zwei Komponenten zusammen: zum einen aus Zinserträgen und zum anderen aus Kursgewinnen beziehungsweise Kursverlusten der Anleihen. Die Kurse von Anleihen ändern sich, wenn sich die allgemeinen Marktzinsen ändern. Bei steigenden Marktzinsen fallen die Kurse der Anleihen, bei fallenden Zinsen steigen die Kurse – davon haben Rentenfondsanleger zuletzt stark profitiert, weil die Marktzinsen immer weiter gesunken sind. Die Kurse der Anleihen verändern sich auch dann, wenn sich die Kreditwürdigkeit der Anleiheherausgeber ändert. Kommen zum Beispiel Zweifel auf, ob ein Staat oder ein Unternehmen seine Schulden zurückzahlen kann, dann sinken die Kurse.

Manche Rentenfonds kaufen ausschließlich Anleihen mit langen Laufzeiten. Diese Fonds werden auch Langläuferfonds genannt. Fonds, die nur Anleihen mit kurzen Laufzeiten enthalten, heißen auch Kurzläuferfonds.

==Die Kosten von Rentenfonds sind meistens geringer als die von Aktienfonds. Am günstigsten sind Renten-ETF.== Ihre jährlichen Verwaltungskosten betragen oft weniger als 0,2 Prozent. Aktiv gemanagte Fonds verlangen dagegen zwischen 0,53 und 1 Prozent. Auch die einmaligen Kaufkosten aktiver Fonds sind deutlich höher. Der **Ausgabeaufschlag** kann 2,5 bis 3 Prozent des Kaufpreises betragen. ETF kaufen Sie über eine Bank oder einen Broker an einer Börse. Hier müssen Sie die Differenz zwischen An- und Verkaufspreis zahlen. Sie rangiert im Schnitt zwischen 0,04 und 0,3 Prozent. Hinzu kommen noch die Kosten für die Nutzung des Börsenplatzes und für den Broker, die sich zusammen auf etwa 0,3 Prozent summieren, wenn die **Order** gut 5 000 Euro beträgt. Bei kleineren Beträgen steigen die Transaktionskosten im Verhältnis an.

Renditechancen: Rentenfonds gelten gemeinhin als vergleichsweise sichere Anlage. Doch die Chancen und Risiken einzelner Produkte sind sehr unterschiedlich. Sie hängen von der jeweiligen Anlagestrategie ab. ==Am sichersten sind Fonds, die sich auf deutsche → Staatsanleihen und auf Staatsanleihen anderer solider Länder der Eurozone konzentrieren (mehr dazu → Rentenfonds Euro).== Etwas höhere Erträge versprechen Rentenfonds, die in → Pfandbriefe investieren. Chancenreicher, aber auch etwas riskanter, sind Fonds, die → Unternehmensanleihen mit hoher Kreditwürdigkeit kaufen.

Es gibt auch eine Reihe von Rentenfonds, die sich auf Staats- und Unternehmensanleihen aus **Schwellenländern** konzentrieren. Hier wird unterschieden zwischen Fonds, die nur Anleihen erwerben, die in den jeweiligen Landeswährungen herausgegeben wurden, und solchen, die sich auf Schwellenländer-Anleihen in Hartwährungen beschränken. Als Hartwährungen gelten die Währungen stabiler Industriestaaten. Dazu zählen etwa der

> *Sie sind doch sicher ertragsorientiert, oder?**
>
> **) Der Berater möchte seinen Kunden in eine höhere Risikoklasse einordnen. Bejaht der Kunde diese Frage, kann er ihn in Risikoklasse 3 einstufen und ihm auch riskantere Produkte verkaufen, die zum Teil hohe Provisionen bringen.*

US-Dollar, der japanische Yen, das britische Pfund und auch die Europäische Gemeinschaftswährung Euro.

Schwellenländeranleihen waren in der Vergangenheit deutlich schwankungsanfälliger als Anleihen aus Industrieländern. Aber auch die Renditen, die sich zeitweise erzielen ließen, waren höher. Rentenfonds, die in Schwellenländern investieren, eignen sich nur für erfahrene Anleger als Beimischung. Anders als Rentenfonds Euro sind sie keine Basisanlage.

Das gilt auch für → High-Yield-Fonds, die in Hochzinsanleihen von Staaten und Unternehmen mit einer geringen Kreditwürdigkeit investieren.

Sicherheit: Siehe Renditechance.

Flexibilität: Rentenfonds können börsentäglich ge- und verkauft werden. Sie eignen sich aber vor allem als langfristige Anlage.

UNSER RAT Sichere Rentenfonds gehören in jedes langfristig ausgerichtete Anlagedepot. Finanztest ermittelt monatlich die besten Rentenfonds. Viele haben ein geringeres Risiko und höhere Ertragschancen als der Marktdurchschnitt. Eine Auswahl finden Sie in jeder aktuellen Finanztest-Ausgabe. Die vollständige Liste ist unter www.test.de/fonds abrufbar.

Rentenfonds Euro ⊕ Geeignet für sicherheitsorientierte Sparer und Anleger und als Basisanlage für fast jedes Depot.

Rentenfonds Euro sind eine konservative Geldanlage. Diese → Rentenfonds investieren überwiegend in → Staatsanleihen aus dem Euroraum. Anleger können auch hier zwischen → aktiv gemanagten Fonds und → Renten-ETF wählen. Die Renten-ETF aus diesem Segment kopieren einen Index, der ausschließlich aus Staatsanleihen aus dem Euroraum besteht. Bei aktiv gemanagten Rentenfonds Euro mischen die Fondsmanager häufig noch etwas höher verzinste Papiere wie → Unternehmensanleihen, → Pfandbriefe, → Hochzinsanleihen, → Derivate und selten auch → Aktien dazu. Im Fondsdauertest von Finanztest schnitten manche dieser aktiv gemanagten Fonds in der Vergangenheit besser ab als der Vergleichs-ETF, der nur Staatsanleihen aus Euroländern mit guter Kreditwürdigkeit enthält. Gleichzeitig hatten diese Fonds ein geringeres Risiko.

Renditechance: Rentenfonds Euro sind keine Rendite-Raketen. Sie erwirtschaften meist niedrige Gewinne bei geringen Schwankungen. Der Vergleichsindex, der ausschließlich Euro-Staatsanleihen enthält, erwirtschaftete in den letzten 15 Jahren im Schnitt aber immerhin 4,6 Prozent im Jahr, 2013 waren es 2,6 Prozent.

Sicherheit: Rentenfonds Euro bringen Stabilität ins Depot. Die Ausfallwahrscheinlichkeit ist bei Euro-Staatsanleihen gering, und es bestehen keine Wechselkursrisiken. Entsprechend niedrig sind die Verlustrisiken der Fonds. In den vergangenen 15 Jahren betrug der maximale zwischenzeitliche Verlust des Vergleichsindex 5,4 Prozent. Verlustphasen, die länger als ein Jahr andauern, sind eher unwahrscheinlich.

Flexibilität: Rentenfonds sind sehr flexibel. Sie können sie täglich an die Fondsgesellschaft zurückgeben oder über Ihre Bank an der Börse verkaufen.

UNSER RAT Rentenfonds Euro sind eine stabile Basisanlage für alle, die langfristig sparen oder anlegen möchten. Bei aktiv gemanagten Fonds besteht allerdings immer das Risiko, dass Ihnen Ihre Bank ein mittelmäßiges oder gar schlechtes Produkt verkauft. Auch ist nicht auszuschließen, dass Fondsmanager Papiere beimischen, die sich später als nicht werthaltig entpuppen. Das war bei einigen Rentenfonds während der Finanzkrise der Fall. Ob ein Fonds zur Spitze in seiner Vergleichsgruppe zählt, sollten Sie am besten vor dem Kauf unter www.test.de/fonds überprüfen. Auch nach dem Kauf ist es ratsam, wenigstens einmal im Jahr zu kontrollieren, ob der Fonds noch seine Leistung bringt. Bequemer sind Renten-ETF. Die können Sie einfach laufen lassen und müssen sich um nichts weiter kümmern.

Rentenindexfonds ⊕ → Renten-ETF

Rentenversicherungen ⊕
→ Private Rentenversicherungen

Reverse Floater ⊖
sind variabel verzinste → Anleihen, mit denen Anleger auf fallende Zinsen setzen können. Sie sind mit einem Zins ausgestattet, der über dem Marktniveau liegt. Von ihm wird der aktuelle Geldmarktzins, der an einem Referenzzinssatz wie dem Euribor gemessen wird, in regelmäßigen Abständen, beispielsweise alle drei Monate, abgezogen. Sinkt der Zins, steigt der Ertrag des Anlegers – und umgekehrt. Reverse Floater sind vergleichsweise komplizierte Wertpapiere, deren Kursentwicklung nur schwer zu verstehen ist.

Reverse-Bonuszertifikate ⊖
funktionieren im Prinzip wie → Bonuszertifikate, nur „umgekehrt", wofür das englische „Reverse" steht. Der Unterschied besteht darin, dass Anleger mit der „Reverse"-Variante auf den fallenden Kurs eines Basiswertes setzen können, beispielsweise auf den einer → Aktie. Mit normalen Bonuszertifikaten spekulieren Anleger dagegen auf tendenziell steigende Kurse. Weil gerade bei Aktien die Wahrscheinlichkeit in der Vergangenheit höher war, dass die Kurse nicht fallen, sondern steigen, sind Revers-Bonus-Zertifikate besonders riskant.

Reverse-Express-Zertifikate ⊖
sind → Express-Zertifikate, mit denen Anleger auf einen fallenden Basiswert, beispielsweise einen Aktienindex, wetten. Dafür steht die Bezeichnung „Reverse", was „umgekehrt" bedeutet. Der Basiswert muss auf oder unterhalb einer bestimmten Schwelle liegen, damit Anleger eine vereinbarte Zinszahlung erhalten. Schon normale Express-Zertifikate sind in der Regel kein gutes Geschäft für Anleger. Für die Reverse-Variante gilt das umso mehr. Denn die Wahrscheinlichkeit, dass zum Beispiel Aktienkurse fallen, ist geringer als die Wahrscheinlichkeit eines Anstiegs.

Riester-Banksparpläne ⊕ Geeignet zur Altersvorsorge für alle Sparer, die sichere Erträge wollen.

Ein Banksparplan ist ein Ratenvertrag, bei dem Sie mit einer Bank vereinbaren, regelmäßig einen festen Betrag auf ein Konto einzuzahlen. Für Ihre Einzahlungen erhalten Sie Zinsen. Zusätzlich profitieren Sie bei Riester-Banksparplänen von den staatlichen Zulagen und von Steuervorteilen (mehr dazu → Riester-Verträge). Letztere fallen umso größer aus, je mehr Sie verdienen. Die Höhe der Ansparrate können Sie jederzeit ohne Kosten an Ihre finanziellen Möglichkeiten anpassen. Der Abschluss eines Riester-Banksparplans ist kostenlos. Es fallen während der Laufzeit höchstens geringe Kontoführungsgebühren an.

Ein wesentlicher Vorzug dieses Riester-Produkts ist, dass man keine großen Fehler machen kann, wenn man es abschließt. Selbst wenn Sie keine klaren Vorstellungen von Ihrer weiteren Lebensplanung haben, riskieren Sie mit einem Riester-Banksparplan nichts. Sollten Sie Ihre Pläne ändern und den Sparplan nicht weiter verfolgen oder vorzeitig auflösen, erleiden Sie keinen finanziellen Nachteil.

Doch was für Kunden attraktiv ist, ist für Banken offenbar kein lukratives Geschäft. Die meisten Geldinstitute bieten keine Riester-Banksparpläne an. Zu diesen Abstinenzlern gehören etwa die Deutsche Bank, Commerzbank und die Hypovereinsbank. Selbst bei Sparkassen und Genossenschaftsbanken kann von einem flächendeckenden Angebot keine Rede sein. Gerade im Osten Deutschlands sind Angebote rar.

Wird ein Riester-Banksparplan fällig, in der Regel zwischen dem 62. und dem 67. Lebensjahr, sind zwei Auszahlungsvarianten üblich: Kunden können sich für einen Auszahlplan entscheiden (mehr dazu → Riester-Verträge). An ihn schließt sich ab dem 85. Lebensjahr eine lebenslange Rentenversicherung an, für die gleich zu Beginn Kapital beiseitegelegt wird. Die zweite Möglichkeit ist eine sofort beginnende Rentenversicherung (Sofortrente). Bei welcher Versicherung der Rentenvertrag abgeschlossen wird, entscheidet in beiden Fällen die Bank.

Renditechance: Mit einem Riester-Banksparplan wird zwar niemand reich, aber die Rendite kann sich für eine sichere Anlage durchaus sehen lassen. Denn die staatliche Unterstützung hat einen entscheidenden Einfluss auf den Sparerfolg und bringt selbst bei niedriger Verzinsung eine hohe persönliche Rendite. Beispiel: Ein lediger 32-Jähriger mit einem Jahreseinkommen von 52 500 Euro kann durch volles Ausschöpfen der Zulagen und Steuervorteile seine persönliche Rendite auf gut 5 Prozent erhöhen, wenn der Sparplan nur 3 Prozent Zinsen gebracht hat. Bei kürzerer Laufzeit ist der Effekt noch stärker: Eine Sparplanrendite von 1 Prozent ließe sich nach 15 Jahren auf über 6 Prozent hebeln. Die Verzinsung des Sparplans orientiert sich am Niveau der Kapitalmarktzinsen für sichere Anlagen, etwa für → Bundeswertpapiere. Wie viel ein Riester-Banksparplan letztlich abwirft, hängt aber nicht nur von der Zinsentwicklung, sondern auch von der Vertragsart ab.

Sparpläne lassen sich in zwei Grundtypen einteilen: in Angebote mit und ohne

Bonus. Bei den Sparplänen ohne Bonus richtet sich die Verzinsung häufig nach der **Umlaufrendite**, einem anerkannten Zinsbarometer für Bundeswertpapiere unterschiedlicher Laufzeit. Eine vierteljährliche Anpassung sorgt dafür, dass die Sparpläne sich schnell an Zinsänderungen anpassen. Das ist natürlich dann von Vorteil, wenn die Zinsen steigen. Diese Zinsvariante bieten Volks- und Raiffeisenbanken oft an.

Die Sparkassen nehmen meist nicht die Umlaufrendite als Referenz. Sie koppeln ihre Riester-Banksparpläne oft an kombinierte Zinsreihen, die weit in die Vergangenheit zurückreichen und das aktuelle Zinsniveau noch nicht voll widerspiegeln. Entsprechend höher sind bei ihnen die Startzinsen, wenn die Marktzinsen im Sinkflug sind. Sparer, die diesen Vorteil nutzen wollen, sollten aber bedenken, dass sie im Falle einer Zinswende das Nachsehen haben. Während die Umlaufrendite-Sparpläne jeden Anstieg kurzfristig mitmachen, würden die Produkte mit träge reagierenden Referenzzinsen den neuen Trend nur gedämpft und mit Verzögerung wiedergeben.

Die meisten Sparkassen-Verträge enthalten außerdem Bonusregelungen, die für lange Treue belohnen und die Renditeerwartung häufig deutlich erhöhen. Wer 25 oder gar 35 Jahre dabeibleibt, profitiert von ansteigenden Zinstreppen. Das heißt, die Zinsen, die der Sparer erhält, steigen von Jahr zu Jahr an. Oft gibt es auch Schlussboni auf alle Einzahlungen. Solche Regelungen sind mitunter sehr attraktiv, gehen aber zulasten der Flexibilität. Muss ein Kunde zum Beispiel nach 15 Jahren seinen Vertrag unerwartet auflösen, hat er zwar sicher mehr, als er eingezahlt hat. Er verliert mit dem Schlussbonus aber einen Teil der Rendite.

Sicherheit: Mit Riester-Banksparplänen können Sie kein Geld verlieren. Selbst dann nicht, wenn Sie in einen anderen Vertrag wechseln. Banken müssen sich zudem bei variabel verzinsten Sparplänen an Regeln halten. Sie dürfen die Zinsen nicht willkürlich senken, sondern müssen sich an einem nachvollziehbaren Referenzzins orientieren. Steigt dieser, muss auch der Zins des Banksparplans steigen. Das soll verhindern, dass Banken neue Kunden mit kurzfristigen Top-Zinsen in langfristig unattraktive Verträge locken.

Flexibilität: Banksparpläne sind die flexibelsten Riester-Verträge. Sie können sie beispielsweise ohne Renditeeinbußen zur Finanzierung von Immobilien einsetzen. Mit → Riester-Rentenversicherungen oder → Riester-Fondssparplänen geht das nicht immer. Zudem besteht grundsätzlich die Möglichkeit, für die Auszahlung zu einer anderen Bank, zu einer Versicherung oder zu einer Fondsgesellschaft zu wechseln, die möglicherweise bessere Konditionen bietet. Wie bei anderen Riester-Produkten können Sparer auch bei Banksparplänen die Höhe der regelmäßigen Einzahlungen ändern und mit den Zahlungen aussetzen.

> *Mit einer Riester-Rentenversicherung sorgen Sie clever fürs Alter vor.* *
>
> *) Eine Rentenversicherung ist unflexibel. Ein Riester-Banksparplan wäre für das junge Paar die bessere Alternative gewesen. Aber diese Option erwähnt der Berater nicht, weil die Bank keinen anbietet.

UNSER RAT Riester-Banksparpläne sind einfach, bequem und prinzipiell für jeden geeignet. Im Gegensatz zu den anderen Riester-Produkten sind sie auch für Sparer über 50 ideal, weil es keine hohen Abschlusskosten gibt, die den Vertrag erst durch einen lange Laufzeit rentabel machen. Wer steigende Zinsen erwartet, sollte einen Vertrag wählen, bei dem die Verzinsung an die Umlaufrendite gekoppelt ist. Wir testen Riester-Banksparpläne regelmäßig. Zinsunterschiede können durch die lange Laufzeit am Ende gut und gern 10 000 bis 15 000 Euro Differenz ausmachen. Gute Angebote gibt es leider selten bei der Bank um die Ecke. Deshalb lohnt es sich, den aktuellen Test unter www.test.de zu Rate zu ziehen.

Riester-Baudarlehen ⊕ → Wohn-Riester

Riester-Bausparverträge ⊕
Geeignet für Sparer, die eine Immobilie kaufen oder ein Haus bauen wollen.

Riester-Bausparverträge funktionieren genauso wie normale → Bausparverträge. Von ihren ungeförderten Schwestertarifen unterscheiden sie sich fast nur durch die staatliche Förderung: In der Sparphase bekommt der Riester-Sparer Zulagen und eventuelle Steuervorteile auf seine Sparbeiträge (mehr dazu → Riester-Verträge). In der Darlehensphase kann er die Förderung für die Tilgung des Bauspardarlehens beantragen. Dadurch spart er mehr Eigenkapital an als mit einem ungeförderten Bausparvertrag. Er kommt in seiner Finanzierung mit einem kleineren Kredit aus, kann ihn schneller tilgen und spart Zinsen. Deshalb sind Riester-Bausparverträge für den Bau oder Kauf der eigenen vier Wände besser geeignet als ungeförderte Verträge.

Sonst unterscheiden sich die Riester-Bausparverträge nur in Details von klassischen Bausparverträgen. So wird die Abschlussgebühr nicht sofort fällig, sondern auf fünf Jahre verteilt. Die Tarifbedingungen müssen vorsehen, dass der Bausparer sein Darlehen spätestens bis zu seinem 68. Lebensjahr tilgt. Und theoretisch lassen die geförderten Tarife auch die Möglichkeit zu, bis zur Rente Sparbeiträge zu zahlen und sich das Guthaben anschließend in eine lebenslange Rente umwandeln zu lassen. Wegen der niedrigen Guthabenzinsen wird das aber kaum zu empfehlen sein. Wie ein gewöhnlicher Bausparvertrag lohnt sich auch ein Riester-Bausparvertrag nur, wenn der Sparer später das günstige Bauspardarlehen nutzen kann.

Ein Riester-Bausparvertrag darf allerdings nur für den Bau, Kauf oder altersgerechten Umbau einer selbstgenutzten Immobilie und deren Entschuldung verwendet werden. Vermietete Immobilien oder eine Modernisierung werden nicht gefördert (→ Wohn-Riester).

> *Mit diesem Vertrag haben Sie zugleich optimale Renditechancen und Sicherheit.**
>
> *) Ein Berater verkauft eine Riester-Fondspolice. Fast die Hälfte aller verkauften Riester-Rentenversicherungen sind Fondspolicen. Geeignet sind sie aber nur für wenige Kunden.

UNSER RAT Riester-Bausparverträge sind wegen der staatlichen Förderung für den Bau oder Kauf selbstgenutzter Immobilien besser geeignet als ungeförderte Verträge. Wie andere Bausparverträge lohnen sie sich aber nur, wenn Sie später wirklich bauen oder kaufen. Ist das nicht sicher, ist ein → Riester-Banksparplan die bessere Wahl. Bausparer orientieren sich am besten an den Testergebnissen von Finanztest unter www.test.de und lassen sich von den Bausparkassen, die dort gut abgeschnitten haben, individuelle Angebote erstellen.

Riester-Fondspolicen ⊕

Geeignet zur Altersvorsorge für erfahrene Anleger, die ihr Geld auf viele Fonds verteilen und diese selber aussuchen möchten und die bereit sind, dafür höhere Kosten in Kauf zu nehmen.

Eine Fondspolice ist eine Kombination aus einer Anlage in → Fonds und einer → privaten Rentenversicherung. Die Beiträge der Sparer fließen ganz oder teilweise in Fonds. Am Ende der Ansparphase erhalten sie eine lebenslange Rente. Riester-Fondspolicen werden von Versicherungen angeboten. Der Staat fördert sie mit direkten Zulagen und Steuervorteilen (mehr dazu → Riester-Verträge). Es gibt bei Riester-Fondspolicen unterschiedliche Anlagekonzepte. Bei dem sogenannten statischen Modell fließt ein Teil der Beiträge von Anfang an in sichere Anlagen, der andere steht für die freie Fondswahl zur Verfügung. Mit einem solchen Modell besteht nach Analysen von Finanztest keine Gefahr, dass bei Rentenbeginn lediglich die eingezahlten Beiträge und Zulagen noch vorhanden sind. Wie viel Geld in riskante Fonds fließt, hängt von den Kosten ab, die der Versicherer einbehält, und davon, ob er einen Garantiezins bietet. Letzterer ist allerdings mit 1,75 Prozent pro Jahr für seit 2012 geschlossene Verträge sehr niedrig.

Bei dynamischen Vertragsmodellen teilen die Anbieter die Beiträge flexibel zwischen sicheren und riskanten Anlagen auf so wie bei → Riester-Fondssparplänen. Bei guter Börsenentwicklung stecken sie mehr Geld in → Aktienfonds.

Renditechance: Dynamische Anlagemodelle, die verstärkt auf Aktienfonds setzen, bieten die höchsten Renditechancen. Gleichzeitig ist aber auch das Risiko am größten. Sicherer ist das statische Modell. Dafür sind hier die Ertragschancen kleiner.

Sicherheit: Wegen des Aktienanteils können Fondspolicen zwischenzeitlich ins Minus rutschen. Wie bei allen Riester-Verträgen müssen aber am Ende der Ansparphase mindestens das eingezahlte Kapital und die Zulagen zur Verfügung stehen.

Flexibilität: Anders als bei Riester-Fondssparplänen können Sie bei Riester-Fondspolicen Ihre Aktienfonds häufig aus einem großen Angebot auswählen. Die meisten Versicherer bieten Fonds an, die in der Finanztest-Wertung gut abgeschnitten haben (www.test.de/fonds). Oft ist es auch möglich, die Fonds zu wechseln. Einen Vertrag aufzugeben, lohnt sich dagegen meistens nicht. Anleger müssen die Abschlusskosten für die ganze Laufzeit in den ersten fünf Jahren bezahlen – die sind dann weg. Zudem verlieren sie die Riester-Garantie, wenn sie dies tun (mehr dazu → Riester-Fondssparpläne).

UNSER RAT Wer mit Riester-Fondspolicen spart, sollte noch mindestens 20 Jahre vom Rentenbeginn entfernt sein und zumindest ein wenig Erfahrung mit Aktienanlagen und den Launen der Börsen mitbringen. Riester-Fondspolicen sind oft teurer als Riester-Fondssparpläne. Das kann sich negativ auf die Höhe der Rente auswirken. Zudem werden Riester-Fondspolicen Kunden nicht selten mit fragwürdigen Argumenten aufgeschwatzt. Überlegen Sie genau, ob ein solcher Vertrag tatsächlich das Richtige für Sie ist, bevor Sie unterschreiben. Unter www.test.de/riester können Sie zudem prüfen, ob Finanztest das Angebot, das Ihnen vorliegt, empfiehlt.

Riester-Fondssparpläne ⊕

Geeignet zur Altersvorsorge für Anleger bis Mitte 30, die die hohen Renditechancen von Aktienfonds nutzen wollen und es verkraften können, dass ihre Anlage während der Ansparphase auch ins Minus rutschen kann.

Bei einem Riester-Fondssparplan kaufen Sie regelmäßig Anteile von → Fonds. Alle Riester-Fondssparpläne setzen auf chancen-, aber auch risikoreiche → Aktienfonds und auf sicherere → Rentenfonds mit niedrigeren Renditeaussichten. Die Aufteilung schwankt je nach Alter des Kunden und nach Börsenlage. Je näher der Rentenbeginn rückt, desto mehr Geld wird in Rentenfonds umgeschichtet, um das vorhandene Kapital vor Verlusten zu schützen. Ein Fondssparplan bietet jüngeren Sparern gute Renditeaussichten. Denn bei einer sehr langen Vertragslaufzeit ist die Wahrscheinlichkeit hoch, mit Aktienfonds ein Plus zu machen. ==Anders als bei anderen Fondssparplänen sind mit Riester-Fondssparplänen Verluste ausgeschlossen, sofern Sie den Vertrag bis zum Ende der Laufzeit durchhalten.== Selbst wenn sich die Kurse an den Börsen extrem schlecht entwickeln, stehen zum Ende der Ansparphase immer noch die Summe Ihrer eingezahlten Beiträge und die staatlichen Riester-Zulagen zur Verfügung. Dieses Geld ist garantiert (mehr dazu → Riester-Verträge).

Für die Rentenphase können Sparer bei einem Riester-Fondssparplan zwischen einer lebenslangen monatlichen Rente oder einem individuellen Auszahlplan wählen. Der verwandelt sich allerdings spätestens ab dem 85. Lebensjahr in eine Rentenversicherung, um eine lebenslange Rente zu garantieren.

Renditechance: ==Fondssparpläne sind erste Wahl für Riester-Sparer, die die Renditechancen von Aktien so lange wie möglich nutzen wollen,== auch noch in der Rentenphase. Voll ausgereizt bietet dieses Modell die höchsten Ertragschancen. Wie das Anlagekonzept im Einzelnen aussieht, hängt vom jeweiligen Anbieter ab. Das gesamte Geld eines Riester-Fondssparplanes kann beispielsweise zunächst in Aktienfonds stecken. Entwickelt sich die Börse so schlecht, dass das garantierte Kapital gefährdet ist, fließen erst die neuen Beiträge der Kunden in Rentenfonds. Reicht das nicht, wird das gesamte Geld aus dem Aktien- in den Rentenfonds umgeschichtet, wo es bis zur Rente bleibt. Sparern entgeht so die Möglichkeit, Kursverluste am Aktienmarkt wieder aufzuholen. Weil es aber keine Garantie für Kurserholungen

> Jetzt können Sie den Fördereffekt voll ausschöpfen.*
>
> *) Allerdings wies der Berater den Kunden beim Abschluss des Riester-Vertrags nicht darauf hin, dass er die staatlichen Zulagen separat beantragen muss. Deshalb rief dieser sie nicht ab.

gibt, bleibt den Fondsgesellschaften nur das möglichst geschickte Umschichten, um die Garantiezusagen zu erfüllen. Es gibt auch Anbieter, die von Rentenfonds wieder zurück in Aktienfonds umschichten, wenn die Börsen wieder laufen. Die Folge: Die Anleger verkaufen zu einem niedrigeren Preis und steigen zu einem höheren wieder in Aktien ein. Das führt zu Verlusten.

Sicherheit: Verglichen mit anderen Riester-Sparverträgen ist das Risiko, am Ende der Sparzeit nur mit dem Garantiekapital dazustehen, bei Riester-Fondssparplänen am größten. Mit jedem erneuten Einbruch am Aktienmarkt wird diese Gefahr größer. Das Risiko ist jedoch nicht bei allen Riester-Fondssparplänen gleich. Es hängt davon ab, welche Aufteilung ein Anbieter während der Laufzeit zwischen sicheren Rentenfonds und Aktienfonds wählt.

Flexibilität: Bei Fondssparplänen können Sie die Höhe der Raten ändern. Auch ist es möglich, mit den Zahlungen ganz auszusetzen, so lange wie Sie dies möchten. Sie können den Vertrag auch kündigen, dann müssen Sie aber die staatlichen Zulagen zurückzahlen.

Grundsätzlich können Anleger ihren Riester-Fondssparplan wechseln. Das lohnt allerdings nur, wenn das Konto wenigstens die Summe der eingezahlten Beiträge ausweist. Ist das Konto wegen Kursverlusten ins Minus gerutscht, können Sie nur den aktuellen Wert Ihres Sparplans mitnehmen – und ein neuer Anbieter garantiert dann nur den niedrigeren Betrag, der bei ihm eingezahlt wird.

Die Riester-Garantie gilt nur zu Rentenbeginn, nicht während der Ansparphase. Aus einem Vertrag auszusteigen, der gerade im Minus ist, ist deshalb ein schlechtes Geschäft. Es ist besser, die Zahlungen zu stoppen und das Ersparte bis zur Rente liegen zu lassen. Auf diese Weise zwingen Sie den Anbieter, das Minus bis zum Beginn der Rente auszugleichen.

Wer Wert darauf legt, sich seine Fonds selbst zusammenzustellen, kommt bei den Riester-Fondssparplänen kaum zum Zuge. Sie geben die Fonds, in die Beiträge und Zulagen fließen, größtenteils vor. Anleger haben wenig Wahlmöglichkeiten.

UNSER RAT Riester-Fondssparpläne entfalten ihre Stärken bei einer langfristigen Laufzeit von etwa 30 Jahren. Wenn Sie so einen Vertrag abschließen möchten, sollten Sie aufpassen, dass Ihnen keine → Riester-Fondspolice untergejubelt wird. Dabei handelt es sich in der Regel um teurere Produkte, bei denen die Anbieter ordentlich abkassieren können. Riester-Fondssparpläne sind günstiger, aber auch nicht ganz billig. Für die Fonds fallen meist Kaufkosten in Höhe von 5 Prozent an. Hinzu kommen die jährlichen Verwaltungskosten. Diese Kosten sollten Sie aber nicht vom Kauf eines guten Riester-Fondssparplans abhalten. Gut getestete Produkte finden Sie unter www.test.de.

Riester-Rentenversicherungen ⊕ Geeignet zur Altersvorsorge für bequeme Sparer bis Ende 40 mit langem Atem und sicherem Einkommen.

Klassische Riester-Rentenversicherungen werden von Versicherungsgesellschaften angeboten, aber auch von Banken vertrieben. Sparer zahlen regelmäßig einen bestimmten Betrag ein und erhalten dafür am Vertragsende eine lebenslange Rente. Der Staat fördert diese Verträge mit direkten Zulagen und Steuervorteilen (mehr dazu → Riester-Verträge). Die Mindestrente, die ein Sparer bekommt, steht bereits bei Vertragsabschluss fest. Ebenso der Garantiezins, der derzeit 1,75 Prozent beträgt. Er wird allerdings nur auf die Einzahlungen nach Abzug der Abschluss- und Verwaltungskosten bezahlt. Die tatsächlich garantierte Rendite auf alle Einzahlungen liegt deshalb in vielen Fällen unter 1 Prozent.

Denn die Kosten sind zum Teil üppig. Die teuersten Versicherer kassieren 16,5 Prozent von den Kundenbeiträgen und 7,5 Prozent von den staatlichen Zulagen. Dass hier am Ende nicht viel mehr als die magere Mindestrente herauskommen kann, liegt auf der Hand. Für Riester-Rentenversicherungen, die nach 2005 abgeschlossen wurden, dürfen die Anbieter die Kosten für die gesamte Vertragslaufzeit innerhalb der ersten fünf Jahre abziehen. Die Folge: In der Anfangsphase fließt ein beträchtlicher Teil Ihres Geldes erst einmal in die Taschen von Versicherern und Vermittlern, der Wert Ihres Vertrages rutscht zunächst in die Miesen. Das mag manchen frustrieren. Doch mit zunehmender Laufzeit ist die Scharte irgendwann ausgewetzt.

Sparer brauchen deshalb einen langen Atem. Eine Riester-Rentenversicherung lohnt sich nur, wenn Sie den Vertrag bis zum Ende bedienen und ein Angebot mit guten Konditionen wählen. Doch solche Verträge sind rar. Bei einer Untersuchung von Finanztest bekamen von 29 Anbietern lediglich fünf die Note gut. Die Auszeichnung „sehr gut" erhielt kein einziger Tarif.

Renditechance: Die Mindestverzinsung ist gesetzlich festgelegt und bei allen Anbietern gleich. Wie hoch die Mindestrente bei gleichen Einzahlungsbeträgen und gleicher Vertragslaufzeit ausfällt, hängt demnach von den Kosten ab. Je höher sie sind, desto geringer die garantierte Rente. Um ein Angebot mit geringen Kosten zu finden, können sich Sparer an der garantierten Rente orientieren. Denn die Verträge sind oft so intransparent, dass selbst Experten Mühe haben, die Abschluss- und Verwaltungskosten zu bestimmen.

Zusätzlich zur Mindestrente sind Sparer noch an Überschüssen beteiligt. Doch ob es welche gibt und wie hoch sie sind, ist ungewiss. Entscheidend ist, wie gut oder schlecht der Versicherer mit den Einzahlungen wirtschaftet und wie er seine Kunden am Anlageerfolg beteiligt. Anbieter, die für ihre Kunden sehr gut anlegen, stocken die garantierte Rente noch kräftig auf.

Sicherheit: Mit einer Riester-Rentenversicherung gehen Sie kein Risiko ein, wenn Sie bis zum Schluss am Ball bleiben. Die Gefahr besteht darin, dass Sie – aus welchen Gründen auch immer – frühzeitig wieder aussteigen. Dann ist es wahrscheinlich, dass Sie Geld verlieren, weil Ihnen die hohen Kosten für den Gesamtvertrag bereits in den ersten fünf Jahren abgezogen werden. Dann ist außer Spesen nichts gewesen. Zudem müssen Sie bei einer Kündigung die staatlichen Zulagen zurückzahlen. Können oder möchten Sie den Vertrag nicht weiterführen, ist es deshalb besser, ihn beitragsfrei zu stellen und bis zur Fälligkeit ruhen zu lassen. Nach Berechnungen des Bamberger Finanzwissenschaftlers Andreas Oehler verlieren Sparer jährlich 16 Milliarden Euro, weil sie private Renten- und Kapitallebensversicherungen vorzeitig kündigen müssen. Die Versicherungswirtschaft bestreitet diese Zahlen.

Flexibilität: Riester-Rentenversicherungen sind im Vergleich zu → Riester-Bankssparplänen ein Klotz am Bein. Theoretisch können Sparer den Vertrag wechseln, aber dann verlieren sie wegen der hohen Abschlusskosten Geld (siehe oben). Für Riester-Rentenversicherungen gilt die Parole: Durchhalten!

UNSER RAT Wenn Sie nur noch wenig Zeit bis zur Rente haben oder nicht sicher sind, dass Sie den Vertrag bis zum Ende durchhalten, sind Sie in der Regel mit einem Riester-Bankssparplan besser bedient. Lassen Sie sich von Ihrem Bankberater nicht die erstbeste Riester-Rentenversicherung aufschwatzen. Die meisten Banken arbeiten nur mit einer Versicherungsgesellschaft zusammen und bieten deshalb keine Auswahl. Unter www.test.de/riester können Sie nach guten Angeboten recherchieren und sich dann direkt an den Anbieter wenden. Falls Ihnen dessen Vertreter eine → Riester-Fondspolice anpreist, sollten Sie sich nicht beirren lassen und an dem ursprünglich gewählten Produkt festhalten.

Riester-Verträge Die Riester-Rente ist in den vergangenen Jahren immer wieder in die Kritik geraten. Und vieles wird zu Recht moniert: Weniger Menschen als erwartet nutzen die Angebote, sie sind unübersichtlich, die Produkte oft wenig transparent, einige viel zu teuer, und sie lohnen sich nur, wenn Sparer die staatliche Förderung auch wirklich nutzen. Dennoch: Wer heute langfristig in Form von Wohneigentum oder durch eine zusätzliche Rente für sein Alter vorsorgen will, kann finanziell mit Riester-Verträgen deutlich besser fahren als mit anderen Altersvorsorgeprodukten oder konventionellen Baukrediten. Und das liegt nicht daran, dass die Riester-Produkte an sich besser sind, sondern an der staatlichen Förderung aus Zulagen und Steuervorteilen, die es für konventionelle Produkte nicht gibt. Eine Familie mit zwei kleinen Kindern kann jedes Jahr 908 Euro allein an staatlichen Zulagen bekommen, wenn beide Elternteile einen Riester-Vertrag haben.

Die nach Walter Riester, dem ehemaligen Bundesarbeitsminister, benannte staatlich geförderte private Altersvorsorge wurde 2002 eingeführt. Ziel der Bundesregierung war es, Sparern einen Anreiz zu geben, die sinkenden gesetzlichen Renten und Pensionen auszugleichen. Das in einen Riester-Vertrag eingezahlte Geld und die staatlichen Zulagen sind sicher. Sie müssen am Ende der Vertragslaufzeit zur Verfügung stehen. Damit sind Verluste ausgeschlossen, wenn Sparer den Vertrag bis zum Ende durchhalten. Zusätzlich garantiert die staatliche Förderung eine kleine Rendite, unabhängig davon, wie sich ein Riester-Vertrag im Einzelnen entwickelt.

> *Damit schließen Sie frühzeitig Ihre Rentenlücke und profitieren ordentlich von den staatlichen Zulagen.**
>
> *) Ein Berater schwatzte einer Café-Betreiberin so einen Riester-Vertrag auf. Wie viele andere Selbstständige hat sie aber kein Recht auf die Zulagen. Der Vertrag ist für sie unattraktiv.

Zurzeit bieten Banken, Versicherungen und Fondsgesellschaften sechs Vertragsvarianten an: → Riester-Banksparpläne, → Riester-Fondssparpläne, → Riester-Rentenversicherungen, → Riester-Fondspolicen, → Riester-Bausparverträge und den sogenannten → Wohn-Riester. Dahinter verbergen sich Baudarlehen, für deren Tilgung Sparer dieselben Zulagen und Steuervorteile erhalten wie für die anderen Verträge.

Die Riester-Förderungen können folgende Personengruppen nutzen: Beamte, Arbeitnehmer, Erziehende in Elternzeit, Erwerbsunfähige, Pflegende zu Hause, pflichtversicherte Selbstständige (zum Beispiel Handwerker, Lehrer, Hebammen, Künstler, Journalisten), Empfänger von Arbeitslosengeld I und II, Ehepartner eines Riester-Sparers.

Die Grundzulage für jeden Riester-Sparer beträgt jährlich bis zu 154 Euro. Wer Kindergeld bekommt, erhält zusätzlich die Kinderzulage. Sie kann sich bis auf 185 Euro für jedes vor 2008 geborene Kind pro Jahr summieren, und bis auf 300 Euro für jedes später geborene Kind. Um die vollen Zulagen zu bekommen, müssen Sparer 4 Prozent ihres rentenversicherungspflichtigen Vorjahreseinkommens einzahlen. Die Förderobergrenze liegt bei 2 100 Euro jährlich.

Die Ansparphase endet je nach Vertrag zwischen dem 62. und dem 67. Lebensjahr. Dann beginnt die Auszahlung einer lebenslangen Rente, die meist monatlich überwiesen wird. Sparer dürfen außerdem in der Regel bis zu 30 Prozent des Kapitals bei Auszahlungsbeginn auf einen Schlag entnehmen. Bei Riester-Fonds- und Riester-Banksparplänen können Sparer statt einer lebenslangen Rente einen Auszahlplan wählen und sich ihr Geld in Raten überweisen lassen. Ein Teil des Kapitals muss allerdings für eine lebenslange Rente ab dem 85. Lebensjahr einbehalten werden. Sparer können sich bei Rentenbeginn ihr Guthaben aber vollständig auszahlen lassen, wenn sie mit dem Geld die Restschulden eines Kredites für ein selbstgenutztes Eigenheim tilgen.

Wie bei allen Produkten gibt es auch bei den Riester-Angeboten gute und schlechte, passende und unpassende. Gerade bei der Riester-Vorsorge ist es wichtig, ein Produkt zu finden, das günstig ist und zur individuellen Lebenssituation passt. Nach Erfahrungen der Verbraucherzentralen verkaufen Bankberater Sparern aber häufig Riester-Verträge, die für sie wenig geeignet sind. Den Vermittlern geht es häufig nur um die höchste Provision. Oft werden teure und unflexible Lösungen empfohlen, teilweise entsprechen die Produkte auch nicht der Risikobereitschaft des Kunden. Berater informieren häufig auch nicht ausreichend darüber, wie viel ein Sparer einzahlen muss, um die maximale Förderung zu nutzen, kritisieren die Verbraucherzentralen. Häufig kommt es sogar vor, dass Vermittler Riester-Produkte an Sparer verkaufen, die die Förderung gar nicht nutzen können.

Automatisch kommt der Riester-Erfolg also nicht. Es ist besser, sich erst einmal selbst eine Meinung darüber zu bilden, welches Riester-Produkt das richtige ist. Informationen dazu erhalten Sie beispielsweise unter im Internet www.test.de/riester. Sie sollten sich am besten erst dann an einen Finanzberater wenden, wenn Sie sich aus anderen Quellen informiert haben und wissen, welche Riester-Vertragsvariante Sie wollen. Sie können dann viel besser einschätzen, was Ihnen angeboten wird, kritisch nachhaken und es mit anderen Angeboten des gleichen Produkttyps vergleichen.

Anbieter müssen die Kosten von Riester-Produkten offenlegen. Da die Kosten vom Anlagebetrag abgehen, schmälern sie die Rendite. Deshalb stellen die Anbieter sie in den Verträgen häufig sehr unverständlich dar – obwohl sie Euro-Beträge nennen müssen. Längst nicht alle halten sich daran. Der Bamberger Ökonom Andreas Oehler hat ermittelt, dass bei 40 Prozent der Angebote die Kosten nicht in Euro ausgewiesen waren. Ein guter Bankberater muss in der Lage sein, die Kosten so zu erläutern, dass der Kunde sie versteht. Viele tun dies nicht, weil der Kunde nicht merken soll, wie viel vom Beitrag dafür draufgeht.

Nach einem Gesetz, das im Juni 2013 den Vermittlungsausschuss von Bundestag und Bundesrat passierte, müssen Anbieter von Riester-Verträgen künftig die wichtigsten Kennzahlen des Vertrags in einem Produktinformationsblatt aufführen. Dort müssen auch die Abschluss- und Vertriebskosten transparenter als bisher dargestellt werden.

Sparer, die aus Riester ein lohnendes Investment machen wollen, sollten unbedingt diese sechs Punkte einhalten:
1 Die Zulagen beantragen.
2 Den Steuervorteil nutzen.
3 Den passenden Produkttyp wählen.
4 Einen Vertrag für ein günstiges Produkt abschließen.
5 Möglichst langfristig anlegen. Zwar lohnt es sich auch für Sparer ab Mitte 50 noch, ein kleines Riester-Vermögen aufzubauen. Eine substanzielle lebenslange Rente lässt sich aber in zehn Jahren kaum ansparen.
6 Den Vertrag nicht vorzeitig kündigen. Höchstens, um zu einem anderen Riester-Produkt zu wechseln.

Wenn Sie das beachten, sind Riester-Verträge trotz aller Kritik ein rentabler und vor allem sicherer Weg, fürs Alter vorzusorgen.

Rohstoffe ⊕ Geeignet für erfahrene und risikobereite Anleger mit großem Depot, die ihr Vermögen auf möglichst viele verschiedene Anlageklassen verteilen wollen, um ihr Gesamtrisiko zu senken.

Rohstoffe sind Grundstoffe, die zur Herstellung von Waren verwendet werden. Der mit Abstand am häufigsten eingesetzte Rohstoff ist Öl. Er wird in vielen Branchen genutzt, etwa in der chemischen Industrie. Rohstoffe werden in der Regel in vier Gruppen eingeteilt: Energierohstoffe (zum Beispiel Öl, Erdgas, Kohle), Industriemetalle (zum Beispiel Kupfer, Nickel, Zinn), Edelmetalle (zum Beispiel Palladium, Platin) und Agrarrohstoffe (zum Beispiel Weizen, Kaffee, Baumwolle). Agrarrohstoffe werden auch Soft Commodities genannt. Spekulationen darauf sind ethisch sehr umstritten.

Unternehmen kaufen die Rohstoffe, die sie für die Produktion ihrer Waren benötigen, in der Regel direkt bei Rohstoffproduzenten ein. Viele Rohstoffe werden aber auch an Terminbörsen gehandelt. Dort können Unternehmen zusätzlichen Bedarf decken. Professionelle Finanzinvestoren nutzen die Terminbörsen, um auf die Preisentwicklung von Rohstoffen zu spekulieren. Dazu kaufen sie aber nicht die Rohstoffe selbst, weil Lager- und Transportkosten viel zu hoch wären, sondern börsengehandelte Terminkontrakte, sogenannte → Futures. Das sind Wertpapiere, die Bezugsrechte für Rohstoffe verbriefen. Futures sind auch die Basis für → Zertifikate, → Indexfonds (ETF) und → ETC (Exchange Traded Commodities), mit denen Kleinanleger direkt auf die Notierungen von Rohstoffen wetten können. Eine Ausnahme sind Edelmetalle wie Gold und Platin. Schon kleine Mengen von ihnen haben bereits einen so hohen Wert, dass sich ihr physischer Kauf und die anschließende Einlagerung durchaus lohnen können.

Eine andere Möglichkeit für private Anleger, sich indirekt an den Rohstoffmärkten zu beteiligen, ist der Kauf von → Aktien von Unternehmen, die Rohstoffe produzieren (mehr dazu → Rohstofffonds). Diese Variante hat aber den Nachteil, dass sie sich weniger gut zur Risikostreuung eignet.

Renditechance: Anlagen in Indizes, die viele Rohstoffe enthalten, haben in der Vergangenheit Renditen abgeworfen, die mit denen von → Aktienfonds vergleichbar sind. Auch die Schwankungsbreite ist ähnlich. Wetten auf einzelne Rohstoffe bieten dagegen deutlich höhere Chancen und entsprechend hohe Risiken. Preise einzelner Rohstoffe können sich innerhalb von wenigen Monaten verdoppeln und noch schneller genauso stark fallen. Prinzipiell hängen die Notierungen von Angebot und Nachfrage auf den Rohstoffmärkten ab. Doch im Detail unterscheiden sich die Faktoren, die einzelne Rohstoffe und Rohstoffgruppen beeinflussen, erheblich. Industriemetalle laufen meistens gut, wenn auch die Weltwirtschaft Fahrt aufnimmt. Agrarrohstoffpreise reagieren dagegen auf Wetter, Erntemengen und Anbauentscheidungen der Landwirte.

Sicherheit: Die Rohstoffmärkte sind launisch, und entsprechend riskant sind Rohstoffanlagen (siehe oben). Zudem werden Rohstoffe in US-Dollar gehandelt, weswegen Anleger aus dem Euroraum zusätzlich ein Wechselkursrisiko eingehen.

Bei Rohstoffzertifikaten und ETC handelt es sich um Schuldverschreibungen. Das bedeutet: Geht der Herausgeber pleite, werden die Papiere wertlos. Eine Ausnahme sind ETC, die mit einem physischen Rohstoff gesichert sind. Sie gibt es vor

Wahre Werte überdauern die Zeit. Schützen Sie Ihr Vermögen wirksam vor Inflation und Währungsreform. *

*) So preist ein Anbieter Rohstoffe an. Rohstoffe schützen nur bedingt vor Inflation und sind eine spekulative Anlage.

allem auf → Gold. Der ETC-Anbieter kauft in diesen Fällen den jeweiligen Rohstoff in Höhe der Summe der ausgegebenen Wertpapiere. Der Rohstoff wird meistens getrennt vom Vermögen der Anbieter-Gesellschaft eingelagert. Bei einer Pleite besteht zumindest die Chance, dass aus den Beständen Forderungen der Anleger bedient werden können.
Flexibilität: Zertifikate auf Rohstoffe und ETC können in der Regel werktäglich an Börsen gehandelt oder direkt von den Anbietern gekauft beziehungsweise an sie zurückgegeben werden.

UNSER RAT Erste Wahl sind Anlagen in Indizes, die eine Vielzahl von Rohstoffen enthalten. Sie können in geringen Mengen eine geeignete Beimischung für große Anlagedepots sein. Mehr als 5 Prozent Ihres Vermögens sollten sie aber nicht ausmachen (mit Ausnahme von Gold). Unter Fachleuten ist allerdings umstritten, ob sich Rohstoffe ausschließlich als kurzfristige Beimischung oder auch als langfristige Anlage eignen. Wer nicht verstanden hat, wie der Handel mit Futures funktioniert und was ihre Preise von Spotmarktpreisen (S. 185) unterscheidet, sollte besser die Finger davon lassen. Andernfalls sind böse Überraschungen unvermeidbar. Zudem sind Rohstoffzertifikate recht teuer. Für einige verlangt etwa die RBS eine „Indexgebühr" von 1,75 Prozent jährlich. Noch teurer sind Produkte mit Wechselkursabsicherung, die sich häufig nicht lohnt (→ Quanto-Zertifikate). Wetten auf einzelne Rohstoffe sind nur etwas für Anleger, die einen gewissen Nervenkitzel suchen und es verkraften können, wenn sie einen großen Teil ihres Geldes verlieren.

Rohstofffonds ⊕ Geeignet für erfahrene Anleger, die auch hohe Verluste verkraften können.

Es gibt zwei Varianten von Rohstofffonds mit sehr unterschiedlichen Eigenschaften:

Die einen spekulieren über börsengehandelte Terminkontrakte (→ Futures) direkt auf Veränderungen von Rohstoffpreisen. Die anderen kaufen → Aktien von Unternehmen, die → Rohstoffe fördern oder produzieren. Aktien-Rohstofffonds partizipieren nicht unmittelbar an der Preisentwicklung von Rohstoffen. Mit ihnen verbindet sich vielmehr die Hoffnung, dass die Gewinne der Rohstoffproduzenten steigen, wenn Rohstoffe teurer werden, und dass sich das in höheren Aktienkursen niederschlägt. Das muss allerdings nicht der Fall sein. Rohstoffpreise können auch steigen und die Aktienkurse von Förderunternehmen gleichzeitig fallen oder stagnieren. Es gibt keinen festen Zusammenhang zwischen den Preisen von Rohstoffen und der Aktienkursentwicklung von Rohstoffunternehmen.
Renditechance: Mit Rohstofffonds sind hohe Gewinne, aber auch hohe Verluste möglich. Manche Fonds, die Indizes auf Rohstoffe abbilden, warfen beispielsweise zwischen 2004 und 2007 hohe Erträge ab. Während der Finanzkrise gaben die Rohstoffpreise aber stark nach. Fonds auf Aktienbasis verloren zum Teil mehr zwei Drittel ihres Wertes.
Sicherheit: Egal für welche Fondsvariante Sie sich entscheiden: Beide sind riskant und sollten nur in kleinen Mengen großen Depots beigemischt werden. Juristisch betrachtet sind Rohstofffonds Sonderver-

mögen (→ Fonds). Das bedeutet, das Geld der Anleger ist bei einer Pleite der Fondsgesellschaft geschützt. Anders ist dies bei → ETC auf Rohstoffe.

Flexibilität: Rohstofffonds können jederzeit ge- und verkauft werden (mehr dazu → Aktienfonds, → Indexfonds).

UNSER RAT Zur Risikostreuung sind Fonds, die auf Rohstoffpreise setzen, besser geeignet als Fonds auf Aktienbasis. Denn Letztere bergen dasselbe Marktrisiko wie alle anderen Aktienfonds. Direkt investierende Rohstofffonds sollten Sie aber nur kaufen, wenn Sie sich ausreichend mit den Grundlagen des Terminhandels beschäftigt haben (→ Rohstoffe).

Rolling-Discount-Zertifikate ⊖

Eine der wichtigsten Grundregeln bei der Geldanlage lautet, ausschließlich in Produkte zu investieren, die man versteht. Wer begreifen will, welche Strategie hinter einem Rolling-Discount-Zertifikat steht, muss die Optionspreistheorie beherrschen. Doch das tun nur sehr wenige Spezialisten. Die meisten Sparer und Anleger werden von dieser Theorie noch nicht einmal etwas gehört haben. Schon deshalb empfiehlt es sich, die Finger von diesen → Zertifikaten zu lassen.

Rürup-Renten ⊕ Geeignet zur Altersvorsorge für gutverdienende Selbstständige, Angestellte und Beamte.

Die Rürup-Rente ist eine staatlich geförderte Rente für Wohlhabende: Wer viel verdient und viel Steuern zahlt, profitiert viel stärker von den Steuervorteilen dieser Altersvorsorge als Durchschnitts- oder Geringverdiener. Das Angebot richtet sich in erster Linie an Selbstständige, weil sie meist keine Riester-Rente und Betriebsrente abschließen können. Doch auch Angestellte und Beamte können mit Rürup-Verträgen vorsorgen. Das Finanzamt erkennt pro Jahr Beiträge bis zu 24 000 Euro von Alleinstehenden und 48 000 Euro von Verheirateten an. Davon ist ein steigender Anteil als Sonderausgaben absetzbar. Er klettert von 60 Prozent (im Jahr 2005) in 2-Prozent-Schritten bis auf 100 Prozent im Jahr 2025.

Die Rürup-Rente ist nach ihrem Erfinder, dem Ökonomen Bert Rürup, benannt. Ein anderer Begriff für diese Vorsorgeform ist „Basisrente". Es gibt sie in drei Varianten: als fondsgebundene Versicherung (→ fondsgebundene Rentenversicherung), → Fondssparplan und als klassische Rentenversicherung (→ private Rentenversicherung). Bei den klassischen Rentenversicherungen investieren die Anbieter die Beiträge ihrer Kunden sicherheitsorientiert. Die anderen beiden Varianten sind riskanter: Hier fließen die Beiträge in → Fonds. Für die Rürup-Rente gelten strenge gesetzliche Vorgaben. Nur Tarife, die sie erfüllen, bekommen vom Bundeszentralamt für Steuern ein Zertifikat. Dies ist die Voraussetzung für die steuerliche Förderung.

Renditechance: Rürup-Renten auf Fondsbasis bieten höhere Chancen. Dafür sind aber auch die Risiken deutlich höher. Verluste sind möglich (siehe unten). Planbar und sicher ist die Rürup-Vorsorge mit klassischen Rentenversicherungen. Wie hoch die Rente bei dieser Variante später einmal sein wird, hängt wesentlich von den Abschluss- und Verwaltungskosten des Versicherers ab sowie vom Kapitalanlageerfolg, den er für die Kunden erzielt. Je höher die Kosten, desto weniger fließt in den Spartopf und desto niedriger ist die Rente. Ein anderer Parameter ist das Renteneintrittsalter. Rürup-Rentner müssen je nach Rentenbeginn einen steigenden Anteil der Rürup-Rente versteuern. Der Prozentsatz steigt mit jedem Rentnerjahrgang stufenweise an. Wer erst 2040 ins Rentenalter kommt, muss 100 Prozent seiner Rente beim Finanzamt abrechnen. Ältere Rürup-Sparer, die demnächst in Rente gehen, dürfen sich deshalb über eine höhere Rendite freuen als jüngere. Die 24 000 Euro Einzahlung, die das Finanzamt bei einem Alleinstehenden maximal fördert, können viele Rürup-Sparer allerdings nicht vollständig nutzen. Beiträge an die gesetzliche Rentenkasse oder ein berufsständisches Versorgungswerk mindern den Betrag, den sie geltend machen können. Gedrückt wird die künftige Rente bei manchen Anbietern auch durch Kosten für Zusatzleistungen. Sie sind oft gar nicht sinnvoll, dennoch müssen die Kunden sie bei einigen Versicherungen mit abschließen, wie etwa einen Hinterbliebenenschutz. Eine wichtige Rolle bei den Rürup-Rentenversicherungen spielt auch der zusätzliche Rentenanteil aus Überschüssen. Versicherer, die das Geld ihrer Kunden gut angelegt haben, können sie auch ordentlich an den erwirtschafteten Überschüssen beteiligen.

Sicherheit: Klassische Rürup-Rentenversicherungen sind eine sichere Vorsorge. Hier erfährt der Kunde bereits vor Vertragsschluss, wie hoch seine Rente im Alter mindestens sein wird. Das macht die Vorsorge planbar. Auf Fonds sollten Sie nur setzen, wenn Sie Ihren Grundbedarf im Alter schon anderweitig gedeckt haben. Laufen die Fonds schlecht, kann es zu Verlusten kommen. Das Risiko tragen Sie. Im Gegensatz zur ebenfalls staatlich geförderten Riester-Rente müssen nicht einmal Ihre Einzahlungen garantiert werden. Immerhin kann das für eine Rürup-Rente angesparte Kapital nicht gepfändet werden. Es ist außerdem Hartz-IV-sicher.

Flexibilität: Alle Rürup-Verträge sind sehr unflexibel:

▷ Nur eine Rente. Mit einem Rürup-Vertrag entscheiden sich Sparer ein für alle Mal für eine Rente. Eine Kapitalauszahlung ist nicht möglich – auch keine Teilauszahlung. Die Rente kann erst mit 60 Jahren beginnen, bei ab 2012 geschlossenen Verträgen frühestens mit 62. Ein Rürup-Vertrag ist also weniger flexibel als eine private Rentenversicherung.

▷ Kündigung ausgeschlossen. Sparer können ihren Vertrag nicht kündigen und keinen Rückkaufswert kassieren. Sie können nur aufhören einzuzahlen, das heißt den Vertrag beitragsfrei stellen. Doch wenn dann nur wenig Deckungskapital vorhanden ist, sind im ungünstigsten Fall alle Einzahlungen verloren.

▷ Vertrag wechseln. Kunden dürfen laut Gesetz mit ihrem angesparten Kapital zu einem anderen Anbieter wechseln – vorausgesetzt, die Vertragsbedingungen des Anbieters lassen dies zu. Dies tun nur wenige.

▷ Vererben und Beleihen unmöglich. Kunden können ihre Rürup-Rente nicht vererben. Es ist außerdem nicht erlaubt, den Vertrag zu beleihen, beispielsweise um an ein Darlehen zu kommen.

UNSER RAT Wenn Sie selbstständig sind und damit rechnen können, dass Sie dauerhaft gut verdienen, fahren Sie gut mit einer Rürup-Rente. Sie erzielen eine höhere Rendite als mit einer vergleichbaren, nicht geförderten Vorsorge. Für Angestellte sind Riester-Rente und betriebliche Altersvorsorge die erste Wahl. Geringverdiener und selbstständige Einzelkämpfer, die nicht viel Geld übrig haben, sollten die Finger von der Rürup-Rente lassen. Bei der Suche nach einem guten Anbieter helfen Ihnen die Untersuchungen von Finanztest, die Sie im Internet unter www.test.de finden.

S

Sachwerte Wenn die Inflationsangst steigt, empfehlen Banken gerne Sachwerte. Sie sollen Wertstabilität bieten und vor Inflation schützen. Denn im Gegensatz zu Papiergeld sind Sachwerte nicht beliebig vermehrbar. Sie müssen erst aufwendig hergestellt oder gefördert werden. Die bei Anlegern beliebtesten Sachwerte sind → Gold und → Immobilien. Andere Sachwerte sind Schiffe, Flugzeuge, Wald, Ackerland, Infrastrukturanlagen wie Häfen, Krankenhäuser, Seniorenwohnheime und Kindertagesstätten, Diamanten, Kunst, Antiquitäten und natürlich → Rohstoffe wie Öl und Kupfer. Auch → Aktien sind Sachwerte, weil sie einen Anteil an einem Unternehmen und damit an dessen Produktionskapital, beispielsweise an Maschinen, Gebäuden, Markenrechten und Patenten, verbriefen.

Anders als manche Banken Anlegern suggerieren, sind Sachwerte aber kein Allheilmittel gegen Finanzkrisen und Geldentwertung. Zwar bieten viele Sachwerte einen Schutz vor Totalverlust. Doch fast alle sind riskante Anlagen, deren Preise erheblich schwanken. Hinzu kommt, dass viele Sachwertinvestitionen, etwa in Flugzeuge, Wald oder Schiffe, nur über → geschlossene Fonds möglich sind. Diese

Anlageform ist teuer und intransparent. Unter dem Strich lässt die Qualität der meisten geschlossenen Fonds sehr zu wünschen übrig, wie verschiedene Untersuchungen von Finanztest belegen.

Auch mit dem angeblichen Inflationsschutz von Sachwerten ist es nicht weit her. Gold war in der Vergangenheit nur bei sehr hohen Inflationsraten ein Schutz. Aktien stiegen mal mit der Teuerung an und dann wieder nicht. Langfristig warfen internationale Aktien aber nach Abzug der Inflation im Jahresdurchschnitt eine Rendite von rund 7 Prozent ab. Ob der Wert von Immobilien mit der Teuerung steigt, hängt vom einzelnen Objekt ab. Nur dort, wo eine wachsende Nachfrage einem langsamer steigenden Angebot gegenübersteht, ist die Wahrscheinlichkeit hoch, dass die Immobilienpreise mit der Inflation oder sogar schneller steigen. → Offene Immobilienfonds, die in viele Objekte investieren, bieten im Durchschnitt einen besseren Inflationsschutz als Einzelimmobilien.

Anleger, die sich gegen eine steigende Geldentwertung absichern wollen, fahren mit einem gemischten Depot aus verschiedenen Anlagen am besten. In ein solches Depot gehören auch → Anleihen und → Festgelder mit kurzen Laufzeiten. Denn deren Verzinsung folgt in der Regel am schnellsten steigenden Inflationsraten.

Schiffsfonds ⊖ kaufen Container-
schiffe und Frachter für den Transport von Gütern und Rohstoffen. Schiffsfonds sind → geschlossene Fonds, die für Kleinanleger wegen hoher Kosten und zum Teil kaum überschaubarer Risiken ungeeignet sind.

Ein Schiffsfonds ist eine Gesellschaft von Anlegern, die sich für viele Jahre an Schiffen beteiligen. Die Schiffe wurden in der Vergangenheit meist zu 40 Prozent mit Anlegergeld und zu 60 Prozent mit Krediten finanziert. Sobald der Fonds genügend Anlegergeld eingesammelt hat, wird er geschlossen. Er nimmt keine neuen Anleger mehr auf.

Die Fondsbetreiber stellen den Anlegern jährliche Ausschüttungen und Gewinne bei Auflösung des Fonds in Aussicht. Die jährlichen Auszahlungen sind zunächst aber nur Rückzahlungen aus dem eingesetzten Kapital. Sie sollen durch Charterraten für die von den Schiffen beförderte Fracht erwirtschaftet werden. Gewinne gibt es meist erst, wenn das Schiff verkauft wird und die Kredite getilgt sind.

Vor 2006 sind Schiffsfondsanleger noch in den Genuss steuerlicher Verlustzuweisungen gekommen. Solche Anleger müssen beim Verkauf ihres Schiffes meist mit einer Steuerforderung rechnen. Wirtschaftet ein Fonds nicht erfolgreich, können Anleger als Mitunternehmer ihre Einlage verlieren.

Schiffsfonds laufen meist 12 bis 15 Jahre oder länger und können vor Ende

> *Wenn Sie mal schnell an Ihr Geld müssen, können wir die Schiffsfonds jederzeit verkaufen.**
>
> *) Dass ein solcher Verkauf bei einem Schiffsfonds in der Regel mit hohen Verlusten verbunden ist, erwähnt der Berater nicht.

der Mindestlaufzeit nicht gekündigt werden. Beteiligungen sind meist ab 10 000 Euro plus 5 Prozent Abschlussgebühr möglich. Die im Prospekt angegebene Laufzeit ist nur eine Prognose. Sie kann deutlich überschritten werden, aber auch kürzer ausfallen, wenn das Schiff vorher verkauft wird.

==Zahlreiche Schiffsfonds gerieten in den vergangenen Jahren in Schieflage.== Als der Welthandel im Zuge der Finanzkrise ins Stocken geriet, brachen die Transportentgelte, sogenannte Charterraten, ein. Gleichzeitig konkurrierten weltweit ohnehin zu viele Schiffe um Fracht. Auch diese Überkapazitäten drückten auf die Charterraten.

Manche Schiffe erhielten schließlich gar keine Transportaufträge mehr. Für Anleger, die in Schiffsfonds investiert haben, ist diese Entwicklung finanziell ruinös. Hunderte Schiffsfonds, die in Schieflage geraten sind, brauchen Geld – oder müssen Schiffe notverkaufen. Mehr als 180 Anlegerschiffe sind schon pleite. ==Anleger, denen die Schiffsbeteiligungen häufig als sicheres Investment verkauft wurden, sollen Nachschüsse leisten und/oder Ausschüttungen zurückzahlen.==

In vielen Fällen wurde darum prozessiert. Meistens verloren die Anleger. Am 12. März 2013 entschied der Bundesgerichtshof (BGH) jedoch in zwei Fällen erstmals zugunsten der Anleger. Fondsanbieter dürften Ausschüttungen nur zurückfordern, wenn das im Gesellschaftsvertrag eindeutig so vorgesehen sei, urteilte der BGH (Az. II ZR 73/11 und II ZR 74/11). Wenn ein Fondsanbieter Ausschüttungen zurückhaben will oder Nachzahlungen fordert, um den Fonds zu retten, sollten sich betroffene Anleger bei einer Verbraucherzentrale oder einem Fachanwalt für Bank- und Kapitalmarktrecht beraten lassen. Die Juristen klären dann, ob sie zu Zahlungen verpflichtet sind. Außerdem prüfen sie, ob Schadenersatzansprüche gegen Berater bestehen, weil diese falsch beraten oder Vermittlungsprovisionen verschwiegen haben (siehe Seite 34).

Schmetterlingszertifikate ⊖
→ Twin-win-Zertifikate

Schuldverschreibungen sind
→ Anleihen, die von einem Unternehmen oder einem Staat herausgegeben werden. Der Käufer einer Schuldverschreibung gibt dem Herausgeber einen Kredit für eine bestimmte Laufzeit. Dafür erhält er verbriefte Ansprüche etwa auf Zinsen und die Rückzahlung seines Kapitals. Es gibt Inhaber- und Namensschuldverschreibungen. Letztere sind auf den Namen eines bestimmten Inhabers ausgestellt. Sie sind für den Börsenhandel nicht vorgesehen. Inhaberschuldverschreibungen sind dagegen Anleihen, in die kein Besitzer eingetragen ist. Sie können deshalb problemlos übertragen und an Börsen gehandelt werden. Der jeweilige (anonyme) Besitzer einer Inhaberschuldverschreibung hat eine Forderung gegen den Herausgeber. Nicht nur verzinsliche → Wertpapiere sind Schuldverschreibungen. Auch → Zertifikate, deren Wertentwicklung an die unterschiedlichsten Faktoren gekoppelt sein kann, sind Inhaberschuldverschreibungen. Für alle Schuldverschreibungen gilt: Ist ein

Herausgeber zahlungsunfähig, werden seine Papiere wertlos. Dieses Risiko wird Emittentenrisiko genannt.

Schwellenländerfonds ⊕ Geeignet für alle Anleger, die langfristig anlegen und höhere Renditechancen haben möchten. Sie sollten entsprechend eine höhere Risikobereitschaft mitbringen.

Die Finanzbranche hat Staaten, deren Wirtschaft noch nicht so weit entwickelt ist wie die der Industrieländer, das Etikett „Emerging Markets" verpasst, aufstrebende Märkte, die an der Schwelle zu einer höheren Entwicklungsstufe stehen. In solchen Schwellenländern investieren diese → Aktienfonds. Was einen entwickelten Aktienmarkt von einem „Emerging Market" unterscheidet, ist nicht einheitlich definiert. Die meisten Fondsmanager und Börsenprofis folgen der Einteilung der Investmentbank Morgan Stanley, deren MSCI-Indizes die Basis vieler Fondsportfolios bilden. Danach sind Brasilien, Russland, Indien und China die größten Schwellenländer. Sie werden als Bric-Länder bezeichnet. Schwellenländer zeichnete bisher vor allem ihr höheres Wirtschaftswachstum im Vergleich zu reifen Industrienationen wie Japan und Deutschland aus. Doch das garantiert keine boomenden Aktienmärkte. In der Vergangenheit gab es keinen eindeutigen Zusammenhang zwischen Wirtschaftswachstum und Börsenkursen.

Renditechance: Im ersten Jahrzehnt des neuen Jahrtausends boten Schwellenländerfonds eine deutlich bessere Wertentwicklung als Fonds, die sich auf entwickelte Länder konzentrierten. In den 1980er- und 1990er-Jahren hinkten sie aber hinterher. Im zweiten Jahrzehnt des neuen Jahrtausends blieben Schwellenländeraktien sogar weit hinter denen der Industrieländer zurück, wenn man die Wertentwicklung des Weltindex MSCI World und die des MSCI Emerging Markets zugrunde legt. Letzterer umfasst mehr als 800 Unternehmen aus 21 Schwellenländern.

Sicherheit: In der Vergangenheit schwankten Schwellenländeraktien im Schnitt stärker als die von Industrieländern. In schwachen Börsenphasen, wenn die Risikobereitschaft der Anleger nachlässt, können sie deutlich an Wert verlieren.

Flexibilität: Schwellenländerfonds können börsentäglich ge- und verkauft werden.

UNSER RAT Schwellenländerfonds eignen sich als Beimischung für größere Depots. Sie können die Renditechancen des Gesamtdepots verbessern, ohne dass das Risiko wesentlich zunimmt. Ihr Gewicht kann je nach Risikoneigung bis zu 20 Prozent des Aktienanteils betragen. Bei → aktiv gemanagten Schwellenländerfonds ist jedoch Vorsicht angebracht. Nur wenige schlagen den Vergleichsindex. Bei einer Untersuchung von Finanztest im Jahr 2012 waren es lediglich sieben. Drei Jahre zuvor schaffte es nur ein einziger. Ein → Indexfonds (ETF) auf den MSCI Emerging Markets ist deswegen eine gute Wahl. Eine aktuelle Übersicht über die besten Schwellenländerfonds finden Sie in jeder Ausgabe von Finanztest und im Internet unter www.test.de/fonds.

Short-ETF ⊖ Short-ETF sind sehr riskant und daher für Kleinanleger ungeeignet. Mit diesen speziellen → Indexfonds, sogenannten Exchange Traded Funds (ETF), können Anleger auch auf fallende Kurse setzen, beispielsweise bei → Anleihen und → Aktien. Der Wert solcher Short-ETF steigt, wenn die Notierungen eines Referenzindex sinken. Wenn Anleger mit einem Finanzprodukt auf fallende Kurse setzen, wird diese Position im Finanzmarktjargon als „short" bezeichnet (mit einer „Long-Position" wettet man dagegen auf steigende Kurse). Short-ETF erscheinen im ersten Augenblick recht attraktiv, weil man beispielsweise mit entsprechenden Produkten auf Aktien während Finanzmarktkrisen viel Geld verdienen kann. Wenn die Aktienkurse steigen, macht man aber Verluste. Das Problem: Legt man die historische Börsenentwicklung zugrunde, ist die Wahrscheinlichkeit für steigende Kurse höher als für fallende. Phasen sinkender Notierungen sind zudem oft nur von kurzer Dauer. Entsprechend hoch ist das Verlustrisiko mit Short-ETF. Hinzu kommt, dass die Wertentwicklung nur schwer nachvollziehbar ist. Short-ETF werden auch als → gehebelte ETF angeboten. In dieser Version sind sie noch riskanter.

Small-Caps ⊕ werden → Aktien von kleinen Unternehmen genannt. Der in Deutschland bekannteste Index für Small-Caps ist der SDax. Aktien von kleinen Gesellschaften gelten als chancenreicher als Aktien sehr großer Konzerne (→ Blue Chips), aber auch als riskanter. Small-Caps oder → Aktienfonds, die gezielt auf solche Werte setzen, eignen sich für erfahrene Anleger als Beimischung.

Sofortrenten ⊕ Geeignet für Ruheständler mit hoher Lebenserwartung, deren Fixkosten noch nicht mit anderen lebenslangen Einkommensquellen abgedeckt sind.

Eine Sofortrente beginnt unmittelbar, nachdem ein Einmalbeitrag beim Versicherer eingegangen ist. Wie bei jeder → privaten Rentenversicherung besteht die ausgezahlte Leistung aus einem lebenslang garantierten Teil und einem unsicheren Teil aus Überschüssen. Überschüsse erzielt ein Versicherer durch Zinsgewinne am Kapitalmarkt, durch Kosteneinsparungen und durch Risikogewinne. Risikogewinne entstehen, wenn die Versicherten im Durchschnitt früher sterben als kalkuliert. Dann muss die Gesellschaft weniger Renten auszahlen. Risikogewinne müssen die Versicherer zu mindestens 75 Prozent an die Kunden weiterreichen, Kostenüberschüsse zu mindestens 50 Prozent und Zinsüberschüsse zu mindestens 90 Prozent.

Wann Sie als Kunde von den Überschüssen profitieren, hängt davon ab, was im Vertrag vereinbart ist. Die erwarteten Überschüsse können zum Beispiel rechnerisch gleichmäßig über die Laufzeit verteilt werden. Dann ist die Anfangsrente recht hoch und eine gleichmäßige Rentenauszahlung vorgesehen. Diese gleichbleibende Rente ist aber nicht zu empfehlen. Denn Sie verlieren durch die Inflation mit der Zeit erheblich an Kaufkraft. Außerdem besteht die Gefahr einer Rentenkürzung. Erwirtschaftet das Versicherungsunternehmen geringere Überschüsse, als es anfangs kalkuliert hatte, zahlt es weniger aus. Das kann auch geschehen, wenn die statistische Lebenserwartung steigt. Wählen Sie daher besser eine sogenannte dynamische Auszahlvariante.

Rentenversicherungen sind nicht familienfreundlich. Nach dem Tod des oder der Versicherten gehen Partner und Kinder leer aus. Möchten Sie, dass Angehörige versorgt sind, können Sie aber zum Beispiel eine Rentengarantiezeit vereinbaren. Bis zu deren Ende wird die Rente auf jeden Fall ausgezahlt, auch wenn Sie schon verstorben sind. Alternativ können Sie eine Kapitalrückgewähr im Todesfall festlegen. Dann zahlt das Unternehmen Ihren Angehörigen das Restkapital einschließlich Überschüssen aus, wenn Sie sterben. Eine Rentengarantiezeit von zehn Jahren kostet Sie nicht viel. Eine Rentengarantiezeit von 20 Jahren oder eine Kapitalrückgewähr sind hingegen deutlich teurer.

Sofortrenten können Sie nicht nur zu Beginn des Ruhestands abschließen, sondern auch einige Jahre früher oder erst mit 70 Jahren oder später. Die Renten fallen je nach Beginn ihrer Auszahlung entsprechend niedriger oder höher aus. Allerdings sind die Unterschiede zwischen den einzelnen Anbietern beträchtlich. Bei der Auswahl eines guten Angebots helfen die Untersuchungen von Finanztest, die Sie im Internet unter www.test.de finden.

Renditechance: Für 60 000 Euro gibt es derzeit knapp 230 Euro Garantierente im Monat. Das ist nicht viel, aber das Geld kommt auf Dauer. Wer auf regelmäßige Zusatzzahlungen bis zum Lebensende angewiesen ist, findet keine Alternative. Beim vergleichbar sicheren Produkt, dem → Bankauszahlplan, ist das Geld irgendwann weg, wenn Sie Summen in gleicher Höhe entnehmen.

Sicherheit: Eine klassische Sofortrente mit Garantiezins ist sehr sicher. Geht der Versicherer pleite, zahlt die Auffanggesellschaft Protektor weiterhin mindestens die Garantierente und die fest zugeteilten Überschüsse aus.

Flexibilität: Die Vereinbarung einer Todesfallleistung, also einer Rentengarantiezeit oder einer Kapitalrückgewähr, kann die Flexibilität des Vertrags erhöhen. Zwei Drittel der Anbieter geben Kunden mittlerweile die Möglichkeit, vorzeitig Kapital aus dem Vertrag zu ziehen, wenn sie eine solche Leistung vereinbart haben. Sie können sich dann maximal den Betrag auszahlen lassen, den Ihre Angehörigen zu diesem Zeitpunkt im Falle Ihres Todes erhalten würden. Schöpfen Sie die Summe aus, endet die Rente damit häufig. Unter Renditegesichtspunkten ist ein Ausstieg schlecht, und schon die Option dafür kostet Geld. Wer seine Sofortrente optimieren will, verzichtet lieber auf jegliche Zusatzleistung

Wir waren uns doch schon einig. Vertrauen Sie mir etwa nicht? Das trifft mich!*

*) Ein Berater spielt den Beleidigten, weil seine 78-jährige Kundin kurz vor Vertragsabschluss lieber erst noch ihren Enkel zu Rate ziehen möchte.

und hat eine höhere Rente. Doch keiner weiß, ob sich die eigene Lebenserwartung nicht plötzlich durch eine Krankheit drastisch verkürzt. Dann will man das Ersparte vielleicht lieber gleich ausgeben.

Stecken Sie nie Ihr gesamtes Vermögen in eine Sofortrente, sondern behalten Sie eine Reserve für Notfälle, beispielsweise auf einem → Tagesgeldkonto, zurück.

UNSER RAT Es gibt zwei wichtige Gründe, eine große Summe in eine Sofortrente zu stecken. Entweder ein Mensch braucht regelmäßig und dauerhaft ein zusätzliches Einkommen ohne Wenn und Aber. Oder er möchte etwas von seinem Ersparten haben, sich aber nie mehr darum kümmern. Geht es dagegen vor allem um gute Gewinne, ist eine Sofortrente keine Anlageempfehlung. Gewinne sind hier nur drin, wenn Kunden sehr alt werden.

Solarfonds ⊖ → Geschlossene Ökofonds

Sparbriefe ⊕ Geeignet für alle Sparer und Anleger, die ohne Risiko zu einem festen Zins anlegen möchten.

Sparbriefe sind festverzinsliche Wertpapiere, die von Banken und Sparkassen herausgegeben werden. Sie unterscheiden sich nur wenig von → Festgeldern mit langen Laufzeiten. Die Mindestanlagesummen liegen häufig zwischen 2 500 und 5 000 Euro. Anders als manche Festgeldkonten müssen Sparbriefe üblicherweise am Laufzeitende nicht gekündigt werden.

Es gibt vier Sparbrief-Varianten:

1 Sparbriefe mit jährlicher Zinszahlung: Sie zahlen die Zinsen meist nach Ablauf eines Laufzeitjahres an den Kunden aus, beispielsweise auf das Girokonto. Das bedeutet, der Zinsertrag wird jährlich steuerlich wirksam.

2 Sparbriefe mit jährlicher Zinszahlung und Wiederanlage der Zinsen: Sie funktionieren wie Variante 1, die Zinsen werden aber wieder dem Sparbriefkonto zugebucht und in den folgenden Jahren mitverzinst. Vorteil: Der Kunde muss sich nicht um die Anlage der Zinsen kümmern und profitiert vom Zinseszinseffekt.

3 Aufgezinste Sparbriefe: Bei dieser Variante werden die Zinsen nicht jährlich ausgeschüttet, sondern gesammelt und erst am Ende der Laufzeit auf einen Schlag zusammen mit dem Anlagebetrag ausgezahlt. Das kann dazu führen, dass die Zinserträge in diesem Jahr den Sparerpauschbetrag von 801 Euro pro Jahr für Alleinstehende, 1 602 Euro für Verheiratete, übersteigen und Abgeltungsteuer fällig wird, während der Pauschbetrag in den Vorjahren, in denen keine Zinsen flossen, nicht ausgeschöpft wurde.

4 Abgezinste Sparbriefe: Hier wird der Zinsertrag beim Kauf des Sparbriefes vom Nennbetrag abgezogen. Am Ende der Laufzeit wird der volle Nennwert zurückbezahlt. Steuerlich sind sie wie Variante 3.

Renditechance: Die Höhe der Zinsen für Sparbriefe hängt vom allgemeinen Zinsniveau und von der jeweiligen Bank ab.

> **Dieser Sparbrief bringt bis zu 3,45 Prozent Zinsen!** *
>
> *) Werbung für einen nicht kündbaren Sparbrief mit Zinstreppe. 3,45 % Zinsen gibt es nur im 6. Jahr. Im 1. Jahr sind es gerade mal 0,95 %. Die tatsächliche Rendite beträgt 1,95 %.

Sicherheit: Sparbriefe sind eine sichere Geldanlage. Die Zinsen sind fest vereinbart, es gibt keine Kursschwankungen und das Kapital ist in den EU-Ländern über die Einlagensicherung bis zu einem Betrag von 100 000 Euro pro Kunde und Bank geschützt. Bei den meisten deutschen Privatbanken noch weit mehr.
Flexibilität: Vor Ablauf der Laufzeit können Anleger nicht an ihr Geld heran. Sie können Sparbriefe zwar im Notfall beleihen. Das kann allerdings teuer werden.

UNSER RAT Wer nicht jährlich ohnehin mit Zinseinnahmen und Dividenden aus anderen Anlagen seinen Sparerpauschbetrag voll ausschöpft, fährt bei größeren Beträgen mit den Sparbrief-Varianten 1 oder 2 am besten. Solche Angebote, bei denen die Zinsen jährlich versteuert werden, nimmt Finanztest regelmäßig unter die Lupe. Die besten aktuellen Zinsangebote für verschiedene Laufzeiten finden Sie in jeder Ausgabe von Finanztest oder im Internet unter www.test.de/zinsen. Vorsicht ist bei Sparbriefen mit sogenannter Nachrangabrede geboten. Sie unterliegen nicht der gesetzlichen Einlagensicherung. Geht die Bank pleite, ist das Geld eventuell weg. Dieses Risiko wird gern im Kleingedruckten versteckt.

Sparbücher ⊕ → Sparkonten

Sparkonten ⊕ Geeignet für alle Sparer und Anleger.

Das Sparkonto gibt es als moderne und als traditionelle Variante. Letztere ist mit einem Sparbuch verbunden, in dem alle Einzahlungen, Abhebungen und Zinsen am Schalter der Filialbank eingetragen werden. Im Zeitalter der Digitalisierung ist diese Form des Sparkontos allerdings auf dem Rückzug. Statt eines Sparbuches erhalten Kontoinhaber heute oft eine Plastikkarte, die häufig auch „Sparcard" genannt wird. Mit ihr können sie wie bei einem Girokonto Geld vom Sparkonto abheben.
Renditechance: Viele Sparkonten sind sehr niedrig verzinst. Nur wenige können mit den meist besser verzinsten → Tagesgeldkonten mithalten. Die Höhe der Sparkonto-Zinsen ist variabel. Sie hängt vom allgemeinen Marktzinsniveau und der jeweiligen Bank ab. Einige bieten bessere Konditionen, wenn Sie Ihr Sparkonto online führen. Die Zinsen schreiben Banken und Sparkassen in der Regel am Ende eines Kalenderjahres gut.
Sicherheit: Das Geld auf Sparkonten ist wie Tages- und → Festgeld von der gesetzlichen Einlagensicherung geschützt. Sparkonten sind Inhaberpapiere. Das bedeutet, dass jeder, der im Besitz der Plastikkarte ist, Geld abheben kann, wenn er die dazugehörige Geheimzahl (Pin) kennt. Das ist mit einem Sparbuch noch leichter, weil es nicht mit einer Pin geschützt ist.
Flexibilität: Üblicherweise ist es so, dass Sie bis zu 2 000 Euro im Monat abheben können. Für größere Beträge gilt meist

eine Kündigungsfrist von drei Monaten. Damit sind Sparkonten weniger flexibel als Tagesgeld. Moderne Sparkonten mit Karte bieten aber häufig die Möglichkeit, deutschlandweit an Automaten Geld abzuheben. Bei manchen haben Sie auch im Ausland kostengünstig Zugriff auf das Konto. Mit einem klassischen Sparbuch kann man dagegen nur in der Filiale der herausgebenden Bank Geld abheben.

UNSER RAT Sparkonten sind besonders in Niedrigzinsphasen unattraktiv. Wenn die Höhe der Zinsen unter der Inflationsrate liegt, büßen Sie Jahr für Jahr Kaufkraft ein – der Wert Ihres Vermögens sinkt. Sehen Sie sich lieber nach Tagesgeld oder Festgeld mit guten Konditionen um. Einen Überblick über die besten Angebote finden Sie in jeder Ausgabe von Finanztest und im Internet unter www.test.de/zinsen.

Sparpläne Mit einem Sparplan legen Sie regelmäßig Geld auf die hohe Kante. Es gibt geförderte Sparpläne. Dazu zählen → Riester-Banksparpläne, → Riester-Fondssparpläne und → Riester-Bausparverträge sowie → VL-Banksparpläne, → VL-Fondssparpläne und → Bausparverträge. VL steht für vermögenswirksame Leistungen, mit denen viele Unternehmen den Vermögensaufbau ihrer Angestellten fördern. Zudem bieten Banken ungeförderte → Banksparpläne und → Fondssparpläne an. Bei Bausparkassen bekommen Sie auch Bausparverträge, mit denen Sie selbst dann Geld ansparen können, wenn Sie gar nicht vorhaben zu bauen (→ Rendite-Bausparen).

Sprint-Zertifikate ⊖ sind → Schuldverschreibungen mit begrenzter Laufzeit, die sich meistens auf einzelne → Aktien als Basiswert beziehen. Der Anreiz, den diese Papiere bieten, besteht in einer erhöhten Gewinnchance. Steigt die zugrunde liegende Aktie um 10 Prozent, wirft ein Zertifikat beispielsweise 20 Prozent ab. Damit ähneln Sprint-Zertifikate → Hebelprodukten. Ihr Verlustrisiko entspricht aber nur dem der jeweiligen Aktie. Unterschreitet der Aktienkurs einen festgelegten Basispreis bei Fälligkeit, erhalten die Anleger Aktien in einem festgelegten Bezugsverhältnis. Diesen Vorzügen stehen natürlich entsprechende Nachteile gegenüber: Erstens behält der Herausgeber des Zertifikates die Dividenden, die nicht selten zwischen 3 und 4 Prozent des Aktienkurses betragen. Zudem sind die Gewinnchancen nach oben begrenzt. Deswegen bringen Sprint-Zertifikate gegenüber einer Direktinvestition in Aktien nur dann einen Vorteil, wenn der Basiswert bis zur Fälligkeit lediglich moderat steigt. Ein weiteres Manko dieser Papiere: Ihre Kursentwicklung ist nur schwer nachvollziehbar. Sie kann zwischenzeitlich deutlich von der des Basiswertes abweichen. Schon deshalb sind Sprint-Zertifikate nur etwas für Profis, die auf die Entwicklung von Aktien spekulieren wollen.

Staatsanleihen ⊕ Geeignet für sicherheitsorientierte Anleger und als Basisanlage für fast jedes Depot.

Wenn Staaten wie die Bundesrepublik Deutschland ihren Finanzbedarf nicht allein aus ihren Einnahmen decken können, leihen sie sich Geld bei privaten Investoren. Dazu geben sie → Anleihen heraus. Diese Schuldpapiere werden allgemein Staatsanleihen genannt. Die einzelnen Anleihen verschiedener Länder tragen aber unterschiedliche Bezeichnungen. Deutsche Anleihen heißen → Bundeswertpapiere. US-amerikanische Anleihen mit einer Laufzeit von bis zu einem Jahr werden beispielsweise → T-Bills oder Treasury Bills genannt. US-Papiere mit Laufzeiten von bis zu zehn Jahren heißen → T-Notes oder Treasury Notes.

Renditechance: Was sich mit Staatsanleihen verdienen lässt, hängt vom allgemeinen Marktzinsniveau und der Kreditwürdigkeit des Landes ab. Prinzipiell gilt: Je höher die Kreditwürdigkeit, desto geringer der Zins. Deutschland zahlte etwa während der Finanzkrise sehr geringe Zinsen, während hochverschuldete Länder wie Portugal tief in die Tasche greifen mussten, um Investoren für ihre Anleihen zu finden.

Sicherheit: Die Geschichte ist reich an Beispielen von Ländern, die ihre Schulden nicht mehr bezahlen konnten. Jüngster Fall war Griechenland. Die Besitzer griechischer Staatsanleihen mussten auf einen beträchtlichen Teil ihres Geldes verzichten. Auch Staatsanleihen bieten also keine Garantien. Staatsanleihen solider Länder, denen die Ratingagenturen eine hohe Kreditwürdigkeit bescheinigen, sind aber sehr sicher. Dazu zählen beispielsweise Bundeswertpapiere. Weil die Kurse von Anleihen schwanken, können Anleger, die die Papiere vor ihrer Fälligkeit abstoßen, Kursgewinne oder -verluste machen. Anleihen von Ländern außerhalb der Eurozone, sogenannte → Fremdwährungsanleihen, bergen für deutsche Anleger Wechselkursrisiken. Deshalb sind einzelne US-amerikanische Staatsanleihen beispielsweise zu riskant für Kleinanleger.

Flexibilität: Die meisten Staatsanleihen können werktäglich an Börsen ge- und verkauft werden.

UNSER RAT Staatsanleihen gehören in fast jedes Depot. In diese Papiere investiert man am bequemsten über → Rentenfonds. Sie enthalten eine Vielzahl von Anleihen und bieten deshalb eine gute Risikostreuung. Wer keine Wechselkursrisiken eingehen möchte, kauft → Rentenfonds Euro.

Staatsanleihenfonds ⊕ sind → Fonds, die in → Staatsanleihen investieren. → Rentenfonds Euro legen ihr Kapital überwiegend in Staatsanleihen von Ländern aus dem Euroraum an.

Stammaktien Die Besitzer von Stammaktien genießen alle satzungsgemäßen Rechte als Anteilseigner einer Aktiengesellschaft. Anders als Besitzer von → Vorzugsaktien haben sie ein Rede- und Stimmrecht auf der jährlichen Hauptversammlung.

Standardwerte ⊕ → Blue Chips

Step-up Notes ⊕ ist die englische Bezeichnung für → Stufenzinsanleihen.

Strategie-Zertifikate sind → Schuldverschreibungen, die → Indexzertifikaten ähneln. Sie bilden aber keine **Indizes** auf einen Markt ab, wie etwa den deutschen Aktienindex Dax, sondern Strategieindizes. Dabei handelt es sich um Indizes, deren → Wertpapiere nach vorgegebenen Anlageregeln und -kriterien zusammengestellt werden. Papiere, die nicht mehr den Anforderungen entsprechen, werden regelmäßig ausgetauscht. Demnach haben Strategie-Zertifikate im Gegensatz zu klassischen Indexzertifikaten eine Art aktives Management. Der Unterschied zu → aktiv gemanagten Fonds besteht darin, dass es keinen Manager gibt, der Anlageentscheidungen nach seinen Vorlieben trifft. Strategieindizes folgen allein mechanischen Regeln, die auf einer Reihe von Unternehmens-Kennzahlen fußen wie etwa der Gewinnentwicklung im Verhältnis zum Aktienkurs (Kurs-Gewinn-Verhältnis). Solche emotionsfreien Anlagekonzepte werden auch als „quantitativ" bezeichnet. Vorteile: Es gibt keine Manager, die Fehler machen können, und die Strategien sind transparent. Nachteile: Die starren Regeln ignorieren geänderte Marktverhältnisse, und bei drohenden Crashs gibt es niemanden, der die Notbremse zieht. Beispiele für Strategieindizes sind Rohstoffindizes und Dividendenstrategie-Indizes, etwa der sogenannte DivDax. Er enthält stets die 15 Dax-Unternehmen mit der höchsten **Dividendenrendite**. Wie aussichtsreich und riskant ein Strategie-Zertifikat ist, hängt immer von der jeweiligen Strategie ab. Nicht wenige Konzepte sind fragwürdig. Auch sollten Anleger immer bedenken, dass es keine Anlagestrategie gibt, die stets funktioniert und anderen Konzepten deutlich überlegen ist. Auf entsprechende Werbeversprechen der Anbieter sollten Sie nichts geben. Nichtsdestotrotz können sich Strategie-Zertifikate durchaus zur Risikostreuung in einem Depot eignen.

Stripped Bonds werden Anleihen genannt, bei denen der Zinskupon (→ Anleihen) abgetrennt wird. Investoren handeln dann die Anleihe und den Zinskupon getrennt. US-amerikanische Staatsanleihen, bei denen der Zinskupon abgespalten wurde, nennen sich Treasury STRIPS. Stripped Bonds sind vom Grundprinzip mit → Null-Kupon-Anleihen vergleichbar.

Strukturierte Anleihen ist ein Oberbegriff für → Zertifikate, deren Renditechancen meist an eine Reihe von Zusatzbedingungen gekoppelt sind. Beispielsweise kann die Verzinsung eines solchen Papieres von der Entwicklung verschiedener → Aktien oder von der eines Referenzzinssatzes

Inhaberschuldverschreibungen: 8 % Zinsen, kein Kursrisiko, frei übertragbar.*

*) Aus einer Annonce: Geht der Herausgeber der Schuldverschreibung pleite, kommt es zu herben Verlusten. Unter Umständen ist das ganze Geld weg. Dass es kein Kursrisiko gibt, hilft dann nichts.

wie dem **Euribor** abhängen. Oftmals tragen strukturierte Anleihen skurrile Namen, die mit Funktion und Inhalt der Anleihe rein gar nichts zu tun haben. Beliebt in den Marketingabteilungen der Banken sind unter anderem Begriffe aus der Tier- und Pflanzenwelt wie Ringelblumen- oder Amsel-Anleihe – vermutlich weil sie so nett klingen. Aber auch Schlagwörter aus der Welt des Sports müssen als Produktnamen herhalten. Selbst die staubtrockene „Basisinformation über Wertpapiere", ein Standardwerk, das Banken und Sparkassen an ihre Kunden weitergeben, kommt nicht umhin anzumerken: „Man findet bei diesen Anleihen eine Reihe fantasievoller Begriffe für die Produkte." Nicht weniger kreativ sind viele Bedingungen, die sich an einzelne Anleihen knüpfen. Bei manchen sind es so viele, dass auch routinierte Fachleute kaum begreifen, worum es eigentlich geht. Wegen ihrer hohen Komplexität sind viele strukturierte Anleihen für private Anleger nicht geeignet. Manche grenzen an Glücksspiel. Doch nicht alles, was unter dem Begriff strukturierte Anleihe eingeordnet wird, ist Teufelszeug. Dazu zählen beispielsweise → Aktienanleihen.

Strukturierte Produkte → Strukturierte Anleihen

Stückaktien sind → Aktien ohne Nennwert. Bei einer Nennwert-Aktie ist der Betrag, mit dem dieser Anteilsschein am Grundkapital einer Aktiengesellschaft beteiligt ist, auf die Urkunde aufgedruckt. Stückaktien haben dagegen keinen Nennwert. Sie verbriefen einen Anteil am Grundkapital entsprechend einer Quote. Wenn beispielsweise das Grundkapital einer Aktiengesellschaft 100 Millionen Euro beträgt und 10 Millionen Stückaktien ausgegeben wurden, ist der Inhaber einer Stückaktie mit 10 Euro an dem Unternehmen beteiligt.

Stufenzinsanleihen sind → Anleihen, bei denen der Zinssatz während der Laufzeit jedes Jahr ansteigt. Hier sollten Sie genau hinschauen: Banken hatten sich in der Vergangenheit häufig ein Kündigungsrecht für Stufenzinsanleihen vorbehalten. Wurden ihnen die Zinsen zu hoch, kündigten sie einfach und zahlten den Anlegern das Geld zurück – die sich dann um eine neue, meist niedriger verzinste Anlage kümmern mussten. Wie sicher eine Stufenzinsanleihe ist, hängt immer von der Kreditwürdigkeit des Herausgebers ab.

Swaps → Synthetische ETF

Synthetische ETF sind → Indexfonds (auch Exchange Traded Funds, kurz ETF, genannt), die nicht die Originalpapiere aus dem **Index** kaufen. An ihre Stelle treten andere → Wertpapiere und Finanzwetten. Synthetische Indexfonds lassen sich billiger herstellen als → physische, die Original-Indexwertpapiere enthalten. Möglich machen das vor allem sogenannte Swaps. Das sind finanzielle Tauschgeschäfte zwischen zwei Handelspartnern.

Beispiel: Ein Indexfonds auf den deutschen Aktienindex Dax kauft mit dem Geld der Anleger nicht die Aktien der 30 Dax-Unternehmen, sondern ein beliebiges Aktien-Portfolio. Die Wertentwicklung dieses Portfolios tauscht der ETF-Anbieter bei einer Bank gegen die Wertentwicklung des Dax ein. Nehmen wir an, das ETF-Portfolio hat ein Volumen von 100 Millionen Euro. In nächster Zeit steigt der Dax um 5 Prozent, während das ETF-Portfolio nur 3 Prozent zulegt. Die Differenz beträgt 2 Prozent. Der Swap entspricht damit 2 Millionen Euro, die die Bank dem Fonds überweisen muss. Wie sie dieses Geld erwirtschaftet, weiß man nicht. Umgekehrt schuldet der Fonds der Bank Geld, wenn die Rendite des ETF-Portfolios in einem bestimmten Zeitraum höher ist als die des Dax.

Die Gefahr für Anleger ist dabei, dass der Swap-Partner pleitegehen könnte. Laut Gesetz dürfen deshalb maximal 10 Prozent des Fondsvermögens aus einem ungesicherten Swap mit einem einzelnen Partner bestehen. Demnach könnte ein Fonds theoretisch zehn Swaps mit zehn verschiedenen Banken eingehen, ohne diese abzusichern. In der Praxis kommt das nach dem Kenntnisstand von Finanztest allerdings nicht vor. Die meisten Anbieter vereinbaren Swaps nur mit einem Partner und bleiben dann entweder unter der vorgeschriebenen 10-Prozent-Grenze oder sie sichern den Swap ab. Die Größe der Swaps wird gesteuert, indem die Bank ihre Schuld regelmäßig mit Geld oder Wertpapieren ausgleicht.

Die Herstellung von ETF funktioniert sogar ganz ohne Wertpapiere. Die Fonds bestehen dann nur aus einem Swap. Anleger erkennen sie an der Bezeichnung „Fully Funded Swap Fund". Der ETF-Anbieter db x-trackers hat solche ETF zum Beispiel im Angebot. Diese Fonds übertragen ihr ganzes Kapital an den Swap-Partner, meist die Mutterbank, quasi als Kredit. Diese verspricht, das Geld zurückzuzahlen. Zusätzlich verpflichtet sie sich, die Höhe der Schulden an die Indexwertentwicklung anzupassen – wie ein flexibler Schuldschein, für den der Swap-Partner Sicherheiten, meist Wertpapiere, stellen muss, die nicht verliehen werden dürfen.

Oft sichern Anbieter die Swaps nicht nur mit den vorgeschriebenen 90 Prozent, sondern mit mehr als 100 Prozent ab. Wie wirkungsvoll dieser Schutz im Ernstfall ist, hängt von der Qualität der hinterlegten Wertpapiere ab und davon, wie schnell der Fonds sie verwerten darf. Da sie nicht im Fonds liegen, kann das unter Umständen etwas dauern – etwa wenn der Insolvenzverwalter sie erst freigeben muss.

==Die synthetischen ETF sind nach allen Informationen, die Finanztest vorliegen, nicht risikoreicher als physisch replizierende ETF, die Originalaktien exakt in der Indexgewichtung kaufen.==

In welche Kategorie ein ETF gehört, können Sie auf den Internetseiten der Anbieter oder unter www.test.de/fonds nachlesen. Besteht ein synthetischer ETF aus einem Wertpapierportfolio und einem ungesicherten Swap, weist etwa der Anbieter db x-trackers unter dem Stichwort „Portfoliostruktur" darauf hin. Ungesicherte Swaps bezeichnet die Bank als „unfunded", gesicherte als „funded". Ähnliche Hinweise finden sich auch bei den anderen Anbietern.

Tagesgelder ⊕ Geeignet für alle Sparer und Anleger.

Tagesgeld wird auf sogenannten Tagesgeldkonten verwahrt. Sie sind genauso sicher wie Sparbücher, doch die Zinsen sind häufig höher und Kontoinhaber können jederzeit vollständig über die eingezahlte Summe verfügen. ==Tagesgeldkonten sind sehr gut geeignet, um größere Beträge kurzzeitig zu parken. Zudem können Sie dort dauerhaft eine Barreserve für Notfälle anlegen==, die – anders als auf den meisten Girokonten – Zinsen bringt.

Die Abwicklung des alltäglichen Zahlungsverkehrs ist über Tagesgeldkonten aber meist nicht möglich. Von ihnen können oft nur Überweisungen auf sogenannte Referenzkonten, meistens ein Girokonto, getätigt werden.

Renditechance: Wie hoch Tagesgeld verzinst wird, hängt vom allgemeinen Zinsniveau und von der jeweiligen Bank ab. Die Zinsunterschiede zwischen den Banken sind zum Teil beträchtlich. Die höchsten Zinsen bieten in der Regel Direktbanken im Internet, die keine kostenintensiven Filialen betreiben und häufig auch auf teure Werbung verzichten.

Bei der Suche nach den besten Tagesgeldkonditionen müssen Sparer allerdings auf der Hut sein. Nicht wenige Banken versuchen, Kunden mit vermeintlich attraktiven Lockangeboten zu ködern, die sich bei genauerer Betrachtung als wenig lukrativ entpuppen.

Typische Bankentricks bei Tagesgeldkonten sind:

▷ Befristete Angebote: Der attraktive Zins gilt nur für einen begrenzten Zeitraum. Danach gibt es den bescheideneren Standardzins.

▷ Limitierte Beträge: Verbreitet sind auch attraktive Zinsen, die aber nur für kleine Beträge gelten, zum Beispiel lediglich bis 5 000 Euro.

▷ „Falsche" Zinstreppe: Mit Zinsen, deren Höhe vom Einzahlungsbetrag abhängt, sollen Kunden animiert werden, möglichst hohe Beträge auf ihr Tagesgeldkonto einzuzahlen. Beispielsweise werden bei Summen über 10 000 Euro 2 Prozent Zinsen geboten, darunter nur 1 Prozent. Dagegen ist nichts einzuwenden, solange der höhere Zins für den gesamten Einzahlungsbetrag gilt. Bei einer „falschen" Zinstreppe ist das nicht der Fall. Die Bank verzinst lediglich den Betragsanteil über 10 000 Euro mit 2 Prozent. Derartig gestrickte Tagesgeldangebote sollten Sie meiden – Alternativen gibt es genug.

▷ Unerwünschte Nebenkosten: Manche Banken und Sparkassen locken Kunden mit hohen Zinsen, verlangen gleichzeitig aber Geld für die Kontoführung, für Überweisungen oder für den Versand der Kontoauszüge. Das schmälert die jährliche Rendite. Wählen Sie nur kostenlose Konten für Tagesgeld und Festzinsanlagen.

BANKPRODUKTE

> **Beste Tagesgeldbank für Neukunden***
>
> *) Mit dieser Auszeichnung schmückt sich eine Bank. Tatsächlich zahlt sie einen attraktiven Zins für Neukunden – aber nur für wenige Monate. Dann ist der Kunde Altkunde und muss sich mit bescheidenen Zinsen begnügen.

Grundsätzlich sind die Zinsen für Tagesgeld variabel. Banken passen sie regelmäßig an. Dabei orientieren sie sich häufig an den Vorgaben der Europäischen Zentralbank. Senkt sie die Zinsen, ziehen die Anbieter von Tagesgeldkonten meistens mit.

Sicherheit: Tagesgeld ist eine sichere Geldanlage. Es unterliegt keinerlei Kursrisiken und ist in der Europäischen Union über die gesetzliche **Einlagensicherung** geschützt. Wenn Sie mehr als 100 000 Euro im europäischen Ausland anlegen wollen, verteilen Sie Ihr Geld auf verschiedene Banken, sodass die Sicherungsgrenze nicht überschritten wird.

Bei manchen Banken ist allerdings Vorsicht geboten: Sie etikettieren riskantere → **Geldmarktfonds** einfach um und bieten sie als Tagesgeld an. Dass es sich um einen Geldmarktfonds handelt, wird erst im Kleingedruckten ausgewiesen.

Flexibilität: Tagesgeld ist täglich in beliebiger Höhe verfügbar. Bevor Sie es ausgeben können, müssen Sie es aber in der Regel auf ein Referenzkonto, meistens ein Girokonto, überweisen. Das kann ein bis zwei Tage dauern.

> **UNSER RAT**
>
> Einen regelmäßig aktualisierten Überblick über die besten Konditionen von Tagesgeldkonten finden Sie in jeder Ausgabe von Finanztest oder im Internet unter www.test.de/zinsen. Berücksichtigt werden nur unbefristete Angebote ohne Kosten und Nebenbedingungen. Allerdings bieten die Banken, die heute mit den höchsten Zinsen locken, nicht unbedingt auch in Zukunft gute Konditionen. In jedem Finanztest-Heft finden Sie daher die Rubrik „Dauerhaft gut". Dort sind die Produkte gelistet, die seit mindestens zwei Jahren unter den Top 20 der Finanztest-Wertung sind. Wenn Sie nicht ständig kontrollieren möchten, ob das Angebot, das Sie gewählt haben, noch attraktiv ist, suchen Sie sich am besten einen Anbieter aus dieser Liste aus. Aber auch dann sollten Sie hin und wieder nachschauen, wie er sich im Vergleich zur Konkurrenz schlägt.

T-Bills ⊖ sind US-amerikanische → Staatsanleihen mit einer Laufzeit von bis zu einem Jahr. Diese → **Fremdwährungsanleihen**, bei denen immer ein Wechselkursrisiko besteht, werden auch Treasury Bills genannt. Ein Kauf lohnt schon wegen der niedrigen Zinsen und den hohen Transaktionskosten kaum.

Termingelder ⊕ → Festgelder

Themenfonds ⊕ sind → Aktienfonds, die sich auf eine einzige Anlageidee, etwa auf Neue Energien oder auf

Informationstechnologien, konzentrieren. Sie eignen sich für erfahrene Anleger mit großen Depots als Beimischung.

Thesaurierende Fonds sind
→ Fonds, die ihre Erträge, also Zinsen und Dividenden, automatisch wieder im Fonds anlegen, sodass der Wert der Fondsanteile steigt. Vorteil: Wegen der kostenlosen Wiederanlage profitieren Sie vom Zinseszinseffekt wie bei einem Sparbuch. Gegenstück: → Ausschüttende Fonds.

TIPS ⊖
(Treasury inflation protected securities) sind → inflationsindexierte Anleihen der USA. Wegen hoher Kaufkosten und Wechselkursrisiken sind einzelne TIPS für die meisten Privatanleger nicht geeignet. Sie sind mit → Rentenfonds, die viele verschiedene inflationsindexierte Anleihen investieren, besser beraten.

Top-Zertifikate ⊖
sind leicht abgewandelte → Bonus-Zertifikate mit Gewinnbegrenzung (Cap). Im Gegensatz zu Bonus-Zertifikaten haben Top-Zertifikate keinen Sicherheitspuffer. Kursverluste muss der Anleger vollständig tragen, wenn der Basiswert, meist eine → Aktie oder ein Aktienindex, bei Fälligkeit des Zertifikats im Minus notiert.

Total-Return-Fonds ⊕ sind
→ Mischfonds, deren Manager versuchen, eine dauerhaft positive Wertentwicklung zu erreichen, egal wie die Märkte laufen.

Total-Return-Fonds können auf nahezu alle Anlageklassen und Wertpapiere, die an den Börsen gehandelt werden, setzen. Sie investieren je nach Marktlage in → Aktien, → Anleihen, → Rohstoffe oder Edelmetalle und versuchen dabei, für Ein- und Ausstieg den jeweils günstigsten Zeitpunkt zu erwischen. Oberstes Ziel: Der Anleger soll durchgehend in den schwarzen Zahlen bleiben. In der Praxis haben Total-Return-Fonds bisher allerdings nicht überzeugt. Unter anderem wegen ihrer hohen Kosten fielen die Renditen eher mager aus. Relativ stabile Renditen bei gleichzeitig geringem Verlustrisiko können Sie auch erzielen, indem Sie breit gestreute → Rentenfonds und → Aktienfonds in einem Verhältnis von 80 Prozent Renten- und 20 Prozent Aktienfonds kombinieren.

Treasury Bonds ⊖
heißen US-amerikanische → Staatsanleihen mit Laufzeiten zwischen 10 und 30 Jahren. Sie werden auch T-Bonds genannt. US-Staatsanleihen bergen Wechselkursrisiken. Zudem sind die Kaufkosten hoch. Für die meisten Anleger sind deswegen → Rentenfonds, die in viele verschiedene internationale Staatsanleihen investieren, besser geeignet als einzelne T-Bonds.

Treasury Notes ⊖
, kurz T-Notes, sind US-amerikanische → Staatsanleihen mit Laufzeiten von bis zu zehn Jahren. Amerikanische Staatsanleihen bergen Wechselkursrisiken. Zudem sind die Kaufkosten hoch. Für die meisten Privatanleger sind deswegen Fonds, die in viele

verschiedene internationale Staatsanleihen (→ Rentenfonds) investieren, besser geeignet als einzelne Papiere eines einzigen Herausgebers.

Treasury STRIPS → Stripped Bonds

Turbo-Zertifikate ⊖
sind hochriskante → Hebelprodukte mit begrenzter Laufzeit. Mit diesen → Zertifikaten können Anleger auf steigende und fallende Kurse setzen. Turbo-Zertifikate sind reine Zocker-Papiere. Sie haben sogenannte Knock-out-Schwellen. Das bedeutet, sie können schon vor ihrer Fälligkeit wertlos werden. Nur wer Spielkasino-Nervenkitzel sucht, liegt mit diesen Papieren richtig.

Twin-Win-Zertifikate ⊖
werden auch Schmetterlings- oder Butterfly-Zertifikate genannt. Sie beziehen sich auf einen **Basiswert**, etwa eine → Aktie oder einen **Index**. Wie → Win-Win-Zertifikate versprechen sie Gewinne, egal ob ihr Basiswert steigt oder fällt. Bei steigenden Kursen werfen Twin-Win-Zertifikate ein Vielfaches der Wertentwicklung des Basiswertes ab. Sie ähneln darin → Hebelprodukten. Bei moderat fallenden Kursen verläuft die Entwicklung ohne Hebel: Fällt der Basiswert beispielsweise um 10 Prozent, steigt ein Twin-Win-Zertifikat um 10 Prozent. Wo ist der Haken? Fällt der Basiswert unter eine bestimmte Schwelle, machen Anleger keine Gewinne mehr. Vielmehr sind sie 1:1 an den Verlusten beteiligt, wenn sich der Basiswert nicht erholt.

U

Umweltfonds ⊕ → Neue-Energien-Fonds

Unlimited Turbo-Zertifikate ⊖
nennt die Finanzindustrie → Turbo-Zertifikate mit unbegrenzter Laufzeit.

Unternehmensanleihen ⊕
Geeignet für erfahrene Anleger mit durchschnittlicher Risikobereitschaft.
Diese → Anleihen werden von internationalen Konzernen und mittelgroßen Unternehmen herausgegeben.
Renditechance: Unternehmensanleihen sind riskanter als → Staatsanleihen. Dafür sind die Renditechancen aber auch höher.
Sicherheit: Anleihen von Konzernen bergen unterschiedliche Risiken. Je höher die Kreditwürdigkeit des Unternehmens, desto sicherer sind Anleihen und desto niedriger ist die Rendite. Die Kreditwürdigkeit von Unternehmen beurteilen **Ratingagenturen**. Wer keine hohen Risiken eingehen will, kauft nur Anleihen mit einem sogenannten Investment-Grade-Rating, das eine gute Kreditwürdigkeit bescheinigt. Auf der Skala der drei wichtigsten Ratingagenturen Moody´s, Standard & Poor´s und

Fitch ist Aaa beziehungsweise AAA die beste Note. Bei Anleihen mit einem solchen Rating gilt die Rückzahlung als sicher. Das untere Ende der Investment-Grade-Skala markieren die Noten Baa3 beziehungsweise BBB–. Sie stehen für durchschnittliche Kreditwürdigkeit. Anleihen mit schlechteren Noten (Non-Investment Grade) gelten als riskante → Hochzinsanleihen. Geht ein Unternehmen pleite, werden dessen Anleihen wertlos.

Die Kurse von Anleihen schwanken während der Laufzeit. Wenn Sie die Papiere vor ihrer Fälligkeit verkaufen, sind Kursgewinne oder -verluste möglich.

Flexibilität: Grundsätzlich können Unternehmensanleihen täglich an Börsen ge- und verkauft werden. Aber manche werden kaum gehandelt. In solchen Fällen kann ein Verkauf schwieriger werden. Wenn Sie Wert auf Flexibilität legen, sollten Sie nur in Anleihen investieren, die täglich mit einem möglichst hohen Volumen gehandelt werden. Die Börsen weisen die Umsätze jeder Anleihe aus.

UNSER RAT Einzelne Unternehmensanleihen sollten nur sehr erfahrene Anleger ihrem Depot beimischen. Für alle anderen gibt es → Rentenfonds, die in eine Vielzahl von Unternehmensanleihen investieren. Das senkt das Risiko erheblich. Wird ein Unternehmen zahlungsunfähig, fällt das kaum ins Gewicht.

Unternehmensbeteiligungen ⊖
→ Geschlossene Fonds

Value-Aktien ⊕
heißen im Finanzmarktjargon → Aktien von Unternehmen, die Fondsmanger und Investoren als unterbewertet ansehen. Sie werden auch Substanzwerte genannt. Oft handelt es sich um reife Konzerne mit Geschäftsmodellen, die seit Jahrzehnten bewährt sind. Die geringe Börsenbewertung von Value-Aktien zeigt sich in einem niedrigen **Kurs-Gewinn-Verhältnis**, einem niedrigen **Kurs-Buchwert-Verhältnis** und einer in der Regel hohen **Dividendenrendite**. Viele → Aktienfonds konzentrieren sich auf nach Ansicht des Managements unterbewertete Aktien. Diese → Fonds verfolgen einen Value Ansatz.

Vario-Zins-Zertifikate ⊖
sind keine definierte Produktgruppe wie etwa → Bonuszertifikate. Hinter dem Begriff Vario-Zins-Anleihe oder -Zertifikat verbergen sich → strukturierte Anleihen mit sehr unterschiedlichen Risikoprofilen. Den meisten dieser → Zertifikate gemein ist ihre variable Verzinsung und die garantierte Rückzahlung des eingesetzten Kapitals am Ende der Laufzeit, vorausgesetzt, der Herausgeber geht nicht pleite. Die Höhe der Verzinsung kann beispielsweise von

der Entwicklung eines Referenzzinssatzes wie dem **Euribor** oder von Aktienkursen abhängen. Manche Vario-Zins-Produkte gehören zu den kompliziertesten Zertifikaten am Markt. Ihre Gewinnchancen sind an die meisten Wenn-dann-Bedingungen geknüpft. Die Papiere sind häufig so konstruiert, dass am Ende immer die Bank gewinnt – und der Anleger das Nachsehen hat.

Vermögensmanagement

Vermögensmanagement wird von Banken und Fondsgesellschaften als bequeme Lösung für diejenigen angepriesen, die sich möglichst wenig mit der Verwaltung ihres Geldes beschäftigen wollen. Sehr vermögende Anleger vertrauen ihr Kapital oft einem Vermögensverwalter an, der es dem individuellen Risikoprofil entsprechend über eine Vielzahl von **Anlageklassen** verteilt.

Für weniger betuchte Sparer bieten Banken standardisierte Vermögensmanagement-Fonds an. Dabei handelt es sich letztlich um → Dachfonds oder um → Mischfonds. Meistens können Anleger zwischen drei bis vier Varianten wählen, von einem konservativen bis zu einem aggressiven Anlagestil. Je höher der Anteil an → Aktien, desto chancenreicher, aber auch riskanter ist so ein Fonds. Die Manager haben die Freiheit innerhalb bestimmter Grenzen die Gewichtung einzelner Anlageklassen zu erhöhen und zu reduzieren. Läuft es an der Börse gut, erhöhen sie beispielsweise den Aktienanteil und senken den von → Anleihen. Darüber hinaus investieren Vermögensmanagement-Fonds in der Regel noch in andere Anlageklassen wie → Immobilien und → Rohstoffe. Häufig kaufen sie die Anlagen nicht direkt, sondern beteiligen sich an anderen Fonds. Das führt zu erhöhten Kosten, die bei einem Vermögensmanagement-Fonds durchaus 3 Prozent jährlich betragen können, den **Ausgabeaufschlag** nicht mitgerechnet. Es mag verlockend klingen, sich um nichts kümmern zu müssen und die Anlageentscheidungen einem Profi zu überlassen. Doch der Preis dafür kann hoch sein. Neben den erhöhten Kosten besteht die Gefahr, dass die Manager falsche Entscheidungen treffen und der Fonds gemessen an seinem Risiko schlecht abschneidet. Das ist besonders dann wahrscheinlich, wenn eine Fondsgesellschaft ihren Vermögensmanagement-Fonds als Dachfonds führt und ihn nur mit hauseigenen Produkten bestückt.

Anleger sind oft besser beraten, wenn sie ihr Geld entsprechend ihrer Risikoneigung in eine einfache Mischung aus → Renten-ETF und → Aktien-ETF investieren. Die Kosten sind gering, das hebt die Rendite. Wer sich dennoch für einen Vermögensmanagement-Fonds entscheidet, sollte sich vorher genau erkundigen, auf welche Einzelanlagen und Fonds die Manager zurückgreifen dürfen.

> *Die Marktlage hat sich geändert. Wir sollten unbedingt umschichten.* *
>
> *) Ein Berater schlägt vor, das Depot eines Kunden zum dritten Mal innerhalb weniger Monate auf den neuesten Stand zu bringen. Das ist normalerweise nicht nötig, bringt aber zusätzliche Provisionen.

VL-Banksparpläne ⊕ Geeignet für Arbeitnehmer mit höherem Einkommen.

VL-Banksparpläne funktionieren ähnlich wie ein normaler → Banksparplan. Nur werden sie über die Zahlung vermögenswirksamer Leistungen (mehr dazu → VL-Sparen) vom Arbeitgeber bezuschusst. Dafür ist die Anlagedauer festgelegt: Sie müssen sechs Jahre einzahlen und dann maximal ein Jahr auf Ihr Geld warten.

Renditechance: Es gibt zwei Verzinsungsvarianten: Entweder ist der Zins über die gesamte Laufzeit fest oder es gibt einen geringen variablen Basiszins, der am Ende der Laufzeit von einem hohen Schlussbonus aufgestockt wird. Vergleichen Sie mehrere Angebote!

Sicherheit: VL-Banksparpläne sind ohne Risiko. Das Geld ist über die gesetzliche Einlagensicherung abgesichert.

Flexibilität: VL-Banksparpläne sind während der Laufzeit kündbar. Doch wenn man nicht bis zum Schluss bei der Stange bleibt, werden diese Verträge unattraktiv, insbesondere die mit Schlussbonus.

> **UNSER RAT**
> Alle, die keinen Anspruch auf die staatliche Arbeitnehmersparzulage haben, weil ihr zu versteuerndes Jahreseinkommen über 20 000 Euro liegt, können mit einem VL-Banksparplan nichts falsch machen (mehr dazu → VL-Sparen). Falsch wäre nur, das Geldgeschenk des Arbeitgebers auszuschlagen. Leider gibt es diese Sparpläne nur bei wenigen Banken. Welche das sind, können Sie über www.test.de Suchwort „VL-Banksparpläne" gegen eine Gebühr nachschauen.

VL-Fondssparpläne ⊕ Geeignet für Arbeitnehmer, die beim Sparen die Renditechancen von Aktienfonds nutzen wollen.

Hinter dem Begriff VL-Fondssparplan verbergen sich → Fondssparpläne auf Aktienfonds, in die Angestellte die vermögenswirksamen Leistungen (VL) ihres Arbeitgebers (→ VL-Sparen) fließen lassen können. Wer als Single ein zu versteuerndes Jahreseinkommen von weniger als 20 000 Euro hat (Ehepaare: 40 000 Euro), erhält zusätzlich Zuschüsse vom Staat (Arbeitnehmersparzulage) in Höhe von 20 Prozent der VL-Leistungen, maximal 80 Euro pro Jahr.

Renditechance: → Aktienfonds
Sicherheit: → Aktienfonds
Flexibilität: Die Laufzeit für VL-Verträge beträgt normalerweise sechs Jahre. Nach der letzten Rate folgt eine Wartefrist bis zum Jahresende. Spätestens nach sieben Jahren können Sie also Ihr Geld ausgeben, sofern Sie dies wollen. Besser ist es aber, wenn Sie davon ausgehen, dass Sie es mindestens 15 Jahre im Fonds lassen. Sonst ist das Risiko, mit Aktienfonds Geld zu verlieren, zu hoch. Bei einer kurzen Anlagedauer ist die Gefahr größer, dass die Kurse ausgerechnet dann im Keller sind, wenn der Fonds versilbert werden soll.

> **UNSER RAT**
> VL-Fondssparpläne lohnen sich auch für Angestellte, die wegen eines zu hohen Einkommens keine staatliche Zulage bekommen. Bevor Sie sich für einen Fonds entscheiden, prüfen Sie unter www.test.de/fonds, ob er in der Finanztest-Bewertung gut abgeschnitten hat. Achten Sie auch auf möglichst niedrige Kosten (siehe Seite 32).

VL-Sparen Viele Unternehmen zahlen ihren Angestellten vermögenswirksame Leistungen (VL). Je nach Branche sind das zwischen 6,65 und 40 Euro monatlich. Um in den Genuss dieser Leistung zu kommen, müssen Angestellte einen VL-Sparplan abschließen. Zusätzlich zu den Leistungen des Arbeitgebers können sie ihre Beiträge aus ihrem eigenen Gehalt aufstocken. Die Summe wird dann vom Gehalt abgezogen und zusammen mit den Arbeitgeber-Zuschüssen vom Unternehmen auf das Sparplan-Konto eingezahlt. Ist der Arbeitgeberzuschuss niedriger als die Mindestanlagesumme für Ihr Wunschprodukt, müssen Sie etwas dazulegen.

Vermögenswirksame Leistungen können in verschiedene Anlagen fließen. Etwa in → VL-Banksparpläne, → Bausparverträge, ins → Rendite-Bausparen oder ins sogenannte Beteiligungssparen mit Aktienfonds (→ VL-Fondssparpläne). Bausparen und VL-Fondssparpläne fördert der Staat noch zusätzlich mit der sogenannten Arbeitnehmersparzulage. Die erhalten aber nur Angestellte, deren zu versteuerndes Jahreseinkommen unter 17 900 Euro liegt. Beim Fondssparplan dürfen es höchstens 20 000 Euro sein. Wer mehr verdient und keine Immobilie kaufen will, ist mit einem VL-Banksparplan gut beraten.

Vorzugsaktien Wer Vorzugsaktien kauft, hat nur in Ausnahmefällen ein Stimmrecht auf der Hauptversammlung der Aktiengesellschaft. Dafür erhalten die Anleger eine höhere Dividende.

W

Wachstumssparen Hinter diesem Begriff verbergen sich Sparangebote von Banken, deren Verzinsung von Jahr zu Jahr ansteigt (Zinstreppe). Dabei kann es sich beispielsweise um einen → Banksparplan handeln, in den regelmäßige Raten eingezahlt werden, oder um einmalige → Festzinsanlagen mit vorzeitiger Verfügbarkeit.

Währungsfonds ⊖ → Devisenfonds

Waldinvestments ⊖ Wer im Internet surft, begegnet mit großer Wahrscheinlichkeit über kurz oder lang Werbung für Holz- oder Waldinvestments. In Bäume oder andere Nutzpflanzen zu investieren scheint vielen nicht nur aus wirtschaftlichen Gründen attraktiv. Holz ist ein nachwachsender Rohstoff, Wälder binden das Treibhausgas CO_2. Anbieter verweisen auch gerne auf die wachsende Weltbevölkerung und prognostizieren daher, dass die Nachfrage nach Holz steigt. Ob sich ein solches Investment für die Anleger rechnet, lässt sich daraus nicht automatisch schließen. Denn nicht jedes Holz eignet sich für jede Verwendung, die Märkte für Papier, Bau oder Möbel können sich ganz unterschiedlich entwickeln.

Außerdem werden Waldinvestments in sehr unterschiedlichen Formen angeboten. Nicht jede eignet sich für jeden Anleger. An der Börse werden zum Beispiel die Aktien einiger Unternehmen aus der Holz- und Waldwirtschaft gehandelt. Der Vorteil: Die Papiere können bei Bedarf sehr kurzfristig wieder verkauft werden. Sie eignen sich aber nur für Anleger, die es sich zutrauen, die Aussichten der jeweiligen Konzerne zu beurteilen, und die bereit sind, die Risiken zu tragen. Die betreffen nicht nur die wirtschaftliche Entwicklung der Unternehmen selbst. Macht sich Panik an der Börse breit, stürzen oft die Kurse auf breiter Front ab. Auch Papiere von höchst soliden Gesellschaften geraten in Mitleidenschaft. Wer sich die Auswahl einzelner Aktien nicht zutraut, kann auf Aktienfonds und Zertifikate zurückgreifen, die ausschließlich in Unternehmen aus der Forst- und Holzwirtschaft investieren. Hierbei handelt es sich um → Themenfonds.

Es gibt ab und zu auch → geschlossene Fonds, die in Wälder investieren. Das sind unternehmerische Beteiligungen, bei denen sich Anleger mit einer meist mindestens fünfstelligen Summe für viele Jahre binden müssen. Solche geschlossenen Fonds kommen daher von vornherein nur für vermögende Anleger in Frage, die selbst einen Totalverlust verkraften können. Meist wird mit dem Geld der Anleger ein Stück Wald erworben oder eine Plantage bepflanzt und bewirtschaftet. Jahrelang fallen somit Kosten an. Wie viel das Investment abwirft, ist aber erst zu sehen, wenn die Bäume gefällt werden und das Holz sowie der Grund und Boden verkauft sind. Ob eine Waldfläche tatsächlich rentabel bewirtschaftet werden kann, hängt daher von sehr vielen Faktoren ab, die Privatanleger kaum überblicken und einschätzen können. Hinzu kommen Wechselkursrisiken bei Gebieten in Ländern außerhalb des Euroraums und Unsicherheiten in politisch instabilen Ländern.

Stark beworben werden Direktinvestments, bei denen Anleger konkrete Bäume erwerben und sie bewirtschaften lassen. Das soll deutlich zweistellige Renditen bringen. Interessenten muss aber bewusst sein, dass solche Investments kaum reguliert sind. Oft sitzen die Anbieter im Ausland und die Bäume stehen in weit entfernten Ländern. Erst nach vielen Jahren stellt sich heraus, ob die ehrgeizigen Prognosen realistisch waren.

Wandelanleihen ⊕ Geeignet für erfahrene Anleger mit einem großen Depot.

Mit Wandelanleihen setzen Anleger mit begrenztem Risiko und gleichzeitig eingeschränkten Gewinnchancen auf die

> *Nachhaltiges Sachwertinvestment mit maximaler Sicherheit. Top-Rendite von 12 % und mehr möglich!**
>
> *) Aus einer Annonce für ein Waldinvestment – eine Anlage mit unwägbaren Risiken. Anleger können viel Geld verlieren, wenn es schlecht läuft.

Kursentwicklung von einzelnen → Aktien. Wandelanleihen sind → Unternehmensanleihen von Aktiengesellschaften. Je nach Ausgestaltung beinhalten sie das Recht oder die Pflicht, sie in Aktien desselben Unternehmens umzutauschen. Der Preis, zu dem Anleger ihre Anleihen in Aktien umwandeln können, wird bei Herausgabe (Emission) der Anleihen festgelegt. Dieser Kurs nennt sich Wandlungspreis. Er liegt üblicherweise deutlich über dem aktuellen Aktienkurs zum Emissionszeitpunkt. Teilt man den Wandlungspreis durch den Nennwert der Anleihe – das ist der Preis, der auf der Anleihe steht, zu dem sie in der Regel zurückbezahlt wird –, ergibt sich die Anzahl der Aktien, die man beim Tausch für eine Anleihe erhält. Bankberater sprechen vom Bezugsverhältnis.

Beispiel: Der Nennwert einer Wandelanleihe beträgt 1 000 Euro. Der Wandlungspreis der Unternehmensaktie wird auf 20 Euro festgelegt. Das Bezugsverhältnis beträgt dann 50 und bleibt während der Laufzeit unverändert.

Renditechance: Die meisten Wandelanleihen bieten während der Laufzeit eine feste jährliche Verzinsung. Der Zinssatz liegt in der Regel unter dem einer normalen Anleihe des Unternehmens. Im Gegenzug bekommen die Anleger mit dem Wandlungsrecht die Chance auf höhere Renditen im Vergleich zu einer nicht wandelbaren Unternehmensanleihe. Denn steigt der Kurs der mit der Anleihe verbundenen Aktie, steigt auch der der Wandelanleihe.

Eine Faustregel besagt: Nach oben macht die Anleihe zwei Drittel der Aktienkursbewegung mit. Nach unten etwa ein Drittel. Diese Regel ist allerdings nur dann aussagekräftig, wenn der Aktienkurs in der Nähe des Wandlungspreises steht. Nach starken Kursanstiegen verhalten sich Anleihe- und Aktienkurs dagegen nahezu gleich. Ein Preissturz der Aktie schlägt sich dann ungebremst im Anleihekurs nieder. Grundsätzlich gilt: Je kürzer die Restlaufzeit der Anleihe, desto sensibler reagiert sie auf Schwankungen der zugrunde liegenden Aktie.

Sicherheit: Die Kursschwankungen von Wandelanleihen sind größer als die von Unternehmensanleihen ohne Wandlungsrecht, aber niedriger als die einer Aktie (siehe oben). Das Tauschrecht, das einer → Option gleicht, kann wertlos werden, wenn der Preis der entsprechenden Aktie fällt und so gut wie keine Chance mehr besteht, dass der Kurs noch über den Wandlungspreis steigt. In solchen Fällen sinkt auch der Kurs der Wandelanleihe, allerdings nach Analysen von Finanztest gewöhnlich nicht unter 80 Prozent des Nennwerts. Prinzipiell verhält sich eine Wandelanleihe ohne das Tauschrecht wie eine normale → Unternehmensanleihe. Ihr Kurs fällt dann maximal so weit, bis ihre Rendite der Rendite einer Unternehmensanleihe ohne Tauschrecht mit gleicher Kreditwürdigkeit und Laufzeit entspricht. Wie bei anderen Anleihen gibt es auch bei Wandelanleihen ein Emittentenrisiko: Sinkt die Kreditwürdigkeit des Herausgebers, kann der Kurs natürlich weit unter 80 Prozent des Nennwertes sinken. Geht der Herausgeber pleite, droht ein Totalverlust. Bleibt das Unternehmen zahlungsfähig, erhält der Anleger am Ende der Laufzeit einer Wandelanleihe den Nennwert zurück.

Flexibilität: Wandelanleihen können Sie über Banken bei ihrer Emission kaufen oder anschließend an den Börsen erwerben. Allerdings ist der Handel nicht sonderlich rege. Das hat zur Folge, dass Sie eine Wandelanleihe möglicherweise nicht zu jedem beliebigen Zeitpunkt verkaufen können. Zudem sind die Spannen zwischen An- und Verkaufspreis höher als bei Papieren, von denen häufig große Mengen umgeschlagen werden. Ein weiteres Problem: Viele Wandelanleihen sind nur auf Großanleger wie Versicherungen und Fonds zugeschnitten. Ihr Nennwert beträgt meist 50 000 oder 100 000 Euro. Anleihen, die sich an Privatanleger richten, werden dagegen oft zu 1 000 Euro pro Stück herausgegeben.

UNSER RAT Wandelanleihen sind lediglich dann ein gutes Geschäft, wenn die Aktienmärkte steigen. In Schwächeperioden werfen Anleihen ohne Tauschrecht/-pflicht wegen der höheren Verzinsung mehr ab. Ein erhebliches Problem für Privatanleger ist die Auswahl. Weil Laien den Wert der Tauschoption nicht beurteilen können (→ auch Optionen), ist für sie nicht erkennbar, ob der Preis einer Wandelanleihe angemessen ist. Wer dennoch investieren will, sollte sich von einem Profi beraten lassen. Eine andere Möglichkeit ist eine Anlage über → Fonds, deren Manager die Papiere auswählen. Hier besteht allerdings die Gefahr, dass Ihnen Ihr Bankberater einen schlechten Fonds empfiehlt. Folgen Sie deshalb nicht gleich dem erstbesten Vorschlag. Vergleichen Sie mehrere Fonds, bevor Sie Ihre Entscheidung treffen.

Warrants ⊖ → Optionen

Wasserfonds ⊕ Geeignet für risikofreudige Anleger, die auch Verluste verschmerzen können.

Süßwasser ist ein knappes Gut, um das eine wachsende Zahl von Menschen konkurriert. Für die Erzeugung von Nahrungsmitteln werden große Wassermengen benötigt. Gleichzeitig hat etwa eine Milliarde Menschen keinen Zugang zu sauberem Trinkwasser. 2,6 Milliarden Menschen müssen ohne Abwasserentsorgung auskommen.

Und in den entwickelten Industrieländern ist die Infrastruktur für die Wasserversorgung veraltet und ineffizient. Für Unternehmen, die Trink- und Abwassersysteme herstellen und Technologien entwickeln, mit denen Wasser optimal genutzt werden kann, gibt es also einen riesigen Markt. Wasserfonds sind offene → Fonds, die weltweit in die → Aktien solcher Unternehmen investieren. Beispielsweise in Filter-, Pumpen- und Ventilhersteller, Versorgungsunternehmen und Firmen, die sich mit der Aufbereitung von Abwasser befassen. Wasserfonds sind nicht unbedingt ökologisch-ethische Geldanlagen (→ auch Ökofonds). Es gibt Fonds, die nach solchen Kriterien anlegen, andere wiederum machen das nicht.

Renditechance: Mit Wasserfonds ist die Hoffnung verbunden, dass die Branche wegen ihrer existenziellen Bedeutung schneller wächst als andere und dass sich das in den Aktienkursen niederschlägt. Manche Wasserfonds haben sich in den vergangenen Jahren tatsächlich gut ge-

schlagen. Sie schnitten besser ab als der Weltaktienindex MSCI World.
Sicherheit: Wasserfonds sind Branchenfonds. Und die können stärker schwanken als Fonds, die ihre Anlagen breiter streuen, wenn die Branche unter Druck gerät oder bei Anlegern aus der Mode kommt (→ Aktienfonds). Beispielsweise können Regierungen mit gesetzliche Regulierungen zum Nachteil der Unternehmen in den Markt eingreifen.
Flexibilität: Wasserfonds können börsentäglich ge- und verkauft werden.

UNSER RAT In Branchenfonds sollten Sie Ihr Geld wegen des vergleichsweise hohen Risikos nur stecken, wenn Sie eher vermögend sind, und es auch dann lediglich in kleinen Mengen beimischen. Beimischungen sollten nicht mehr als 10 Prozent Ihres Depots ausmachen.

Wasserkraftfonds ⊖ → Geschlossene Ökofonds

Waves ⊖
Bei diesen Papieren handelt es sich um riskante → Hebelprodukte, die vor allem für Zocker konstruiert sind. Mit Wave-Calls setzen Käufer auf steigende, mit Wave-Puts auf fallende Kurse des jeweiligen **Basiswertes**. Das können → Aktien, → Rohstoffe oder Wechselkurse sein.

Weltfonds ⊕ → Aktienfonds Welt

Wertpapiere
sind Urkunden, die Beteiligungsrechte (zum Beispiel → Aktien), Forderungsrechte (zum Beispiel → Anleihen und → Zertifikate) oder Optionsrechte (zum Beispiel → Optionen) verbriefen.

Wertpapiersparpläne ⊖
(auf Zertifikate und Aktien) Mitunter bieten Banken → Sparpläne auf einzelne → Zertifikate und → Aktien an und nennen dies Wertpapiersparplan. Von solchen Sparplänen sollten Sie besser die Finger lassen: Zertifikate sind häufig zu riskant. Zudem besteht das Risiko eines Totalverlustes, wenn der Herausgeber pleitegeht. Eine einzelne Aktie ist im Gegensatz zu → Aktienfonds, die eine Vielzahl dieser Papiere enthalten, ebenfalls zu risikoreich, um für einen mittel- bis langfristigen Vermögensaufbau zu taugen. Das aber ist die Grundidee von Sparplänen. Sparen Sie lieber mit → Fonds- und/oder → Banksparplänen. Sie werden als staatlich geförderte → Riester-Verträge oder ohne Förderung angeboten.

Windfonds ⊖ → Geschlossene Ökofonds

Win-Win-Zertifikate ⊖
Wer ein bisschen Englisch kann, horcht bei diesem Zertifikate-Namen möglicherweise interessiert auf. Denn er suggeriert Gewinne, egal was passiert. Auch mancher Manager spricht gerne von „Win-Win-Situationen", wenn er etwas durchsetzen und allen Beteiligten einreden will, sie könnten nur ge-

winnen. An den Finanzmärkten käme das einer Losbude gleich, an der man nur Gewinne und keine Nieten zieht. Jeder, der einmal auf dem Rummel war, weiß aber, dass der Hauptgewinn meistens im Regal bleibt und man bestenfalls auf einen Trostpreis hoffen kann. Und das ist auch an den Finanzmärkten nicht anders. Gäbe es eine Anlage, mit der man tatsächlich nur Gewinne einfährt, müsste niemand mehr arbeiten. Alle könnten von den fantastischen Erträgen ihrer Win-Win-Zertifikate leben. Da die Zahl der Privatiers seit Erfindung dieser → Zertifikate nicht sprunghaft angestiegen ist, versprechen die Anbieter offensichtlich mehr, als sie am Ende halten können. Wie alle Zertifikate beziehen sich Win-Win-Zertifikate auf die Entwicklung eines Basiswertes. Das können Aktienindizes oder Wechselkurse sein. In der Regel wird die Rückzahlung des eingesetzten Kapitals am Ende der Laufzeit garantiert. Eine Rendite erzielt der Anleger, egal ob der Basiswert während der Laufzeit steigt oder sinkt. Das klingt fantastisch, ist es aber nicht: Bleibt der Basiswert nämlich unter dem Strich unverändert, geht der Anleger leer aus. Anleger bekommen also nur dann eine ordentliche Rendite, wenn sich der Basiswert während der Laufzeit des Zertifikates überwiegend in die gleiche Richtung bewegt. Doch das ist häufig nicht der Fall, besonders bei Wechselkursen. Aktien steigen zwar aller Erfahrung nach langfristig, also in Zeiträumen von 15 Jahren und länger. Aber in kurzen Zwischenperioden von einigen Jahren können sie Berg und

> **100 % Steuerersparnis. 20 % Rendite. 0 % Risiko.** *
>
> *) Aus dem Prospekt eines geschlossenen Fonds mit Totalverlustrisiko.

Tal fahren, ohne klare Tendenz. Für Anleger heißt es dann möglicherweise einmal mehr: Außer Spesen nichts gewesen. Das Schlaraffenland hat die Zertifikate-Industrie also nach wie vor nur für sich entdeckt: Sie verdient an ihren Produkten tatsächlich so gut wie immer – egal, wie es an den Märkten läuft.

Wohn-Riester ⊕ Geeignet für Sparer, die eine eigene Immobilie dauerhaft nutzen wollen.

Auch Bauherren, Wohnungskäufer und Hauseigentümer können von der Riester-Förderung profitieren. Das Geld, das sie mit einem beliebigen Riester-Vertrag angespart haben, können sie als Eigenkapital für ihre Immobilienfinanzierung, für einen altersgerechten Umbau oder für die Entschuldung der eigenen vier Wände verwenden. Außerdem erhalten sie für die Tilgung ihres Darlehens die gleichen Zulagen und Steuervorteile wie für einen Riester-Sparvertrag (mehr dazu → Riester-Verträge). Wer einen → Riester-Bausparvertrag anspart, kann beispielsweise die Zulagen für die Tilgung des Bauspardarlehens beantragen. Darüber hinaus stehen zwei weitere Kreditmodelle zur Auswahl:

▷ Riester-Darlehen mit direkter Tilgung (Annuitätendarlehen) und einer Zinsbindung von beispielsweise 10, 15 oder 20 Jahren. Von klassischen Darlehen unterscheidet es sich nur durch die staatliche Förderung.
▷ Riester-Kombikredite von Bausparkassen. Sie bestehen aus einem neuen

Bausparvertrag und einem tilgungsfreien Darlehen, mit dem die Bausparkasse die vereinbarte Bausparsumme bis zur Zuteilung vorfinanziert (mehr dazu → Riester-Bausparverträge).

Beide Varianten müssen mehrere Bedingungen erfüllen, damit die Kunden die Förderung bekommen: Der Vertrag muss von der Bundesanstalt für Finanzdienstleistungsaufsicht oder vom neuen Bundeszentralamt für Steuern zertifiziert sein. Die Finanzierung muss in eine selbstgenutzte Immobilie fließen. Sie muss so angelegt sein, dass der Kredit spätestens bis zum 68. Lebensjahr getilgt ist. Zudem muss jeder Ehepartner einen eigenen Kreditvertrag abschließen, um die Förderung auszuschöpfen.

Ob ein Bankdarlehen oder ein Bauspar-Kombikredit günstiger ist, lässt sich nicht pauschal beantworten. Es kommt immer auf die aktuellen Konditionen an, die sich für Baukredite täglich ändern können. Aktuelle Zinssätze für Riester-Darlehen und ungeförderte Kredite finden Sie jeden Monat in der Zeitschrift Finanztest. Wichtig ist: Bei Riester-Darlehen wird nicht die gesamte Kreditrate, sondern nur der Tilgungsanteil bis zum Höchstbetrag von jährlich 2 100 Euro gefördert (einschließlich der Riester-Zulage). In der Bausparvariante, in der das Vorausdarlehen zunächst überhaupt nicht getilgt wird, gibt es die Förderung bis zur Zuteilung des Bausparvertrags auf die jährlichen Sparbeiträge. Gefördert werden aber nur selbstgenutzte Immobilien, nicht jedoch Modernisierungen oder der Kauf einer vermieteten Immobilie.

Im Rentenalter müssen Riester-Sparer auch für die Eigenheimförderung Steuern zahlen. Dazu werden alle geförderten Beträge aus ihrem Vertrag – Entnahmen und Tilgungsleistungen – auf einem Wohnförderkonto verbucht. Dann wird so gerechnet, als verzinse sich dieses Geld bis zum Rentenbeginn mit 2 Prozent im Jahr. Ab Rentenbeginn ist der so errechnete Betrag zu versteuern. Sie können wählen: Entweder Sie versteuern den Kontostand in jährlichen Raten bis zum 85. Lebensjahr. Oder Sie zahlen die Steuern auf einen Schlag. Dann müssen Sie nur 70 Prozent des Förderkontos versteuern. Seit 2014 können Sie im Rentenalter jederzeit von der jährlichen Besteuerung zur Einmalbesteuerung wechseln und den Restbetrag auf dem Wohnförderkonto mit 30 Prozent Abschlag versteuern.

Renditechance: Bauherren und Wohnungskäufer sparen durch Zulagen und Steuervorteile viele Tausend Euro bei ihrer Finanzierung, wie Berechnungen von Finanztest zeigen. Bis zum Rentenbeginn kann sich der Vorteil je nach Finanzierung und Einkommen auf 40 000 Euro und höher summieren. Die Steuern, die im Rentenalter auf die geförderten Beträge anfallen, sind in dieser Rechnung schon berücksichtigt. Für Bauherren und Wohnungskäufer lohnt es sich also, die staatliche Förderung voll für ihre Finanzierung auszuschöpfen. Mit der Tilgung ihres Darlehens erzielen sie eine Zinsersparnis, die dem Effektivzins des Darlehens entspricht. Kein anderer Riester-Vertrag bringt ihnen eine so hohe und zugleich sichere Rendite. Doch es gibt eine Einschränkung: Es kann passieren, dass Banken für ein Riester-Darlehen einen hö-

heren Zinssatz verlangen als für ein ungefördertes Darlehen. Dann geht die Förderung dadurch ganz oder teilweise verloren. Ab einem Zinsaufschlag von ungefähr einem halben Prozent bleibt von der Riester-Förderung kaum etwas übrig.
Sicherheit: Das größte Risiko ist ein zu hoher Effektivzins für das Riester-Darlehen.
Flexibilität: Die staatliche Wohn-Riester-Förderung gibt es ausschließlich für selbst genutzte Immobilien. Wenn Sie Ihr Haus oder Ihre Wohnung später verkaufen oder vermieten, müssen Sie den Stand des Wohnförderkontos vorzeitig versteuern. Es gibt aber Ausnahmen: Steuerliche Nachteile lassen sich vermeiden, wenn Sie innerhalb von fünf Jahren nach dem Auszug eine neue Immobilie kaufen, die Sie selbst nutzen. Dazu zählt auch der Kauf eines Dauerwohnrechts in einem Senioren- oder Pflegeheim. Sie können auch innerhalb eines Jahres einen neuen Riester-Vertrag abschließen, in den Sie die geförderten Beträge einzahlen. Auch eine befristete Vermietung der Wohnung wegen eines berufsbedingten Umzugs ist möglich.

> **UNSER RAT**
> **Wegen der hohen Förderung vom Staat sind Riester-Darlehen für die Eigenheimfinanzierung erste Wahl.** Infrage kommen Kredite mit direkter Tilgung und Kombikredite der Bausparkassen. Holen Sie sich aber auch Kreditangebote ohne Förderung ein. Achten Sie darauf, dass der Effektivzins für die Riester-Variante nicht höher ist als für ein ungefördertes Darlehen oder zumindest nicht viel höher.

Z

Zerobonds → Null-Kupon-Anleihen

Zertifikate sind zwiespältige Anlageinstrumente: Einerseits verschaffen sie Anlegern bequemen Zugang zu exotischen Märkten, für die es keine oder kaum andere Anlageprodukte wie → Fonds gibt. Wer beispielsweise in afrikanische → Aktien investieren will, hat Probleme, geeignete Fonds zu finden. Zertifikate, die die Wertentwicklung solcher Aktien nachbilden, gibt es dagegen viele. Auch komplexere Handelspositionen, mit denen professionelle Anleger versuchen, ihre Markterwartungen umzusetzen und Risiken zu steuern, lassen sich in Zertifikate gießen. Ein Beispiel dafür sind → Discountzertifikate auf Aktien. Sie kombinieren eine Aktie oder einen **Index** in der Regel mit dem Verkauf einer Call-Option (→ Optionen) auf diesen Wert. Das Ergebnis ist ein reduziertes Aktienmarktrisiko bei gleichzeitig eingeschränkten Gewinnchancen. Natürlich könnte sich jeder selbst eine solche Handelsposition zusammenbauen. Doch für die meisten Anleger ist das zu aufwendig.

Auf der anderen Seite sind der Fantasie bei der Kreation von Zertifikaten kaum Grenzen gesetzt. Das hat die Finanzindustrie beflügelt, den Markt mit immer neuen, immer komplizierteren und häufig auch immer riskanteren Produkten zu überschwemmen. Die Herausgeber überbieten sich gegenseitig mit Sicherheits- und Renditeversprechen. Doch in Wahrheit sind die meisten Zertifikate aus Sicht der Anleger schlicht und ergreifend überflüssig. Sie nützen lediglich den Anbietern, die an ihnen bestens verdienen. Manche Produkte sind so gestrickt, dass mit an Sicherheit grenzender Wahrscheinlichkeit für den Anleger immer das schlechteste Ergebnis eintritt, wie Analysen von Finanztest zeigen. Andere sind an so viele Wenn-dann-Bedingungen geknüpft, dass es nahezu unmöglich ist, den Durchblick zu behalten. Auch in welcher Relation Risiko und Ertragschancen stehen, ist für Anleger meistens schwer zu beurteilen. Manche Zertifikate gleichen absurden Wetten ohne ökonomischen Hintergrund. Sie haben mit seriöser Geldanlage nichts zu tun und erinnern eher an Glücksspiel. Den tatsächlichen Charakter ihrer Zertifikate-Kreation verschleiern die Anbieter gerne mit wohlklingenden Namen, die sich gut verkaufen lassen, aber mit dem Inhalt der Produkte nichts gemein haben. Dennoch sind nicht alle Zertifikate ungenießbar wie giftige Pilze. → Index-, → Discount- oder → Bonuszertifikate beispielsweise können durchaus ein sinnvoller Baustein in einem größeren Anlagedepot sein.

Zertifikate beziehen sich immer auf die Wertentwicklung eines Basiswertes. Das können → Aktien, Indizes, → Rohstoffe oder Währungen sein. Ein Indexzertifikat auf den deutschen Aktienindex Dax beispielsweise bildet dessen Wertentwicklung nahezu 1:1 ab, natürlich abzüglich der Kosten.

Juristisch betrachtet sind Zertifikate Schuldverschreibungen. Wer sie kauft, hat eine ungesicherte Forderung gegen den Herausgeber (Emittent). Geht der pleite, ist das Geld weg. Das nennt man Emittentenrisiko.

Auch die Kosten von Zertifikaten sind häufig nicht so niedrig, wie manche Anbieter gerne suggerieren. Die Intransparenz dieser Produkte bietet den Herausgebern die Möglichkeit, kräftig abzukassieren, ohne dass der Kunde etwas davon merkt. Das liegt daran, dass der Preis von Zertifikaten nicht in einem transparenten Verfahren an einer Börse nach Angebot und Nachfrage ermittelt wird. Zwar werden fast alle Zertifikate auch an Börsen gehandelt. Doch die Preise stellt der Anbieter. Ob die zu hoch oder fair sind, können Anleger bei der Mehrzahl der Zertifikate nicht beurteilen, weil sie aus mehreren Komponenten bestehen, etwa aus einer → Anleihe des Zertifikatherausgebers und einer → Option. Um den mathematisch korrekten Preis zu ermitteln – Fachleute sprechen vom „Fair Value" –, müssen alle Bestandteile einzeln bewertet werden. Vor allem die Bewertung von Optionen ist hochkomplex. Über die dazu notwendige Software verfügen in der Regel nicht einmal Bankberater, geschweige denn Privatanleger. Die Folge: Sie wissen nie, ob sie beim Zertifikatekauf gerade über den Tisch gezogen werden.

Preisvergleiche zwischen einzelnen Anbietern helfen wenig. Denn selbst gleichartige Zertifikate auf denselben Basiswert unterscheiden sich im Detail. Hinzu kommt die unterschiedliche Kreditwürdigkeit der Herausgeber, die bei einem Vergleich berücksichtigt werden müsste. Denn je schlechter sie ist, desto billiger müsste das Zertifikat wegen des höheren Ausfallrisikos sein.

Damit Anleger die Kosten eines Zertifikats beurteilen können, müssten die Herausgeber verpflichtet werden, ihre Bewertungsmodelle und den von ihnen ermittelten Fair Value offenzulegen. Dann könnten die Käufer auf einen Blick sehen, wie groß die Differenz zum Kaufpreis ist. Doch solange das nicht der Fall ist, bleibt die Gemengelage undurchsichtig, was manche Zertifikateanbieter (Emittenten) schamlos ausnutzen. Die Ratingagentur Scope untersucht regelmäßig für verschiedene Zertifikattypen die gestellten Börsenpreise der Herausgeber. Dabei wird ermittelt, wie weit sie von dem fairen Wert abweichen. Diese Differenz wird als Emittentenmarge bezeichnet. Die Unterschiede sind beträchtlich. Bei einer Untersuchung von Bonus-Zertifikaten betrug die Differenz zwischen dem günstigsten und dem teuersten Anbieter fast 6,5 Prozent. Noch deutlich höhere Spannen (mehr als 15 Prozent) ermittelte eine Studie der European Derivatives Group (EDG) im Auftrag des Deutschen Derivate Verbandes (DDV), eine Interessenvertretung der Zertifikatindustrie. Bei Discount-Zertifikaten errechnete Scope Preisdifferenzen von mehr als 4 Prozent (EDG-Studie: 3,2 Prozent) und bei → Aktienanleihen immerhin noch 1,17 Prozent (EDG-Studie: rund 4 Prozent). „In der Tendenz gilt: Je komplexer ein Zertifikat, desto stärker weichen die Emittenten-Preise von den Fair Values ab", beobachtet Scope. Laut der Ratingagentur sind die „immensen" Abweichungen auf unterschiedliche Annahmen für künftige Marktentwicklungen oder verschiedene Bewertungsmodelle zurückzuführen. „Zum anderen sind unterschiedliche Kostenstrukturen und Gewinnmargen für die Preisunterschiede verantwortlich."

> *Selbst bei Vitaminpillen stehen auf dem Beipackzettel die schaurigsten Risiken. Diese Zertifikate sind absolut sicher.*[*]
>
> [*] Ein Berater überredet einen Kunden, deutlich riskanter zu investieren, als er wollte.

Die Gewinnmargen der Anbieter kehrte der DDV aber bisher lieber unter den Teppich. Er merkte in seinen Muster-Produktinformationsblättern zum Thema Kosten lediglich an: „Sowohl der anfängliche Ausgabepreis des (…) Zertifikats als auch die während der Laufzeit vom Emittenten gestellten An- und Verkaufspreise basieren auf internen Preisbildungsmodellen des Emittenten. Insbesondere kann in diesen Preisen eine Marge enthalten sein, die gegebenenfalls unter anderem die Kosten für die Strukturierung des Wertpapiers, die Risikoabsicherung des Emittenten und für den Vertrieb (Rückvergütung/Zuwendungen) abdeckt."

Zumindest beim Kauf neuer Zertifikate wollen die Anbieter nun für mehr Transparenz sorgen. Die Mitglieder des DDV, in dem die größten Emittenten organisiert sind, haben einen „Transparenz Kodex" verabschiedet. Darin verpflichten sie sich, künftig den von ihnen ermittelten fairen Wert bei der Herausgabe eines Zertifikates anzugeben. Diesen Wert nennt der DDV „Issuer Estimated Value", kurz IEV, was sich mit „vom Emittenten geschätzter Wert" übersetzen lässt. An der Differenz zwischen dem IEV und dem Verkaufspreis sollen Anleger dann die Kosten eines Produktes ablesen können. Der IEV soll ab Mai 2014 in den gesetzlich vorgeschriebenen Produktblättern angegeben werden. Käufern nützt diese Offenheit aber nur am Tag der Herausgabe eines Zertifikates etwas. Denn der IEV ändert sich täglich, wird aber von den Emittenten nicht fortlaufend angegeben, etwa auf ihren Internetseiten. Der Aufwand sei zu hoch, heißt es beim DDV. Inwieweit der Preis eines Zertifikates beispielsweise nach einem halben Jahr Laufzeit von seinem IEV abweicht, bleibt also weiterhin im Dunkeln. Auch sind simultane Preisvergleiche zwischen einzelnen Emittenten nur möglich, wenn ähnliche Zertifikate am selben Tag auf den Markt gebracht werden. Nach Meinung von Verbraucherschützern ist die Offensive des DDV immerhin ein erster positiver Schritt. Um aber eine umfassendere Transparenz für private Anleger zu schaffen, müssten die IEVs fortlaufend nach einem einheitlichen Modell von einer unabhängigen Institution berechnet und veröffentlicht werden, sagt Simon Ullrich, Experte für Zertifikate bei der Ratingagentur Scope. Solange das nicht der Fall ist, bleibt für private Anleger weiterhin unklar, welcher Anbieter günstig und welcher teuer ist.

Zu den in der Emittentenmarge versteckten Kosten kommen noch weitere hinzu, die den meisten Anlegern nicht bewusst sein dürften: In der Regel behält der Emittent Zinsen und Dividenden, die der jeweilige Basiswert abwirft. Bei Aktien sind das nicht selten um die 3 Prozent pro Jahr.

Weitere Kosten sind Ausgabeaufschläge zwischen 1 und 3 Prozent. Sie werden kassiert, wenn ein Anleger ein Zertifikat im Vorfeld der Herausgabe kauft. Banken sprechen vom „Zeichnen" eines Zertifikates. Dafür gibt es eine festgelegte Frist. Wer ein Zertifikat nach der Emission an einer Börse kauft, muss zwar keinen Ausgabeaufschlag bezahlen. Dafür aber die Differenz zwischen An- und Verkaufspreis. Sie hängt unter anderem vom jeweiligen Zertifikattyp ab. Hinzu kommen Bankprovisionen für die Abwicklung des Auftrages und Kosten für die Nutzung des Börsenplatzes. Bei manchen Zertifikaten, etwa bei Indexzertifikaten und → Strategiezertifikaten, fallen jährliche Managementkosten an. Sie werden auch als „Indexgebühren" ausgewiesen. Es kommt vor, dass die Verwaltungskosten eines Indexzertifikats mehr als doppelt so hoch wie bei einem → Indexfonds sind. Das ist absurd, weil es genau umgekehrt sein müsste. Denn im Gegensatz zu einem Zertifikat tragen Anleger bei einem → Fonds kein Ausfallrisiko des Emittenten.

Was Banken als Vermittler an Zertifikaten verdienen, variiert. Meistens behalten sie den Ausgabeaufschlag als Provision. Für manche Zertifikate gibt es darüber hinaus auch Bestandsprovisionen.

ZINS-ZERTIFIKATE

> Mit unserem Dax-Sparkonto erzielen Sie bis zu 7 % Rendite!*
>
> *) Das Sparkonto war an die Entwicklung des Deutschen Aktienindex Dax gekoppelt. Um 7 % Rendite zu erzielen, hätte der Dax auf utopische 150 000 Punkte steigen müssen. Er blieb unter 10 000 Punkten.

Zinsanlagen sind alle Anlagen, für die es Zinsen gibt, beispielsweise → Tagesgeld, → Sparkonten, → Festgeld, → Sparbriefe, → Pfandbriefe, → Anleihen und → Rentenfonds. Dabei handelt es sich überwiegend um vergleichsweise sichere Anlagen. Vorsichtig sollten Anleger sein, wenn die Zinsen an Bedingungen geknüpft sind wie an die Entwicklung des Dax, die des Goldpreises oder das Abschneiden einer Fußballmannschaft. Das hat mit sicherer Zinsanlage eher wenig zu tun. Das Gleiche gilt für Kombiprodukte, beispielsweise eine Kombination aus Festgeld und → Fonds.

Zins-Zertifikate ⊖ Der Name ist irreführend. Er klingt nach sicheren Zinsen. Doch die bieten Zins-Zertifikate nicht. Mit diesen → Zertifikaten können Anleger auf einen Kursanstieg von Auslandswährungen gegenüber dem Euro setzen. Sie bilden jeweils den Wechselkurs des Euro gegenüber einer Fremdwährung sowie den ausländischen **Geldmarktzins** abzüglich von Transaktionskosten ab. Das sieht bei manchen Zins-Zertifikaten auf den ersten Blick sehr attraktiv aus, weil die Zinsen in manchen Ländern wie China und Brasilien sehr hoch sind. Aber nicht nur die Geldmarktzinsen schwanken. Auch Wechselkurse begeben sich bisweilen auf rasante Berg- und Talfahrten. Für Anleger besteht immer die Gefahr, dass ihr Zinsgewinn von Wechselkursverlusten vollständig aufgezehrt wird und sie am Ende Verluste machen. In der Gesamtrechnung sind also zwei Unbekannte. Fazit: zu spekulativ für die meisten Privatanleger.

FACHBEGRIFFE ERKLÄRT

A

Abgeltungsteuer Seit 1. Januar 2009 gilt in Deutschland die pauschale Abgeltungsteuer auf alle Kapitalerträge, zum Beispiel Zinsen- und ▷ Dividenden oder realisierte Kursgewinne. Die Abgeltungsteuer beträgt 25 Prozent plus Solidaritätszuschlag und gegebenenfalls Kirchensteuer. Die Bank zieht sie automatisch ab, sofern der Anleger keinen ▷ Freistellungsauftrag hat. Für Aktien oder Fonds, die vor Januar 2009 gekauft wurden, gibt es einen Bestandsschutz: Alle künftigen Kursgewinne, die Anleger damit erzielen, bleiben steuerfrei.

Agio Aufschlag, um den der Ausgabepreis eines Wertpapiers, zum Beispiel eines Zertifikats, den ▷ Nennwert oder Rückzahlungspreis übersteigt. Davon wird in der Regel der Vertrieb bezahlt.

Aktienindex ▷ Index, der die Wertentwicklung von Aktien eines bestimmten Marktes misst. Der bekannteste Index für den deutschen Aktienmarkt ist der ▷ Dax, für den Weltaktienmarkt ist es der ▷ MSCI World.

Aktienkorb Zusammenstellung ausgewählter Aktien, die meistens als ▷ Basiswert für Zertifikate dienen.

Anlageklasse, auch Asset- oder Vermögensklasse genannt. Jede Anlageform lässt sich einer Anlageklasse zuordnen, die gleichartige Vermögensgegenstände (engl. assets) umfasst. Zu den wichtigsten Anlageklassen zählen Aktien, Anleihen, Rohstoffe, Immobilien und Bargeld.

Asset Allocation heißt übersetzt Vermögensaufteilung. Damit ist die prozentuale Aufteilung eines Vermögens auf verschiedene ▷ Anlageklassen gemeint. Profis unterscheiden zwischen strategischer und taktischer Aufteilung. Strategisch bezieht sich auf die langfristige Vermögensaufteilung. Als taktisch werden kurzfristige Abweichungen von dieser Strategie bezeichnet. Mit Über- und Untergewichtungen einzelner Anlageklassen sollen für kurze Zeit Chancen an den Kapitalmärkten genutzt werden.

Assetklasse ▷ Anlageklasse

Ausgabeaufschlag Differenz zwischen Ausgabe- und Rücknahmepreis eines Fonds. Der Ausgabeaufschlag dient vor allem der Deckung der Vertriebskosten eines Fonds. Er lässt sich durch Verhandeln oder Auswahl der Kaufquelle reduzieren. Je nach Fonds und Anlagebetrag gewähren ▷ Direktbanken und ▷ Fondsvermittler, auch Fondsshops genannt, einen Rabatt darauf.

Ausgabepreis, auch Emissionspreis genannt. Das ist der Preis für ein Wertpapier, den Erstanleger bei dessen Ausgabe bezahlen müssen. Er wird am Ende der ▷ Zeichnungsfrist festgelegt.

Außerbörslicher Handel Wertpapiere werden nicht nur an amtlich überwachten Börsenplätzen gehandelt. Man kann sie auch direkt von Banken und anderen Wertpapierhäusern kaufen. Außerbörsliche Wertpapiergeschäfte werden auch als OTC-Geschäft bezeichnet. OTC steht für over the counter. Das heißt so viel wie über den Schalter. Die meisten ▷ Direktbanken bieten OTC-Geschäfte an, die sie auch „Direct Trade" nennen. Eines der bekanntesten OTC-Handelshäuser ist Lang & Schwarz. Die Verkaufspreise bei solchen Anbietern sind oft ein bisschen höher als an einer amtlichen Börse. Dafür entfallen die Kosten für die Nutzung des Börsenplatzes. OTC-Geschäfte werden auch außerhalb der amtlichen Börsenöffnungszeiten angeboten.

B

Backtest Wenn Banken neue Anlageprodukte auf den Markt bringen, haben sie meistens ein Problem: Es gibt keine erfolgreiche Wertentwicklung in der Vergangenheit, auf die sie beim Verkauf verweisen können. Diesen Makel des Unbewährten umschiffen die Anbieter mit Backtests. Auf Basis von historischen Marktdaten simulieren sie, wie sich das Produkt entwickelt hätte, wenn es schon lange auf dem Markt gewesen wäre. Da die zurückliegenden Zeiträume willkürlich gewählt und die Produkte an die Daten angepasst werden können, sind Backtests in der Regel reine Augenwischerei. Aus ihnen lassen sich keine zuverlässigen Aussagen zur künftigen Wertentwicklung eines Finanzproduktes ableiten.

Baisse Phase stark fallender Aktienkurse. Finanzprofis sprechen ab einem durchschnittlichen Wertverlust eines Aktienmarktes von 20 Prozent von einer Baisse. Geringere zwischenzeitliche Verluste bezeichnen sie als „Korrektur".

Bären So heißen die Pessimisten an den Aktienmärkten, die fallende Kurse erwarten und Aktien verkaufen. Ihnen gegenüber stehen die Bullen. Das sind die Optimisten, die auf steigende Preise hoffen und kaufen. Je nachdem, welches Lager in der Überzahl ist, entwickelt sich der Markt. Haben die Bären die Oberhand, fallen die Kurse. Börsianer sprechen dann auch von einem Bärenmarkt. Sind dagegen die Bullen am Drücker, steigen die Kurse.

Basisanlagen werden die Fonds, Wertpapiere oder Festgelder genannt, die den größten Anteil eines Anlagedepots ausmachen sollten. Die Risiken dieser Produkte sind entweder breit gestreut, beispielsweise bei einem Aktienfonds Welt (S. 50), oder es handelt sich im sichere Anlagen wie Festgeld (S. 74) oder Bundeswertpapiere (S. 63).

Basiswert Basiswerte sind die Grundlage für Finanzinstrumente wie Zertifikate (S. 169), Optionen (S. 114) oder Futures (S. 84). Als Basiswerte, oder Englisch: underlying, können Aktien, Zinssätze, Währungen oder Rohstoffe dienen.

Beimischungen Umgangssprache für Finanzprodukte, die keine ▷ Basisanlagen sind. Sie werden nur in geringen Mengen einem Anlagedepot beigemischt. Faustregel: Eine Beimischung sollte nicht mehr als 10 Prozent der riskanten Geldanlagen ausmachen. Beispiele für Beimischungen sind Schwellenländerfonds (S. 145) und offene Immobilienfonds (S. 111).

Benchmark ▷ Vergleichsindex

Börse Amtlich überwachter Marktplatz, auf dem Wertpapiere wie Aktien, Zertifikate (S. 169), Anleihen, Optionen (S. 114) und Futures (S. 84) gehandelt werden. Privatanleger können nicht direkt an einer Börse Wertpapiere kaufen. Sie müssen ihre Kauf- und Verkaufswünsche über eine Bank oder einen Broker platzieren, der zum Handel zugelassen ist. Für diese Dienstleistung lassen sich Banken in unterschiedlicher Höhe entlohnen (S. 29).

Bottom-up-Analyse Wörtlich übersetzt: „von unten nach oben". Strategieform bei aktiv gemanagten Fonds, bei der sich der Fondsmanager auf die Auswahl chancenreicher Einzelaktien konzentriert, bevor er die volkswirtschaftlichen Rahmenbedingungen der Länder beziehungsweise Branchen, aus denen diese Aktien stammen, untersucht. Diese Rahmenbedingungen sind für ihn ebenso zweitrangig wie die allgemeine Börsensituation. Sein Ziel ist es, durch sorgfältige Analyse systematisch unterbewertete Aktien aufzustöbern.

Bric Abkürzung für Brasilien, Russland, Indien und China – die größten vier Schwellenländer. Es gibt Schwellenländerfonds (S. 145) und Zertifikate (S. 169), die ausschließlich auf die Bric-Länder setzen.

Briefkurs Preis, den ein Anleger bezahlen muss, wenn er ein Wertpapier kauft. Der Geldkurs ist der Preis, den er erhält, wenn er verkauft. Die Differenz zwischen den beiden Preisen, den ▷ Spread, kassiert der Wertpapiermakler.

Bullen ▷ Bären

Bund Future Er repräsentiert eine fiktive Bundesanleihe (S. 63) mit zehnjähriger Laufzeit und einem Zins von 6 Prozent. Es handelt sich um einen standardisierten Terminkontrakt (Future, S. 84), mit dem man auf die Zinsentwicklung wetten kann. Weil der Bund Future auf Erwartungen der Marktteilnehmer basiert, ist er ein Barometer für den zukünftigen Zinstrend: Wenn er steigt, steigen darauf die Kurse der Anleihen.

C

Chart Diagramm, das die Kursentwicklung eines Wertpapieres oder eines ▷ Index über einen bestimmten Zeitraum zeigt.

D

Dax Abkürzung für den Deutschen Aktienindex. Er ist hierzulande das wichtigste Börsenbarometer. Der Dax enthält die 30 größten börsennotierten Unternehmen. Die Zusammensetzung wird regelmäßig von der Deutschen Börse, die den ▷ Index berechnet, überprüft und angepasst.

Defensive Aktien Darunter verstehen Banker meist Aktien von Unternehmen, die wenig konjunkturabhängig sind. Dazu zählen beispielsweise Lebensmittelkonzerne und Energieversorger, deren Produkte auch dann gefragt sind, wenn die Wirtschaft nicht so gut läuft. In solchen Phasen schlugen sich defensive Aktien in der Vergangenheit oft besser als konjunktursensible Titel. Wenn aber die Wirtschaft brummt, haben defensive Aktien häufig das Nachsehen.

Depot Es dient zur Aufbewahrung von Wertpapieren und Fonds. Ohne Depot können Anleger keine Wertpapiere erwerben. Zu den Depotkosten siehe Seite 33.

Direktbank Bank, die keine Filialen betreibt. Sie ist nur telefonisch oder über das Internet erreichbar.

Diversifikation Die Streuung eines Vermögens auf viele verschiedene Anlageformen, Anlagemärkte und Papiere.

Dividende Anteil vom Gewinn eines Unternehmens, der an die Aktionäre ausgeschüttet wird.

Dividendenrendite Sie ergibt sich, indem man die ▷ Dividende pro Aktie durch den Kurs einer Aktie teilt (und mit 100 multipliziert). Eine hohe Dividendenrendite gilt als Hinweis, dass eine Aktie preiswert ist. Allerdings gibt es hier ein Daten-Problem: Man kann die zuletzt bezahlte Dividende oder die prognostizierte verwenden. Wichtig für den Anleger ist, welche Dividende das Unternehmen bezahlen wird. Auf Basis prognostizierter Ausschüttungen ist diese Kennzahl aber alles andere als verlässlich. Hinzu kommt: Die Dividendenrendite hängt vom Kurs der Aktie ab. Sinkt er, steigt die Dividendenrendite. Für solche Kursabschläge gibt es aber oft handfeste ökonomische Gründe wie etwa bei der Deutschen Telekom AG. Sie zahlte jahrelang hohe Dividenden, während der Aktienkurs wegen mangelnder Wachstumsperspektiven immer weiter absackte. Die Aktien waren also keineswegs wegen einer Laune des Marktes fälschlicherweise auf dem Grabbeltisch gelandet, sondern weil von ihnen nichts mehr zu erwarten war. Im Fall der Telekom folgten Anleger, die sich von der hohen Dividendenrendite ködern ließen, dem falschen Signal.

E

Effektivzins Anlageangebote können Sie anhand des zu erwartenden Ertrags vergleichen. Entscheidend ist dabei der Effektivzins. Das ist der Zuwachs, den Ihre Anlage auf Jahresbasis tatsächlich bringt. Hier müssen Sparer genau hinsehen. Werben zum Beispiel zwei Banken damit, dass sie eingezahltes Tagesgeld mit 2 Prozent verzinsen, kann sich die Rendite trotzdem unterscheiden. Bank 1 könnte zum Beispiel die Zinsen nur einmal im Jahr gutschreiben, während Bank 2 die Zinsen jeweils anteilig monatlich gutschreibt. Dann ist der Nominalzins beider Banken zwar gleich, doch bei Bank 2 ist aufgrund des Zinseszinseffekts der Effektivzins etwas höher. Er liegt nicht bei 2,00, sondern bei 2,02 Prozent.

Einlagensicherung Seit 2011 ist jedes Mitgliedsland der EU verpflichtet, die Rückzahlung von Spareinlagen bis zu 100 000 Euro pro Bank und Kunde zu garantieren. Diese Regelung gilt für Girokonten, Guthaben auf Kreditkartenkonten, Tagesgeld, Festgeld sowie für Sparbriefe und Sparkonten. Für Gemeinschaftskonten von Eheleuten beträgt die abgesicherte Summe 200 000 Euro. Solange die Höchstgrenzen nicht überschritten werden, gilt die Einlagensicherung auch für noch ausstehende Zinsen. Wie die EU-Richtlinie im Detail umgesetzt wird, ist Sache der einzelnen Länder. In Deutschland sind die Vorgaben im Einlagensicherungs- und Anlegerentschädigungsgesetz verankert. Danach müssen alle deutschen Privatbanken wie die Deutsche Bank, Commerzbank und Postbank Mitglied in der Entschädigungseinrichtung deutscher Banken (EdB) sein. Schlittert ein Geldinstitut in die Pleite, springt die EdB ein. Sie finanziert sich aus den Mitgliedsbeiträgen der Banken. Auf die gesetzliche Einlagensicherung besteht ein Rechtsanspruch, der einklagbar ist. In Deutschland sind die meisten Privatbanken noch zusätzlich freiwillig Mitglied im Einlagensicherungsfonds des Bundesverbandes deutscher Banken (BdB). Der BdB sichert Bankeinlagen in Millionenhöhe ab und springt ein, wenn die EdB-Sicherungsgrenze ausgeschöpft ist. Er steht pro Kunde für Beträge in Höhe von bis zu 30 Prozent des haftenden Eigenkapitals einer Bank gerade. Wie hoch diese Summe im Einzelnen ist, hängt also von der Größe des Kreditinstituts ab.

Einmalanlage So wird die Anlage eines – meist größeren – Geldbetrages bezeichnet, der auf einen Schlag investiert wird. Bei Sparplänen (S. 150) investieren Anleger dagegen regelmäßig, beispielsweise monatlich, eine kleinere Summe.

Emissionshaus Hinter diesem Begriff verbergen sich Gesellschaften, die geschlossene Fonds (S. 90) auflegen.

Emissionspreis ▷ **Ausgabepreis**

Emittent wird ein Herausgeber von Wertpapieren genannt. Dazu zählen Staaten und Unternehmen, die Anleihen herausgeben, und Banken, die Wertpapiere wie Zertifikate auf den Markt bringen.

Emittentenrisiko Es besteht immer dann, wenn Sie eine Schuldverschreibung, etwa Anleihen oder Zertifikate, erwerben. Mit dem Kauf solcher Wertpapiere geben Sie dem Herausgeber einen Kredit. Gerät er in Zahlungsschwierigkeiten, kann er das Geld möglicherweise nicht mehr zurückzahlen. Das Wertpapier wird dann wertlos und das Geld des Anlegers ist weg. Diese Gefahr wird unter dem Begriff Emittentenrisiko zusammengefasst.

Euribor ist die Abkürzung für Euro Interbank Offered Rate. Er gibt an, zu welchem Zinssatz sich Banken im Euroraum gegenseitig kurzfristige Kredite gewähren. Der Euribor ist einer der wichtigsten ▷ Referenzzinssätze für den europäischen Geldmarkt. Dort werden kurzfristige Verbindlichkeiten mit Laufzeiten von bis zu einem Jahr gehandelt.

F

Factsheet Dabei handelt es sich um Informationsblätter von Finanzprodukt-Anbietern. Sie sollen einen Überblick über die wichtigsten Produktdaten liefern und enthalten bei Fonds manchmal einen Marktausblick des Managers. Die meisten Factsheets sind wenig aussagekräftig. Sie helfen selten weiter. Oft enthalten sie leere Phrasen, unverständliches Juristendeutsch und Finanzmarktvokabular, das Anleger nicht verstehen.

Fairer Wert Es ist schön, wenn es fair zugeht. Doch das ist heute selbst im Sport nicht mehr immer der Fall und schon gar nicht am Finanzmarkt. Der faire Wert ist eine theoretische Größe, die sich quasi für jedes Wertpapier mit unterschiedlichen Modellen berechnen lässt. Liegt der tatsächliche Kurs, beispielsweise der einer Aktie, über dem fairen Wert, gilt das Papier als überbewertet. Liegt er darunter, wird die Aktie als unterbewertet angesehen. Fondsmanager suchen unterbewertete Aktien in der Hoffnung, dass sie irgendwann wieder auf ihren fairen Wert steigen.

Fondsgesellschaft So heißen Unternehmen, die Fonds auflegen und deren Anteile an Anleger verkaufen.

Fondsvermittler Eine Art freier Handelsvertreter für Fonds, der seine Kunden anbieterunabhängig berät und Fonds lediglich vermittelt, nicht aber selbst initiiert und auf eigene Rechnung verkauft.

Freistellungsauftrag Anleger können ihrer Investmentgesellschaft oder Bank einen Freistellungsauftrag erteilen (Alleinstehende: 801 Euro, Ehepaare: 1 602 Euro). Dann werden bis zu dieser Summe keine Steuern von den jährlichen Erträgen – etwa Zinsen, ▷ Dividenden und realisierte Wertsteigerungen bei Wertpapieren – abgezogen.

G

Geldkurs ▷ Briefkurs

Geldmarktzins Das ist der Zins, der auf dem Geldmarkt bezahlt wird. Auf dem Geldmarkt handeln Banken unter anderem Anleihen und Kredite mit kurzen Laufzeiten von maximal einem Jahr. Die Höhe des Geldmarktzinses wird im Euroraum vor allem von der Geldpolitik der Europäischen Zentralbank beeinflusst. Einer der wichtigsten ▷ Referenzzinssätze für den europäischen Geldmarkt ist der ▷ Euribor.

Growth-Ansatz Spezielle Anlagestrategie, bei der der Fondsmanager vorzugsweise Aktien von Unternehmen auswählt, die sich durch ein überdurchschnittlich hohes Umsatz- und Gewinnwachstum auszeichnen, meist aus High-Tech-Bereichen wie Internet, Informationstechnik und Biotechnologie. Er kauft eine bestimmte Aktie auch dann, wenn sie nach gängigen Kriterien bereits als „teuer" gilt. Die Überlegung dahinter ist, dass der Markt das Kurspotenzial dieser Aktie noch nicht ausreichend erkannt beziehungsweise noch nicht ausreichend bewertet hat.

H

Hartwährungen So werden Währungen von entwickelten Industrieländern mit einer geringen Inflation genannt. Klassische Hartwährungen sind der US-Dollar, der japanische Yen und das britische Pfund. Sie gelten als wertstabiler als die Währungen von Staaten mit hohen Inflationsraten.

Hausse Wenn die Aktienkurse über einen längeren Zeitraum kräftig steigen, sprechen Börsianer von einer Hausse.

Hebel Wer am Kapitalmarkt am längsten Hebel sitzt, hat nicht die meiste Macht, sondern das größte Risiko. Mit Wertpapieren, die einen Hebel haben, kann man Summen handeln, die das eingesetzte Kapital um ein Vielfaches übersteigen (Hebelprodukte, S. 96). Je größer der Hebel, desto höher die Gewinnchancen und das Risiko.

I

Index In einem Index werden gleichartige Anlagen wie Aktien (Aktienindex) oder Anleihen (Rentenindex) zusammengefasst. Ihre Wertentwicklung wird in einer einzigen Zahl ausgedrückt. Indexbewegungen werden in Punkten beziehungsweise Zählern gemessen. Der Indexstand wird fortlaufend nach einer festen Formel vom jeweiligen Indexanbieter berechnet. Der bekannteste deutsche Aktienindex ist der ▷ Dax. Dabei handelt es sich um einen „Marktindex". Solche Indizes sollen Anlegern auf einen Blick vermitteln, wie sich einzelne Aktiensegmente bestimmter Anlageregionen entwickeln. Weltweit werden für alle Länder mit funktionierenden Börsen eine Vielzahl von Marktindizes zusammengestellt und berechnet. Der Index mit den größten Unternehmen gilt jeweils als „Leitindex". Dessen Entwicklung wird meistens repräsentativ für den Aktienmarkt eines Landes in Zeitungen und im Internet veröffentlicht. Neben Marktindizes gibt es auch „Strategieindizes". Hier geht es nicht um die Abbildung eines bestimmten Marktes, sondern um die einer bestimmten Anlagestrategie (Strategie-Zertifikate, S. 152).

Isin Abkürzung für International Securities Identification Number, eine Art Bestellnummer für Wertpapiere. Damit die Bank angesichts Zehntausender von Wertpapieren auch die von ihren Kunden gewünschten Aktien, Anleihen oder eben Fondsanteile besorgt, bekommt jedes Wertpapier eine Art Ordnungsnummer. Anhand dieser Nummer lässt es sich zweifelsfrei identifizieren und zuordnen. Die Isin wird auf jedem Kauf- und Verkaufsauftrag vermerkt.

K

Kennzahlen sollen helfen, einen Eindruck von der Börsenbewertung und der Qualität der Aktien eines Unternehmens zu bekommen. Sie werden in der Regel gebildet, indem man zwei Größen zueinander ins Verhältnis setzt. Zu den wichtigsten Aktien-Kennzahlen gehören das ▷ Kurs-Gewinn-Verhältnis, das ▷ Kurs-Buchwert-Verhältnis und die ▷ Dividendenrendite.

Kurs Ein anderes Wort für den Preis eines Wertpapiers.

Kurs-Buchwert-Verhältnis (KBV) Der Buchwert ist quasi der Sachwert eines Unternehmens. Er ergibt sich aus der Summe aller Vermögensgegenstände in dessen Bilanz abzüglich aller Schulden und immaterieller Werte wie Patente. Dieser Wert entspricht in etwa dem Eigenkapital beziehungsweise der Summe, die man erhielte, wenn man das Unternehmen auflöst und alle Vermögensgestände wie Maschinen und Gebäude verkauft. Teilt man den Buchwert pro Aktie durch den aktuellen Kurs, erhält man das KBV. Es zeigt, mit welchem Vielfachen die Unternehmenssubstanz an der Börse bewertet wird. Ein niedriges KBV gilt als Zeichen für eine günstige Bewertung. Während der Finanzkrise sackte das KBV mancher Dax-Konzerne unter 1. Die Aktien dieser Unternehmen wurden unter ihrem Buchwert gehandelt. Das klingt nach Schnäppchen. Doch ein sehr niedriges KBV ist mit Vorsicht zu genießen: Es kann auch bedeuten, dass hohe Verluste erwartet werden, die das Eigenkapital des Unternehmens aufzehren.

Kurs-Gewinn-Verhältnis (KGV) Es wird in unterschiedlichen Varianten berechnet. In der einfachsten Version wird der Kurs einer Aktie durch den Gewinn pro Aktie der vergangenen zwölf Monate oder den prognostizierten Gewinn geteilt. Das KGV ist das Vielfache des Gewinns, das für die Aktie bezahlt werden muss. Je größer das Vielfache, desto teurer die Aktie. Allerdings sollte man das aktuelle KGV immer im Verhältnis zum historischen Durchschnitt betrachten. Erst dann erschließt sich die Bewertung. Für die Unternehmen, die im amerikanischen ▷Aktienindex S&P 500 zusammengefasst sind, errechnet sich zum Beispiel seit 1929 ein durchschnittliches KGV von rund 15. Werte, die weit darüber liegen, sind ein Hinweis auf eine Überbewertung. Das Problem ist jedoch, dass niemand genau weiß, ob das auf Prognosen basierende KGV tatsächlich stimmt. Verlässlich kann es nur auf Basis der vergangenen Gewinne kalkuliert werden. Anleger wollen aber nicht wissen, ob eine Aktie in der Vergangenheit teuer war, sondern ob sie zum Kaufzeitpunkt teuer ist. Entscheidend dafür ist der Gewinn, den das Unternehmen in den kommenden zwölf Monaten erwirtschaften wird. Weil diese Daten unbekannt sind, schätzen Analysten sie. Der Durchschnitt ihrer Prognosen wird häufig für die KGV-Berechnung verwendet. Nur leider können diese Vorhersagen weit danebenliegen. Deshalb ist das KGV nicht mehr als ein Indiz für die Marktbewertung.

L

Leerverkauf Darunter verstehen Finanzprofis den Verkauf von Wertpapieren, meistens Aktien, die dem Verkäufer gar nicht gehören. Sie leihen sich die Papiere beispielsweise von einem Aktienfonds und zahlen dafür eine Prämie. Nach Ablauf einer bestimmten Frist müssen sie die Papiere zurückgeben. Dazu müssen sie sie am Markt wiedererwerben. Mit diesen Transaktionen setzen Spekulanten auf fallende Kurse. Sie hoffen, dass sie die geliehenen Wertpapiere, die sie verkaufen, später billiger zurückkaufen können. Die Differenz ist ihr Gewinn oder Verlust. Leerverkäufe sind vor allem während der Finanzkrise in den Fokus der Marktaufseher geraten. Sie wurden in manchen Ländern für bestimmte Aktien zeitweise verboten. Denn nach Ansicht viele Experten verstärken exzessive Leerverkäufe die Schwankungen auf den Aktienmärkten.

Leitbörse Börse, die in einem Land den wichtigsten ▷ Aktienindex berechnet. Meistens ist diese Börse auch der größte Handelsplatz. Hierzulande ist die Leitbörse die Deutsche Börse in Frankfurt, die den ▷ Dax berechnet.

Leitindex ▷ Index, der die größten Unternehmen eines Marktes abbildet. Für deutsche Aktien ist es der ▷ Dax. Er steht repräsentativ für die Entwicklung des deutschen Aktienmarktes. Für amerikanische Aktien ist es der Dow Jones, für japanische der Nikkei.

Leitzinsen Sie werden in jedem Land oder Währungsraum von der jeweiligen Zentralbank festgelegt. Im Euroraum macht das die Europäische Zentralbank. Der Leitzins ist der Zinssatz, zu dem sich private Banken und Sparkassen bei der Zentralbank Geld leihen können. Über die Höhe des Leitzinses beraten die Zentralbanken regelmäßig. Drohen Inflationsgefahren, erhöhen sie normalerweise die Zinsen, um die Konjunktur zu drosseln. Läuft die Konjunktur dagegen schlecht, senken sie meist den Leitzins.

Limit Zusatzangabe bei einer ▷ Order für ein Wertpapier, das maximal beziehungsweise minimal zu einem bestimmten Preis ge- oder verkauft werden soll.

Liquidität Die Bedeutung dieses Begriffes hängt vom Zusammenhang ab: Bei einem Unternehmen oder einer Privatperson steht er für die Fähigkeit, Zahlungsverpflichtungen kurzfristig erfüllen zu können. Börsianer sprechen von einer hohen Liquidität eines Wertpapieres, wenn es häufig gehandelt wird und Anleger es jederzeit zu marktgerechten Preisen kaufen und verkaufen können.

M

Marktindex ▷ Index, der einen bestimmten Markt abbildet und dessen Wertentwicklung misst. Der ▷ Dax bildet beispielsweise den deutschen Aktienmarkt ab, der ▷ MSCI World den Weltaktienmarkt.

Marktineffizienz Nach einer ökonomischen Theorie sind Wertpapiermärkte effizient. Das bedeutet, dass alle verfügbaren Informationen über ein Wertpapier zu jeder Zeit in dessen Preis enthalten sind. Eine Verschlechterung der Kreditwürdigkeit eines Staates beispielsweise führt demnach in Bruchteilen von Sekunden zu geringeren Preisen für dessen Anleihen. Die Papiere kosten nach der Theorie immer genau so viel, wie sie tatsächlich wert sind. In der Realität sind Wertpapiermärkte aber nicht effizient. Das gilt insbesondere dann, wenn die ▷ Liquidität niedrig ist. Wertpapiere können in solchen Märkten deutlich von ihrem ▷ fairen Wert abweichen. Finanzprofis sprechen dann von Markineffizienzen oder Marktanomalien.

MSCI World Der MSCI World ist der bekannteste ▷ Index für den Weltaktienmarkt. Er wird von der US-Bank Morgan Stanley fortlaufend berechnet und enthält rund 1600 Unternehmen aus 24 entwickelten Ländern. Unternehmen aus Schwellenländern sind nicht vertreten. Mit einem Anteil von mehr als 50 Prozent haben US-Konzerne das mit Abstand größte Gewicht im Index. Auf dem zweiten und dritten Rang folgen Großbritannien und Japan mit Anteilen von jeweils gut 8 Prozent. Deutsche Konzerne kommen lediglich auf ein Gewicht von rund 3,5 Prozent. Zu den kleinsten Index-Ländern zählen Belgien, Dänemark, Finnland, Griechenland, Hongkong, Irland, Israel, Italien, Neuseeland, Norwegen, Österreich, Portugal, Singapur, Spanien und Schweden. Die Gewichte des Index werden zwei Mal jährlich entsprechend der Marktentwicklung neu angepasst. Steigt der Wert eines Unternehmens mehr als der der anderen Unternehmen, erhöht sich sein Anteil im Index – und umgekehrt.

N

Nennwert heißt der Preis, der auf einer Aktie oder Anleihe steht. Letztere werden in der Regel zum Nennwert zurückbezahlt.

Next11 Bezeichnung für elf Schwellenländer, die ähnlich wie die ▷ Bric-Länder nach Ansicht der amerikanischen Investmentbank Goldman Sachs in Zukunft besonders stark wachsen sollen. Zu diesen Staaten zählen Ägypten, Bangladesch, Indonesien, Iran, Mexiko, Nigeria, Pakistan, Philippinen, Südkorea, die Türkei und Vietnam. Doch selbst wenn diese Länder tatsächlich einen überdurchschnittlichen Aufschwung erleben, bedeutet das noch nicht, dass auch die Aktienkurse stärker steigen als in anderen Ländern. Zwischen Aktienrenditen und Wirtschaftswachstum besteht kein Zusammenhang, wie verschiedene Untersuchungen zeigen.

Nominalzins So wird der für die Geldanlage vereinbarte Zins bezeichnet. Er kann sich deutlich vom ▷ Effektivzins unterscheiden. Ursache sind Zinseszinseffekte. Wird die Inflationsrate vom Nominalzins abgezogen, erhält man den Realzins.

O

Order Bezeichnung für einen Kauf- oder Verkaufsauftrag eines Wertpapieres über eine Börse. Anleger können nicht selbst an der Börse handeln. Sie müssen ihre Order über Banken oder Broker platzieren, die an den entsprechenden Börsen zum Handel zugelassen sind.

OTC-Geschäft ▷ **Außerbörslicher Handel**

P

Portfolio Anderes Wort für ein ▷ Depot aus verschiedenen Wertpapieren.

Publikumsfonds So werden Fonds bezeichnet, die in Deutschland zum öffentlichen Vertrieb zugelassen sind und in die jeder Anleger investieren kann.

R

Rating Note, mit der ▷ Ratingagenturen die Kreditwürdigkeit von Unternehmen und Staaten bewerten. Je schlechter das Rating, desto geringer ist deren Kreditwürdigkeit und desto höher die Zinsen, die sie Anlegern bieten müssen, wenn sie eine Anleihe auflegen.

Ratingagenturen Unternehmen, die über die Kreditwürdigkeit von Staaten und Unternehmen wachen. Sie benoten sie und teilen sie in verschiedene Risikogruppen ein (▷ Rating). Für Anleger sind die Noten der Ratingagenturen ein Anhaltspunkt bei der Auswahl von Anleihen. Allerdings lagen auch die von der Finanzindustrie nicht vollkommen unabhängigen Bonitätswächter schon total daneben. Beispielsweise hatten die Ratingagenturen massenweise Schrottpapiere als sicher eingestuft – und damit der Finanzkrise den Boden bereitet.

Referenzzinssatz Zinssatz, an dem sich Banken, Anleger und Herausgeber von Anleihen orientieren. Zu den bedeutendsten Referenzzinssätzen zählen der ▷ Leitzins der Europäischen Zentralbank, der ▷ Euribor und die Rendite von Bundesanleihen mit zehnjähriger Laufzeit (S. 63).

Rendite Ertrag im Verhältnis zum eingesetzten Kapital.

Rentenindex ▷ Index, der die Wertentwicklung von Anleihen (auch Renten genannt) eines bestimmten Marktes misst. Der Rex ist beispielsweise der Index für den deutschen Rentenmarkt.

Rentenmarkt Markt, auf dem Anleihen (auch Renten genannt) von Staaten und Unternehmen gehandelt werden.

Rentenmarkt-KGV Kennzahl, die die Bewertung der Rentenmärkte anzeigen soll. Sie wird aus dem Kehrwert der Rendite des jeweiligen Marktes gebildet (100 dividiert durch die Marktrendite).

Risikostreuung Verteilung des Kapitals über verschiedene ▷ Anlageklassen und Wertpapiere mit dem Ziel, das Risiko so gering wie möglich bei gleichzeitig möglichst hohen Renditechancen zu halten. Finanzprofis sprechen auch von Diversifikation.

Rohstoffindex ▷ Index, der die Wertentwicklung von verschiedenen Rohstoffen abbildet. Es gibt eine Vielzahl von Rohstoffindizes, die unterschiedlichen Konzepten und Gewichtungen folgen.

S

Schwankungsbreite ▷ **Volatilität**

Sondervermögen siehe Fonds, S. 78.

Sparerpauschbetrag Steuerfreibetrag für Kapitalerträge (▷ Freistellungsauftrag). Er hat Anfang 2009 den früheren Sparerfreibetrag abgelöst. Durch ihn sind für Alleinstehende Kapitalerträge bis 801 Euro im Jahr steuerfrei, für zusammen veranlagte Ehepaare 1 602 Euro.

Spotmarkt Dort werden beispielsweise Rohstoffe und Wertpapiere zur sofortigen Lieferung gehandelt. Auf Terminmärkten werden dagegen standardisierte Terminkontrakte, sogenannte Futures (S. 84), gehandelt. Sie verbriefen die Lieferung eines Rohstoffes oder eines Wertpapiers in der Zukunft.

Spread Differenz zwischen An- und Verkaufspreis eines Wertpapiers oder eines Fonds.

Stop loss Bezeichnung für einen festgelegten Preis, zu dem ein Wertpapier automatisch verkauft werden soll. Manche Anleger sichern mit Stop-loss-Kursen ihr Depot ab. Fallen die Aktienkurse überraschend stark, werden ihre Papiere verkauft, ohne dass dafür noch eine ▷ Order erteilt werden muss.

Stückzinsen Beim Erwerb einer Anleihe nach ihrer Emission werden neben den Kaufkosten auch Stückzinsen fällig. Sie zahlt der Käufer an den Verkäufer für die Zinsanteile der Anleihe, die zwischen dem jüngsten Zinszahlungstermin und dem Verkaufstag aufgelaufen sind. Der Käufer streckt die Stückzinsen also nur vor. Beim nächsten Zinszahlungstermin bekommt er die vollen Zinsen ausgezahlt – und damit sein Geld zurück.

Swap siehe Synthetische ETF, S. 153.

T

Terminbörse Marktplatz, auf dem standardisierte Terminkontrakte, sogenannte Futures (S. 84), beispielsweise auf Aktien, Währungen und Rohstoffe gehandelt werden. Eine der weltweit bedeutendsten Terminbörsen ist die Eurex mit Sitz in Eschborn bei Frankfurt am Main.

Top-down-Analyse Wörtlich übersetzt: „von oben nach unten". Strategieform bei aktiv gemanagten Fonds (S. 50), bei der der Fondsmanager nach sorgfältiger Analyse zuerst die Regionen festlegt, die er innerhalb des Fonds übergewichten will – bei einem weltweit anlegenden Aktienfonds zum Beispiel Nordamerika, Europa oder Asien. Danach bestimmt er diejenigen Länder, die innerhalb der Region aufgrund der wirtschaftlichen Perspektiven am attraktivsten erscheinen. Und erst im letzten Schritt wählt er aus den jeweiligen Ländern die Aktien aus, die er für besonders lukrativ hält.

Transaktionskosten Kosten, die beim Kauf eines Wertpapiers anfallen. Siehe Seite 30.

U

Umlaufrenditen von festverzinslichen Wertpapieren sind ein wichtiger Maßstab für Anleger. Denn sie geben die durchschnittliche Rendite von Papieren mit bestimmten Laufzeiten wieder oder aber den durchschnittlichen Ertrag von unterschiedlichen Wertpapierarten wie Kommunalobligationen (S. 105) oder Bankschuldverschreibungen (S. 57). Die Umlaufrenditen werden börsentäglich von der Deutschen Bundesbank berechnet und unter anderem im Internet veröffentlicht.

V

Value-Ansatz Bei dieser Aktien-Strategie suchen Fondsmanager gezielt nach Unternehmen, die an der Börse als unterbewertet gelten. Dabei handelt es sich häufig um reife Unternehmen mit etablieren Geschäftsmodellen. Fondsmanager, die einen Value-Ansatz verfolgen, orientieren sich bei ihrer Aktienauswahl häufig an Bewertungskennzahlen wie dem ▷ Kurs-Gewinn-Verhältnis (KGV), dem ▷ Kurs-Buchwert-Verhältnis (KBV) und der ▷ Dividendenrendite. Niedrige KGVs und KBVs deuten auf eine Unterbewertung hin. Die Fondsmanager setzen darauf, dass die Marktteilnehmer an den Börsen den „wahren" Wert solcher Aktien über kurz oder lang erkennen und deren Kurse in der Folge steigen. Der bekannteste Value-Investor ist der Amerikaner Warren Buffett. Ihm gelang es mit dieser Strategie, über Jahrzehnte überdurchschnittliche Renditen zu erwirtschaften.

Vergleichsindex ▷ Index, an dem Fondsmanager ihre Leistung messen. Als Vergleichsindex, auch Benchmark genannt, wird meistens ein Index herangezogen, der den Markt abbildet, auf dem sich der Manager mit seinem Fonds bewegt. Ein international anlegender Aktienfonds wird beispielsweise den ▷ MSCI World als Vergleichsindex wählen. Auch Finanztest misst bei Fondstests die Güte der Produkte unter anderem an Vergleichsindizes.

Vermögenswirksame Leistungen siehe VL-Sparen, S. 162.

Volatilität Fachwort für die Schwankungsbreite eines Marktes. Statistisch wird sie als sogenannte Standardabweichung gemessen. Sie beschreibt, wie stark ein Index oder ein Wertpapier um seinen Mittelwert schwankt. Je höher die Volatilität, desto größer die Schwankungsbreite. Die Volatilität ist die gebräuchlichste Kennzahl zur Risikomessung an den Wertpapiermärkten. Wenn von hohen Risiken die Rede ist, sind damit hohe mögliche Kursschwankungen gemeint.

W

Wachstums-Aktien ▷ Growth-Ansatz

Währung ist ein anderes Wort für Geld. Ausländisches Geld wird auch Fremdwährung genannt.

Wechselkurse geben das Verhältnis an, in dem eine ▷ Währung gegen eine andere Währung getauscht wird. Der Wechselkurs, der an den Finanzmärkten mit der größten Aufmerksamkeit verfolgt wird, ist der Euro-US-Dollar-Kurs. Notiert er beispielsweise bei 1,30 US-Dollar, heißt das, dass Sie etwa 1,30 US-Dollar für einen Euro erhalten (natürlich abzüglich Transaktionskosten für den Wechsel). Manche Wechselkurse bilden sich auf dem freien

Devisenmarkt, wo vor allem Banken Währungen handeln, nach Angebot und Nachfrage. Andere sind fixiert. Sie werden von den jeweiligen Zentralbanken gesteuert. Ein Beispiel ist der Schweizer Franken, dessen Kurs nach einer Festlegung der Schweizer Notenbank nicht unter 1,20 Franken pro Euro rutschen darf. Droht diese Barriere zu fallen, greift sie ein. Sie verkauft auf dem Devisenmarkt Schweizer Franken gegen Euro und drückt so den Preis der eigenen Währung.

X

Xetra Computergesteuertes Handelssystem der Deutschen Börse in Frankfurt. Es bringt Käufer und Verkäufer von Wertpapieren zusammen. Der sogenannte Parketthandel, bei dem Makler diese Aufgabe übernehmen, ist auf dem Rückzug. Seine vollständige Abschaffung wird bereits seit einigen Jahren diskutiert.

Z

Zeichnungsfrist Zeitraum, in dem Anleger sich quasi um den Kauf eines Wertpapieres bewerben können, bevor es an der Börse gehandelt wird. Dieser Vorgang wird „zeichnen" genannt. Der genaue Preis des Wertpapieres ist während der Zeichnungsfrist noch nicht bekannt. Vorgegeben wird lediglich eine Preisspanne. Innerhalb dieser wird der endgültige Preis nach Angebot und Nachfrage zum Ende der Zeichnungsfrist ermittelt. Ob ein Anleger, der ein Wertpapier in einer bestimmten Menge zeichnete, auch zum Zuge kommt, ist ungewiss. Das hängt unter anderem von der Anzahl der Interessenten ab. Bei Börsengängen gehen Privatanleger nicht selten leer aus, weil der überwiegende Teil der Aktien bei institutionellen Anlegern wie Fonds platziert wird, die große Mengen abnehmen.

Zinsstrukturkurve Wenn man beispielsweise Bundeswertpapiere (S. 63) nach ihren Laufzeiten staffelt, dann ihre ▷ Renditen in ein Diagramm einträgt und die einzelnen Punkte verbindet, erhält man die Zinsstrukturkurve. Sie zeigt das Zinsgefälle zwischen verschiedenen Laufzeiten. Volkswirte ziehen aus der Zinsstrukturkurve Rückschlüsse auf die Konjunktur. Steigt die Kurve steil an, gilt das als Hinweis auf einen Aufschwung. Ist sie dagegen flach oder fällt sogar (inverse Zinsstrukturkurve), wird das als Indiz für ein sich abschwächendes Wachstum gewertet.

Zweitmarkt So wird eine Börse genannt, an der Anleger Anteile an geschlossenen Fonds (S. 90) selbst handeln, ohne dass noch eine Bank oder ein Broker dazwischengeschaltet ist. Geschlossene Fonds können aber meist nur mit einem hohen Abschlag verkauft werden. Zweit- oder Sekundärmarkt werden aber auch andere Wertpapierbörsen genannt, weil dort quasi gebrauchte Aktien und andere Wertpapiere den Besitzer wechseln. Das Gegenstück ist der Primärmarkt. Hier „zeichnen" (▷ Zeichnungsfrist) Anleger Aktien, Anleihen und andere Wertpapiere, bevor sie an einer Börse gehandelt werden.

REGISTER

A

Abgeltungsteuer 174
Abgezinste Anleihen 42
Abschlussgebühren 29
ABS-Papiere 42, 116
Agio 174
Agrarrohstoffe 137
Airbag-Zertifikate 42
Aktien 42
 –, defensive 177
Aktienanleihen 44
Aktien-ETF 46
Aktienfonds 47
Aktienfonds Asien 49
Aktienfonds Europa 49
Aktienfonds Welt 47, 50
Aktienindex 174
Aktienindexfonds 50
Aktien-Rohstofffonds 139
Aktiv gemanagte Fonds 50
Alpha-Express-Zertifikate 52
Alpha-Garant-Anleihen 52
Alpha-Zertifikate 52
American options 115
Anlageklasse 174
Anlagestrategie 21
Anlage-Zertifikate 53
Anlegerinformationen 25
Anleihen 53
 –, gedeckte 116
 –, mündelsichere 109
Annuitätendarlehen 167
AS-Fonds 55
Asset Allocation 174
Ausgabeaufschlag 29, 174
Ausschüttende Fonds 55
Auszahlpläne 55

B

Backtest 175
Baisse 175
Bankauszahlpläne 56
Bankprovision 44
Bankschuldverschreibung 57
Banksparpläne 57
Basisanlagen 41, 175
Basisrenten 58, 140
Basiswerte 115, 175
Bausparverträge 58, 122
Beimischungen 41, 175
Benchmark 51
Beratung, schlechte 8, 28
Beratungsgespräch 18, 27
Beratungsprotokoll 8, 23
Besicherte Anleihen 60
Bestandsprovision 11, 29, 51
Best-in-Class-Prinzip 113
Beteiligungen 60
Biogasfonds 60
Blindpools 91
Blue-Chips 43, 60
Bonds 53, 61
Bonussparen 61
Bonusversprechen 57
Bonuszertifikate 61
Bottom-up-Analyse 176
Branchenfonds 48, 62, 110
Bric-Länder 121, 145, 176
Briefkurs 176
Bund Future 176
Bundesanleihen 63
Bundesobligationen 63
Bundesschatzanweisung 111
Bundeswertpapiere 63
Butterfly-Zertifikate 64

C

Callable Bonds 65
Call-Option 115
Calls 65
Chart 176
Closed-end Funds 65
Convertible Bonds 65
Corporate Bonds 65
Cost-Average-Effekt 82
Covered Bonds 65, 116
Cross selling 14

D

Dachfonds 66
Dax 43, 176
Deep-Discountzertifikate 66
Depot 33, 177
Devisenfonds 67
Direct Trade 175
Direktbanken 44, 124, 177
Discountzertifikate 67
DivDax 152
Diversifikation 177
Dividenden 42, 68, 177
Dividendenfonds 68
Dividendenindizes 52,
Dividendenrendite 68, 177

E

Easy-Express-Zertifikate 70
Edelmetalle 137
Effektivzins 177
Einlagensicherung 178
Einmalanlagen 76, 178
Emerging Markets 70, 145
Emission 114
Emittenten 145, 171, 178

Energierohstoffe 137
Entnahmepläne 70
Erfolgsprovision 31
Erneuerbare-Energien-Fonds 70
ETC (Exchange Traded Commodities) 70
ETF (Exchange Trades Funds) 71, 100
ETN (Exchange Traded Note) 71
ETP (Exchange Traded Products) 72
Eurex 114
Euribor 127, 178
Europafonds 72
European Options 72, 115
Euro-Staatsanleihenfonds 72
Express-Garant-Anleihen 72
Express-Zertifikate 72

F

Factsheets 108, 179
Fair Value 170
Faktor-Zertifikate 73
Falschberatung 34
Festgelder 74
Festpreisgeschäft 12
Festverzinsliche Wertpapiere 75
Festzinsanlagen 76
Festzins-Anleihen 76
Festzinssparen 76
Fixed income securities 76
Floater 76
Flugzeugpfandbriefe 116
Fonds 77
   –, geschlossene 29
   –, offene 111
   –, thesaurierende 78

Fondsauszahlpläne 79
Fondsentnahmepläne 79
Fondsgebundene Kapitallebensversicherungen 80
Fondsgebundene Rentenversicherungen 80
Fondsgesellschaften 179
Fondspolicen 82
Fondssparpläne 82
Fondsvermittler 179
Forex-Fonds 67, 83
Forwards 83
Freistellungsauftrag 74, 179
Fremdwährungen 120
Fremdwährungsanleihen 83
Fremdwährungskonten 84
Fully Funded Swap Fund 154
Futures 84

G

Garantieanleihen 85
Garantiefonds 85
Garantiezertifikate 86
Gehebelte ETF 87
Geldkurs 179
Geldmarktfonds 88, 156
Geldmarktzins 127, 179
Genussrechte 89
Genussscheine 88
Geschlossene Fonds 90
Geschlossene Immobilienfonds 90, 113
Geschlossene Ökofonds 91
Gleitzinsanleihen 92
Gold 92, 138
Goldfonds 94
Goldminenaktien 95
Growth-Aktien 43, 95

Growth-Ansatz 179
Grüne Geldanlagen 95, 113

H

Handel, außerbörslicher 175
Hartwährungen 125, 180
Hebelprodukte 96, 107, 115
Hedgefonds 96
High-Yield-Bonds 54, 97
High-Yield-Fonds 97
Hochzinsanleihen 97
Honorarberatung 15
Hypothekenpfandbriefe 116

I, J

Immobilien 98
Immobilienfonds 90, 100, 113
Index 180
Indexanleihen 100
Indexfonds 50, 100
Indexzertifikate 101
Industrieanleihen 102
Industrieobligationen 102
Inflationsindexierte Anleihen 102
Inhaberaktien 103
Inhaberpapiere 103
Inhaberschuldverschreibungen 103, 144
Investmentfonds 70
Isin 180
Issuer Estimated Value 172
Jumbo-Pfandbriefe 103
Junk Bonds 103

K

Kapitallebensversicherungen 104
Kapitalschutzanleihen 104
Kapitalschutzzertifikate 105

Kennzahlen 180
Key Investor Information Document (KIID) 25
Klimafonds 105
Knock-out-Schwellen 158
Knock-out-Zertifikate 105
Kommissionsgeschäfte 12
Kommunalanleihen 109
Kommunalobligationen 105
Kurs-Buchwert-Verhältnis 159, 181
Kurs-Gewinn-Verhältnis 159, 181
Kurzläuferfonds 105

L
Länderfonds 105
Langläuferfonds 106
Large-Caps 43, 103
Laufzeitfonds 106
Leerverkauf 181
Leitbörse 182
Leitindex 49, 182
Leitzinsen 182
Leveraged ETF 87, 106
Limit 182
Liquidität 182

M
Marktindex 180, 182
MDax 107
Mid-Caps 43, 107
Mindestverzinsung 134
Mini-Futures 107
Mischfonds 55, 107
Mittelstandsanleihen 108
MSCI World 183
Multizinszertifikate 109
Municipal bonds 109

N
Nachhaltigkeitsfonds 110
Namensaktien 110
Namenspapiere 110
Namensschuldverschreibungen 110, 144
Nebenwerte 110
Nennwert 45, 183
Nennwert-Aktien 153
Neue-Energien-Fonds 110
Next11 183
Nominalzins 183
Null-Kupon-Anleihen 111

O
Obligationen 53, 111
Offene Fonds 111
Offene Immobilienfonds 111
Ökofonds 113
Onlinebroker 124
Open End Funds 114
Open-End-Zertifikate 114
Optionen 114
Order 183
OTC-Geschäfte 175
Outperformance-Zertifikate 115

P, Q
Partizipationszertifikate 101, 116
Passive Fonds 116
Penny Stocks 116
Performance Fee 31
Pfandbriefe 116
Physische ETF 117
Plus-Zins-Zertifikate 118
Portfolio 183
Private Equity 118
Private Rentenversicherungen 119
Produktinformationsblatt 24
Provisionen 10, 12, 30
–, verdeckte 34
Publikumsfonds 184
Put 120
Put-Option 115
Quanto-Zertifikate 120

R
Real Estate Investment Trust 121
Referenzzinssatz 184
Regionenfonds 121
Reits 121
Relax-Express-Zertifikate 122
Rendite 184
Rendite-Bausparen 58, 122
Renten 53
Renten-ETF 123
Rentenfonds 124
Rentenfonds Euro 126
Rentengarantiezeit 147
Rentenindex 184
Rentenindexfonds 127
Rentenmarkt-KGV 184
Rentenversicherung 119, 127
Reverse Floater 127
Reverse-Bonus-Zertifikate 127
Reverse-Express-Zertifikate 127
Riester-Banksparpläne 128
Riester-Baudarlehen 130
Riester-Bausparverträge 130
Riester-Fondspolicen 131
Riester-Fondssparpläne 132
Riester-Rentenversicherungen 134
Riester-Verträge 135

Risikoklassen 20
Risikostreuung 184
Rohstoffe 137
Rohstoffindex 184
Rolling-Discountzertifikate 140
Rürup-Rente 140

S
Sachwerte 142
Schatzanweisungen 63
Schiffsfonds 143
Schmetterlingszertifikate 144
Schuldverschreibungen 116, 144
Schwellenländerfonds 145
Short-ETF 146
Short-Indizes 87
Small-Caps 146
Sofortrenten 119, 146
Soft Commodities 138
Solarfonds 148
Sondervermögen 78
Sparbriefe 148
Sparbücher 149
Sparerpauschbetrag 184
Sparkonten 149
Sparpläne 150
Spotmarkt 185
Spread 101, 116, 185
Sprint-Zertifikate 150
Staatsanleihen 150
Stammaktien 151
Standardwerte 43, 151
Step-up Notes 151
Stop loss 185
Strategie-Zertifikate 152
Stripped Bonds 152
Strukturierte Anleihen 152
Stückaktien 153
Stückzinsen 102, 185

Stufenzinsanleihen 153
Swaps 153, 185
Synthetische ETF 153

T
Tagesgelder 155
T-Bills 156
Terminbörse 114, 138, 185
Termingelder 156
Termingeschäfte 83
Terminkontrakte 139
Themenfonds 156
Thesaurierende Fonds 157
TIPS (Treasury Inflation Protected Securities) 102, 157
Top-down-Analyse 185
Top-Zertifikate 157
Total Expense Ratio 33
Total-Return-Fonds 157
Transparenz 11, 13, 171
Treasury Bonds 157
Treasury Notes 157
Treasury STRIPS 158
Turbo-Zertifikate 158
Twin-Win-Zertifikate 158

U
Umlaufrendite 129, 185
Umweltfonds 158
Unlimited Turbo-Zertifikate 158
Unternehmensanleihen 114, 158
Unternehmensbeteiligungen 159

V
Value-Aktien 159
Value-Ansatz 186
Vario-Zins-Anleihen 159

Vario-Zins-Zertifikate 159
Vergleichsindex 26, 51, 186
Vermögenswirksame Leistungen (VL) 162, 186
VL-Banksparpläne 161
VL-Fondssparpläne 161
VL-Sparen 162
Volatilität 71, 186
Vorzugsaktien 162

W
Wachstums-Aktien 186
Wachstumssparen 162
Währungen 115, 186
Währungsfonds 67, 162
Waldinvestments 162
Wandelanleihen 163
Warrants 115, 165
Wasserfonds 165
Wasserkraftfonds 166
Waves 166
Wechselkursrisiko 83, 138
Weltfonds 47, 166
Wertpapiere 110, 166
 –, festverzinsliche 53
Wertpapiersparpläne 166
Windfonds 166
Win-Win-Zertifikate 166
Wohn-Riester 167
Wohnungsbauprämie 122

X, Z
Xetra 187
Zerobonds 111, 169
Zertifikate 169
Zinsanlagen 173
Zinskupon 63, 152
Zinstreppe 162
Zins-Zertifikate 173

IMPRESSUM

© 2014 Stiftung Warentest, Berlin

Stiftung Warentest
Lützowplatz 11–13
10785 Berlin
Telefon 0 30 / 26 31 – 0
Fax 0 30 / 26 31 – 25 25
www.test.de
email@stiftung-warentest.de

USt.-IdNr.: DE 136725570

Vorstand: Hubertus Primus
Weiteres Mitglied der Geschäftsleitung:
Dr. Holger Brackemann
(Bereichsleiter Untersuchungen)

Alle veröffentlichten Beiträge sind urheberrechtlich geschützt. Die Reproduktion – ganz oder in Teilen – bedarf ungeachtet des Mediums der vorherigen schriftlichen Zustimmung des Verlags. Alle übrigen Rechte bleiben vorbehalten.

Programmleitung: Niclas Dewitz

Autor: Markus Neumann
Projektleitung/Lektorat: Ursula Rieth
Mitarbeit: Veronika Schuster, Karsten Treber
Korrektorat: Christoph Nettersheim
Fachliche Unterstützung: Roland Aulitzky, Karin Baur, Dr. Bernd Brückmann, Renate Daum, Uwe Döhler, Simeon Gentscheff, Christoph Herrmann, Thomas Krüger, Stephan Kühnlenz, Ariane Lauenburg, Theo Pischke, Jörg Sahr

Titelentwurf: Susann Unger, Berlin
Layout: Pauline Schimmelpenninck Büro für Gestaltung, Berlin
Grafik, Bildredaktion und Satz: Büro Brendel, Berlin
Bildnachweis: Thinkstock (Titel); shutterstock/solarseven (S. 6); shutterstock/ComicVector703 (S. 38)

Produktion: Vera Göring
Verlagsherstellung: Rita Brosius (Ltg.), Susanne Beeh
Litho: tiff.any, Berlin
Druck: AZ Druck und Datentechnik GmbH, Berlin/Kempten

ISBN: 978-3-86851356-1